Ingo Scheller

Szenische Interpretation:

GEORG BÜCHNER: WOYZECK

Vorschläge, Materialien und Dokumente
zum erfahrungsbezogenen Umgang mit Literatur und Alltagsgeschichte(n)

unter Mitarbeit von
Elke Siems

An den Interpretationsversuchen haben unter anderen teilgenommen:

Klaus Duckstein, Elke Elbe, Udo Elstner, Robert Goldberg, Alfred Haubner, Ralf Höhne,
Cornelia Homann, Wilfried Kötter, Norbert Lücking, Herta Lucas-Busemann, Hilbert Meyer,
Sabine Muths, Elisabeth Neuhaus, Sabine Nolte, Ulrike Schlottbohm, Margreth Schöppler,
Rolf Schumacher, Achim Schulz, Malu Thören, Herrmann Voesgen, Marlene Vowe, Ingrid Wiemann,
Clemens Wollmeier

© Universität Oldenburg
Zentrum für pädagogische Berufspraxis
Postfach 25 03
D-2900 Oldenburg

Oldenburg 1987

Fotos: Ingo Scheller
Layout: Elke Siems, Leo Ensel
Druck: Werbedruck Köhler + Foltmer, Oldenburg

ISBN 3-8142-0226-0

Vorbemerkung

Dramen werden für das Theater geschrieben, nicht für Leser. Sollen sie verstanden werden, müssen sie inszeniert werden - auf der Bühne oder in der Vorstellung der Leser. Erst Inszenierungen legen fest, wie Vorgänge, die Handlungen und Haltungen der Figuren zu verstehen sind.

Wie Lehrer/innen, Studenten/innen und Schüler/innen auch unter den alltäglichen Bedingungen von Schule, Hochschule und Lehrerfortbildung Dramentexte in Szene setzen, d.h. szenisch interpretieren können und dabei gleichzeitig etwas über sich, über das eigene Verhalten, Denken, Fühlen und Phantasieren erfahren können, das wird in diesem Buch am Beispiel von Georg Büchners "Woyzeck" gezeigt.

Die Szenen des Stücks zeigen in Ausschnitten den Alltag, die Beziehungen, Handlungen und Konflikte von Menschen aus unterschiedlichen sozialen Schichten zu Beginn des 19. Jahrhunderts in einer kleinen Garnisonsstadt des Großherzogtums Hessen. Im Mittelpunkt des Geschehens stehen Repräsentanten jener "armen und ungebildeten Klassen", die mit Beginn der Industrialisierung, der Aufhebung der Leibeigenschaft und des Zerfalls der Zünfte ohne (feste) Arbeit und Zukunftsperspektive am Existenzminimum ihr Dasein fristeten.

Das Stück demonstriert und kritisiert eine soziale Situation, die Büchner in Hessen vorfand. Es zeigt sie aus der Perspektive von "Menschen von Fleisch und Blut" (Büchner), zeigt Unterdrückung, Liebe, Haß, Neid, Tanz, Alkohol, Prügelei, Mord, die Faszination der Märchen, des Spiels, des Flitters und des Körpers - die kleinen Fluchten und Hoffnungen in einem Alltag, in dem man gesellschaftlich keine Rolle spielt und deshalb auch (gemessen an bürgerlichen Normen) asozial ist und handelt.

In der Auseinandersetzung mit den Szenen und den in ihnen handelnden Figuren können die Teilnehmer ein Stück "unterdrückter" Alltagsgeschichte des frühen 19. Jahrhunderts erkunden (die nicht ohne Parallelen zur Situation von Arbeitslosen heute ist), sie können sich gleichzeitig in Szenen und Rollen mit ihnen fremden, z.T. provozierenden Haltungen konfrontieren und dabei eigene vernachlässigte und vergessene Erlebnisse und Bedürfnisse neu entdecken.

Das Buch enthält detaillierte Vorschläge für einen solchen erfahrungsbezogenen Umgang mit dem Text, stellt Unterrichtsmaterialien zusammen und dokumentiert in Ausschnitten, wie eine solche Interpretation verlaufen kann. Es basiert auf mehreren Interpretationsversuchen, die mit Lehrern/innen, Studenten/innen und Schülern/innen durchgeführt wurden.

Da wir es für sinnvoll halten, daß Lehrer/innen, die mit ihren Schülern/innen Texte szenisch interpretieren wollen, zunächst einmal selbst Erfahrungen mit den Verfahren sammeln, bieten wir Lehrern/innen im Rahmen des "Fortbildungsprojekts Szenisches Spiel Oldenburg" entsprechende Kurse an (vergl. letzte Seite).

Oldenburg 1987

INHALT

SZENISCHE INTERPRETATION VON DRAMENTEXTEN 7

HINWEISE ZU BÜCHNERS "WOYZECK" UND ZUR INTERPRETATIONS-
WEISE, ZUM AUFBAU UND ZUR VERWENDUNG DER MATERIALIEN 10

ANEIGNUNG DER LEBENSWELT 19
  1. Die Stadt - Kammer und Straße (2) 19
  2. Der Jahrmarkt: "Buden. Lichter. Volk" (3) 24
  3. Der Tambourmajor als Projektionsfigur 28
  4. Vor der Haustür: Kinder und Alte (19) 34
  5. Arbeit und Herrschaft. Der Hauptmann. Woyzeck. 38

SZENISCHE INTERPRETATION DER HANDLUNG 57
  0. Einfühlung in die Rollenfiguren 57
  1. Freies Feld. Die Stadt in der Ferne (1) 88
  2. Die Stadt (2) 90
  3. Buden. Lichter. Volk. (3) 92
  4. Der Hauptmann. Woyzeck (5) 95
  5. Kammer (4) 96
  6. Kammer (6) 97
  7. Wie Marie Woyzeck sieht 101
  8. Auf der Gasse (7) 104
  9. Beim Doktor (8) 106
 10. Die Beziehung Marie - Woyzeck als soziales Ereignis 108
 11. Marie und Woyzeck (Auf der Gasse, 7) 115
 12. Der Hof des Doktors (18) 117
 13. Wahnsinn oder Normalität: Woyzecks "Stimmen" 122
 14. Der Mord 126

Szenische Interpretation von Dramentexten *

In Alexander Kluges Film „Die Macht der Gefühle" interviewt die Reporterin Pichota den Kammersänger B. nach der 84. Aufführung einer Oper:

> *Frau Pichota:* „Herr Kammersänger, Sie sind berühmt für den leidenschaftlichen Ausdruck im ersten Akt. Man hat geschrieben, daß ein Funke der Hoffnung in Ihrem Gesicht stünde. Wie bringen Sie es fertig, wenn Sie als vernünftiger Mensch den gräßlichen Ausgang im fünften Akt doch kennen?" *Kammersänger:* „Das weiß ich im ersten Akt noch nicht." *Frau Pichota:* „Vom letztenmal her, Sie spielen das Stück zum 84.mal?" *Kammersänger:* „Ja, es ist ein sehr erfolgreiches Stück." *Frau Pichota:* „Da müßten Sie den schrecklichen Ausgang doch allmählich kennen!" *Kammersänger:* „Kenne ich auch. Aber nicht im ersten Akt." *Frau Pichota:* „Aber Sie sind doch nicht dumm!" *Kammersänger:* „Die Bezeichnung würde ich mir auch verbitten." (Kluge 1984, S. 77 ff.)

Wenn ich mir die literaturwissenschaftliche und didaktische Literatur zur Dramdeninterpretation ansehe, aber auch, wenn ich beobachte, wie Lehrer im Unterricht mit Dramen umgehen, dann habe ich häufig den Eindruck, daß Leute, die professionell mit Literatur umgehen, vernünftige, historisch und literaturwissenschaftlich gebildete Menschen also – wie die Reporterin Pichota – Schwierigkeiten haben, den „Funken der Hoffnung im Gesicht" einer Figur im ersten Akt zu sehen, weil sie den gräßlichen Ausgang im 5. Akt, aber auch Leben und Werk des Autors und sozial- und kulturgeschichtliche Voraussetzungen des Geschehens so gut kennen. Dieses Wissen grenzt den Handlungsspielraum der Figuren ein, legt sie quasi an die Kandarre der aufgeklärten Wahrnehmungs- und Deutungslogik (die meist die der bürgerlichen Biografie ist), steht in der Gefahr, das Hier und Jetzt des Geschehens und der Dramenfiguren, ihre Gefühle, Wünsche und Phantasien, ihre bewußten und halbbewußten Haltungen und Handlungsweisen auszublenden.

Daß es dem Kammersänger noch in der 84. Vorstellung gelingt, den Funken der Hoffnung im 1. Akt zu zeigen, hängt damit zusammen, daß er in der Lage ist, sich bei jeder Aufführung von neuem in das Hier und Jetzt der Dramenfigur einzufühlen, daß er dabei Teile von sich selbst – sinnliche Vorstellungen, Erlebnisse, Wünsche und Gefühle – aktiviert und sein Handeln so gegenwärtig und real erlebt, daß sich das Gefühl der Hoffnung jedesmal wieder aufs neue einstellt. Diese Fähigkeit zur Einfühlung, die nur wenige Schauspieler wirklich beherrschen – viele greifen zu konventionalisierten Haltungen und Posen, von denen sie glauben, daß sie Gefühle darstellen –, hat der Schauspieler und Regisseur Stanislawski zu Beginn des Jahrhunderts in den Mittelpunkt seiner theaterpädagogischen Bemühungen gestellt. Er sah seine Aufgabe darin, Schauspieler durch Übungen dahinzubringen, ihre Vorstellungen, die sie sich aufgrund der Lektüre der Textvorlage von einer Szene und den Haltungen und Handlungen der Dramenfigur gemacht hatten, so zu differenzieren und mit eigenen Erlebnissen in Zusammenhang zu bringen, daß sie auf der Bühne nicht theatralisch fühlten und handelten, sondern so, wie sie es in einer analogen Realsituation getan hätten (vgl. Stanislawski 1983).

Stanislawski hat – noch bevor Moreno entsprechende Verfahren im Psychodrama entwickelte (vgl. dazu: Petzold 1972) – Einfühlungstechniken erarbeitet und erprobt, mit denen er bewußt erzeugen wollte, was wir alltäglich mehr unbewußt tun, wenn wir Menschen aufgrund ihres Auftretens und ihrer Äußerungen verstehen wollen. Wir deuten dann nämlich das, was wir von ihnen wahrnehmen, indem wir es in unserer Vorstellung um das ergänzen, was wir nicht wahrnehmen können – v. a. um Gedanken, Gefühle, Erwartungen und Intentionen. Dabei greifen wir auf unsere Erfahrungen mit der Person oder ähnlichen Personen und Situationen, vor allem aber auf Gedanken, Gefühle und Erwartungen zurück, die wir aus ähnlichen Situationen kennen. Einfühlung (Empathie) gelingt dabei nicht immer. Im Gegenteil, wir tendieren dazu, Menschen, die uns gleichgültig sind, vor allem aber solche, durch deren Verhalten wir uns verunsichert und bedroht fühlen, – wenn überhaupt – Gedanken und Intentionen zu unterstellen, die es uns möglich machen, sie abzulehnen und damit unsere eigene Position zu wahren und unser Selbstwertgefühl und Selbstbild aufrechtzuerhalten. Dieser Projektion genannte Mechanismus blockiert Verstehen. Er verhindert, daß wir uns in den anderen hineinversetzen, daß wir ihn als denjenigen erleben, der er ist.

Übertragen wir diese Überlegungen auf die Interpretation, so ist anzunehmen, daß projezierendes, nichteinfühlendes Deuten dort naheliegt, wo der Interpret nicht gezwungen ist, sich systematisch in die verschiedenen Dramenfiguren hineinzuversetzen, wo der analysierende Blick von außen Handlungsverläufen und sozialen Prozessen, nicht aber der Wahrnehmung dieser Prozesse durch die Figuren gilt. Besonders deutlich wird das vor allem dort, wo die Haltungen und Äußerungen der Figuren an Gefühle, Wünsche und Phantasien erinnern, die er nur mühsam verdrängt hat. So kann etwa an der Art, wie die Figur des Tambourmajor aus Büchners „Woyzeck" bis in die siebziger Jahre hinein in literaturwissenschaftlichen Analysen dargestellt wurde, gezeigt werden, daß es den Interpreten – offensichtlich wegen der sinnlich-körperlichen Potenz dieser Figur – nicht gelang, diesen anders als triebhaft, physisch-sexuell zu sehen. Erst mit dem Fallen sexueller Tabuschranken wurden die Voraussetzungen dafür geschaffen, daß man im Tambourmajor einen Menschen sehen konnte, der seinen Körper als Ware ausstellt und verkauft, um sich gesellschaftlich aufzuwerten.

Nun halte ich eine Deutung, die das Geschehen nicht aus den Perspektiven der Figuren sieht und reflektiert, sondern sich auf die Außenperspektive beschränkt, schon aus ästhetischen Gründen für ein Problem. Denn nicht nur wurden Dramen für die Bühne und die spielerische Darstellung (und nicht für Literaturwissenschaftler, Didaktiker und Lehrer) geschrieben, sie sind auch bei einer Lektüre nicht oder nur sehr abstrakt zu verstehen, werden sie nicht vom Leser in der Vorstellung inszeniert. Wie der Autor sich Ort, Zeit, das Äußere und die Handlungen seiner Figuren im Hier und Jetzt jeder Szene sinnlich vorstellen und sich in die Gedanken- und Gefühlswelt hineinbegeben muß, um den Text – das sind ja fast nur sprachliche Äußerungen und wenige Handlungshinweise – schreiben zu können, so muß der Leser oder Spieler sich aufgrund des Textes eine konkrete Vorstellung vom Handlungsort, von den Figuren und ihren inneren und äußeren Haltungen und Handlungen in den verschiedenen Situationen machen, will er die sprachlichen Äußerungen überhaupt richtig verstehen (vgl. Scheller 1984a).

Stanislawski, dessen Theorie der Einfühlung in Deutschland nicht zuletzt wegen der mißverständlichen Kritik Brechts (vgl. Brecht GW 16, S. 558 ff.) – die sich im übrigen nur auf das Verhältnis des Schauspielers zu den Zuschauern bei der Aufführung bezog – nur in Fachkreisen rezipiert wurde, hat nun mit seiner Psychotechnik Verfahren entwickelt, mit denen Einfühlung und damit das, was die Psychoanalyse „szenisches Verstehen" nennt (vgl. Lorenzer 1979, 141 ff.), systematisch erzeugt werden kann. Sie erschließen überhaupt erst die ästhetischen Dimensionen des dramatischen Geschehens und wurden von Brecht in wesentlichen Teilen bei der schauspielerischen Erarbeitung von Figuren anerkannt und verwendet. Einfühlungsverfahren sind – neben Verfremdungsverfahren – auch für das, was ich szenische Interpretation nenne, konstituierend. Sie wirken übrigens gegenüber dem, was wir Alltagsbewußtsein nennen (vgl. Leithäuser 1977) – es gibt auch ein Alltagsbewußtsein von aufgeklärten Literaturwissenschaftlern –, verfremdend und müssen systematisch organisiert werden. Für die Einfühlung hat Brecht nach eigenen Aussagen seine Lehrstücke geschrieben (Steinweg 1976, S. 159), bei deren Spiel Einzelne und Kollektive ihre asozialen Phantasien und Haltungen entdecken, untersuchen und verändern sollten (Scheller 1982, Koch u. a. 1984).

Nach dem Muster des Lehrstückspiels haben wir in Oldenburg in Projekten mit Schülern, Studenten und Lehrern das entwickelt, was ich szenische Interpretation nenne. Ich möchte das im folgenden an der kleinen Szene erläutern, in der in Goethes „Faust I" Faust Gretchen zum ersten Mal auf der Straße begegnet.

> *Straße. Faust. Margarete vorübergehend.*
> *Faust:* Mein schönes Fräulein, darf ich wagen,
>   Mein Arm und Geleit Ihr anzutragen?
> *Margarete:* Bin weder Fräulein weder schön,
>   Kann ungeleit nach Hause gehn.
>   *Sie macht sich los und ab.*

Vom Verlauf der Handlung her gesehen, brauchen wir der Szene keine große Bedeutung zuzuschreiben. Sie ist wichtig für das, was danach geschieht: Margarete „gäb was drum", wenn sie „nur wüßt', wer heut der Herr gewesen ist" (V. 2679), und Faust kommt, wenn Mephisto erscheint, zur Sache: „Hör, du mußt mir die Dirne schaffen!" (V. 2618).

Dennoch handelt es sich um eine Situation, die für Faust und Margarete von großer Wichtigkeit ist. Die erste Begegnung bleibt Liebenden besonders intensiv im Gedächtnis, auch dem Leser, weil er hier besonders angeregt wird, seine Vorstellungen von den Figuren zu entwickeln.

Sehen wir deshalb genauer hin und versuchen wir, uns die kleine Szene vorzustellen und uns in die Figuren einzufühlen. Die folgenden Fragen sollen der Phantasie Anstöße geben. Lassen wir uns auf sie ein, ohne an die Faustaufführungen zu denken, die wir gesehen haben.

Fangen wir beim Ort an: „Straße" heißt es da. Was ist das für eine Straße. Wie sieht sie aus? Ist sie gepflastert oder nicht? Verläuft sie im Dorf oder in einer Kleinstadt? Was für Häuser stehen rechts und links? Gibt es Bäume? Gibt es außer Faust und Margarete Menschen auf der Straße? Wo, an welcher Stelle der Straße treffen die beiden aufeinander?

Wie sieht es mit der *Zeit* aus? Ist es Frühling oder Sommer, morgens, mittags oder abends? Wie ist das mit dem Klima: ist es warm oder kalt? Regnet es, scheint die Sonne oder herrscht Nebel?

Was tun die Menschen zu dieser Zeit auf der Straße?

Was ist mit Faust? Wo kommt er, wo will er hin? Steht er, während Margarete vorübergeht, oder kommt er ihr entgegen? Wann sieht er sie und was sieht er von ihr? Bleibt er vor ihr stehen oder geht er hinter ihr her, während er sie anspricht? Versperrt er ihr den Weg, hält er sie fest oder geht er neben ihr her? Schaut er ihr ins Gesicht? Blickt er sie von der Seite an? Und Margarete? Wie geht sie vorüber: schnell, langsam, mit welcher Körperhaltung und welchem Ziel? Wann sieht sie Faust? Wie reagiert sie auf seine Ansprache: Blickt sie ihn offen an oder blickt sie verlegen zu Boden? Lächelt sie oder bleibt sie ernst? Wie macht sie sich los: heftig, zögernd, sanft?

Viele Fragen, die bei jedem, der sich auf die Szene einläßt, zu anderen Vorstellungen führen können. Damit nicht genug: die Handlungen, die die Figuren in dieser Situation ausführen, können unterschiedlich begründet sein – bewußt, halbbewußt, intentional oder nur gefühlsmäßig. Und je nachdem, wie wir die Handlungen motivieren, ändert sich auch die Haltung der Figuren.

*Nachdruck aus: Stötzel, G. (Hrsg.): Germanistik - Forschungsstand und Perspektiven. Vorträge des Deutschen Germanistentages 1984, Teil 1, Berlin/New York 1985, S. 442-453

Margarete kann z. B. vorübergehen, weil sie schnell nach Hause muß
- weil sie Faust nicht kennt
- weil sie Angst vor einem solchen Herrn hat
- weil es sich nicht gehört, Männer anzublicken
- weil er sie ansieht und sie sich schämt
- weil sie auf sich aufmerksam machen will
usw.

Welche Motive – Gefühle, Intentionen, Interessen – wir den Handlungen unterstellen, das hat dabei nicht nur damit zu tun, wie wir uns die Handlungen vorstellen, sondern auch damit, wie wir meinen, daß die Figuren aussehen und auftreten.

Wie sieht *Faust* aus: so wie ich, wie Helmut Kohl, wie Will Quadflieg oder Woody Allen? Welche Körperhaltung hat er, welche Gesten, welches Mienenspiel? Wie ist er gekleidet? Was hat er für eine Stimme? Wie spricht er: „Mein schönes Fräulein darf ich wagen, Arm und Geleit Ihr anzutragen?" Was betont er, wo macht er eine Pause? usw.
Und *Margarete* – wie sieht sie aus? Ist sie wirklich blond und trägt das Haar in einem Knoten? Wie ist sie gekleidet? Blickt sie Faust ins Gesicht oder schlägt sie die Augen nieder. Wie spricht sie: „Bin weder Fräulein, weder schön, kann ungeleit nach Hause gehn?"
Und dann: Was spielt sich in den Figuren ab? Z. B. in Margarete:
Was nimmt sie wahr: die vornehme Kleidung, den großen Herrn, den schönen oder interessanten Mann? An wen erinnert sie dieser Mann? – An den Vater, den Bruder oder eine Traumfigur? Was fühlt sie dabei? Scheu, Neugier, Verlegenheit, Interesse? Wie reagiert sie auf sein Auftreten? Fühlt sie sich gedemütigt, geschmeichelt, gekränkt?
Welche Wünsche löst Fausts Auftreten in ihr aus? Wünsche nach Nähe, Liebe, Anerkennung, sozialen Aufstieg, nach einem Leben jenseits des kleinbürgerlich borniertren Alltags?
Kann sie diese Wünsche zulassen oder muß sie sie abwehren? Wie reagiert sie auf solche Phantasien – mit schlechtem Gewissen, mit Resignation?
Und weiter: Wie kommt sie zu solchen Wahrnehmungen, Gefühlen und Wünschen? Wo sind sie entstanden und warum werden sie gerade hier aktualisiert?
Was glaubt sie, warum Faust sich so ihr gegenüber verhält, wie er sie wahrnimmt, was er von ihr will usw.?
Und weiter: Da sind andere Menschen auf der Straße und zu Hause (z. B. ihre Mutter). Wie nehmen sie die Begegnung wahr? Was denken sie, wenn sie sie beobachten oder wenn sie von ihr hören oder von ihr wüßten? Was bedeuten diese Gedanken für Margarete in dieser Situation? Beeinflussen sie ihre Wahrnehmung, ihre Wünsche, ihr Verhalten?

Alle diese Fragen müßte beantworten, wer sich aufgrund der kleinen Textvorlage ein genaues Bild von der Situation machen und sich in die Figuren oder nur in eine Figur einfühlen wollte. Und alle diese Fragen sind unterschiedlich beantwortbar und werden von verschiedenen Menschen – sind sie nicht schon auf bestimmte Aufführungen fixiert – unterschiedlich beantwortet, weil sie Vorstellungen aktivieren, in die individuelle sinnliche Erlebnisse eingehen.

Werden nun solche Vorstellungen nicht nur zugelassen, sondern bewußt provoziert und in der Klasse veröffentlicht, werden nicht nur unterschiedliche Haltungen der Figuren sichtbar, sondern auch die unterschiedlichen Vorstellungen, Wünsche, Erlebnisse und Haltungen der Schüler (Scheller, 1981, Scheller 1982).

Szenische Interpretation ist der Versuch, solche durch den Text provozierten Vorstellungen mit Mitteln des szenischen Spiels öffentlich sichtbar zu machen, auszuagieren, miteinander zu konfrontieren und in ihren Voraussetzungen und Wirkungen zu untersuchen.
Wie kann man die Faust-Szene szenisch interpretieren? Ich skizziere einzelne Schritte:

1.

Ausgangspunkt der Interpretation sind die physischen Handlungen der Figuren, auf deren Basis nach Stanislawski (Stanislawski 1952) und Brecht (Brecht, GW 16, S. 864) die Einfühlung in die Figuren erfolgen soll. Die Schüler werden aufgefordert, jeder für sich die Handlungen, die Faust und Margarete in dieser Szene ausführen, zu begründen – etwa nach dem Muster

„Margarete geht an Faust vorüber, weil ..."
„Margarete sieht Faust ins Gesicht, weil ..."
„Margarete antwortet Faust schnippisch, weil ..."

Bei dieser Arbeit müssen sich die Schüler konkrete Vorstellungen von der Situation und den Haltungen der Figuren machen.

2.

Im zweiten Schritt vergegenständlichen die Schüler ihre Vorstellungen von der Situation und den Haltungen der Figuren. Dabei werden sie angehalten, das Geschehen aus einer bestimmten Rollen-Perspektive zu sehen und darzustellen. Sie können zeigen, wie Faust Margarete, wie Margarete Faust sieht oder wie andere in der Situation anwesende oder auch abwesende Figuren (z. B. ein Bettler, Margaretes Mutter, Valentin, Mephisto) die Begegnung und die Beziehung zwischen beiden von außen wahrnehmen und deuten. Dabei können natürlich auch wissenschaftliche Haltungen (Literaturwissenschaftler, Soziologe, Psychologe usw.) an das Geschehen herangetragen werden.
Die perspektivisch präzisierten Vorstellungen werden über *Standbilder* (vgl. Scheller, 1982a) demonstriert: Z. B. wählt sich eine Schülerin, die zeigen will, wie – nach ihrer Vorstellung – Margarete Faust sieht, einen Schüler aus, der vom Aussehen her ihrem Bild von Faust entspricht, und formt ihn dann so, daß er etwa die Körperhaltung, Gestik und Mimik hat, wie sie – aus der Sicht Margaretes – typisch ist für die Situation. Der Faust-Spieler erstarrt in dieser Haltung, während die Schülerin, die ihn aufgebaut hat, die Haltung einnimmt, aus der heraus Margarete ihn sieht.

3.

Was die Margarete-Spielerin von Faust wahrnimmt, wie sie seine Haltung deutet, welche Gefühle sie bei ihr auslöst und was sie glaubt, wie Faust sie wahrnimmt und was er über sie denkt, das wird dann im dritten Schritt von der Schülerin, die die Haltung Margarets eingenommen hat, phantasiert. Dazu stellt sich der Lehrer hinter sie und animiert sie durch Fragen, über ihre Wahrnehmung Gefühle, Gedanken und Wünsche öffentlich zu sprechen. Anschließend regt er sie an, sich hinter die Faustfigur zu stellen und in der Ich-Form zu phantasieren, wie dieser sie – Margarete – wahrnimmt, welche Gefühle und Wünsche er mit ihr verbindet.
Nacheinander kann so die Situation und die Beziehung zwischen den beiden Figuren aus unterschiedlichen Perspektiven (Margarete, Faust, Bettler, Mephisto, Gretchens Mutter; Psychologe, Soziologe usw.) dargestellt und reflektiert werden. Dadurch entsteht ein vielschichtiges Beziehungsgeflecht, das die Komplexität dieser Begegnung, die ja immer in einem sozialen Kontext steht, angemessen abbildet.

4.

Dann kann die Begegnung zwischen Faust und Margarete gespielt werden – und zwar von den Schülern bzw. Schülerinnen, die sich in die Figuren eingefühlt haben. Zur Vorbereitung und Einfühlung in die konkrete Handlungssituation führt dabei der Lehrer an den Orten, an denen sich Margarete und Faust vor der Begegnung befinden, Rollengespräche mit ihnen, wobei er sie fragt, wo sie sich befinden, was sie da tun, wie sie sich augenblicklich fühlen und mit welchen Gedanken sie beschäftigt sind. Dann wird – nachdem der Handlungsort genau festgelegt wurde, gespielt. Während dieses Spiels, am besten aber erst bei einer Wiederholung des Spiels, können die Beobachter immer dann, wenn sie eine Konstellation oder Haltung für aufschlußreich bzw. widersprüchlich halten, durch einen Stop-Ruf die Handlung unterbrechen. Die Spieler erstarren dann in ihrer momentanen Haltung und sagen – vom Lehrer, der hier die Rolle eines Hilfsichs übernimmt, durch Fragen angeregt, was gerade in ihnen vorgeht. Nach dem Spiel führt dann der Lehrer mit den beiden Figuren (eventuell aber auch mit Schülern, die das Geschehen aus der Perspektive einer bestimmten Rolle beobachtet haben) Gespräche über das, was sie erlebt haben.

Nun macht gerade die Vielschichtigkeit der szenischen Interpretation das Problem deutlich, das sich bei jeder Interpretation von Texten stellt, die in einer anderen historischen Situation produziert wurden als in der des Interpreten: daß nämlich die Vorstellungsbilder, mit denen wir einen Text bei der Lektüre in der Phantasie komplettieren, vor allem in ihren sinnlichen Momenten (Erlebnisse, Bilder) so viel gegenwärtige Anteile enthalten, daß sie auch da enthistorisierend wirken können, wo genügend historisches Wissen vorhanden ist – es sei denn, dieses Wissen ist nicht so konkretisiert und versinnlicht, daß es in die Vorstellungswelt der Interpreten eingegangen ist.
Da aber unser historisches Wissen in der Regel abstrakt bleibt und unsere Phantasiebilder wenn nicht mit eigenen Erlebnissen, so doch mit Medienbildern (oder Theateraufführungen) besetzt sind, besteht immer die Gefahr, daß auf der Ebene der Sinnlichkeit und Vorstellungsbilder unterlaufen wird, was eine historisierende Interpretation intendiert. Bei der szenischen Interpretation werden nun solche aktualisierenden Vorstellungen öffentlich und können – wenn sie entsprechend verfremdet werden – als Produkt des Hier und Jetzt von dem anderen Damals abgegrenzt werden. Gegen die gegenwärtigen Vorstellungen müssen die historisch möglichen gestellt werden. Beantwortet werden müßten Fragen wie:
- Wie sieht ein Mädchen, das Mitte des 18. Jahrhunderts in den kleinbürgerlichen Verhältnissen einer Kleinstadt aufwächst, ihr Leben und das Leben der anderen Stände? Was darf es an Gefühlen, Wünschen und Hoffnungen zulassen? Wie darf es sich – etwa nach der jeweiligen Kleider- und Ständeordnung – in der Öffentlichkeit zeigen und verhalten? Wie weit funktioniert in ihm der Selbstzwangmechanismus usw.?
- Oder: Wie wird das Verhalten von Faust in dieser Szene von denen wahrgenommen, die historisch Opfer der gehobenen Stände waren: die Bauern, die Handwerker, die Soldaten ...?
- Und schließlich: Wie unterscheiden sich die Vorstellungen, die heutige Interpreten von den Beziehungen zwischen Mann und Frau haben, von denen, die in dieser Szene damals skizziert wird, und wie kann man diese vom heutigen Standpunkt aus kritisieren?

Wie können solche Verfremdungen durch die szenische Interpretation geleistet werden?
- Das, was wir über die sozialhistorischen Hintergründe, über die Stände- und Kleiderordnungen, über das Alltagsleben und gesellschaftliche Normen und Konventionen, über die Psyche und die Selbstzwangmechanis-

men der Figuren in Erfahrung bringen können, wird den Schülern vor der Einfühlung über Bilder, Texte und Rollenkarten zugänglich gemacht. Erst aufgrund dieses Wissens fühlen sich die Schüler in die jeweilige Figur ein.
- Aufgrund entsprechenden Bild- und Textmaterials fühlen sich einzelne Schüler oder Schülergruppen auch in die Situation von Vertretern von Ständen, Schichten und Klassen ein, die zur damaligen Zeit zu Opfern, Abhängigen und Unterpriviligierten gehörten und deshalb im bürgerlichen Drama keine oder nur eine untergeordnete Rolle spielen: Handwerker, Bauern, Vaganten, Bettler usw. Sie beobachten, reflektieren und kritisieren das Geschehen aus der Perspektive dieser Menschen.
- Die Schüler zeigen nach dem Prinzip „Fixieren des Nicht-Sondern" (Brecht, GW 15, S. 343) mit Hilfe von Standbildern und Kommentaren, wie sich die Figuren in dieser Situation nicht verhalten haben (aber aus heutiger Sicht sinnvollerweise verhalten hätten), sondern wie sie sich damals aufgrund anderer historischer Bedingungen verhalten haben. Z. B.:
„Margarete stemmt *nicht* beide Hände in die Hüften, guckt Faust *nicht* wütend an und zischt *nicht*: „Komm, hör auf, ich laß mich nicht anmachen!", *sondern* sie läßt die Arme sinken, schlägt errötend die Augen nieder und antwortet verlegen: „Bin weder Fräulein, weder schön, kann ungeleit nach Hause gehn"."

Zusammenfassend möchte ich das, was ich szenische Interpretation nenne, so definieren:
Szenische Interpretation ist der Versuch, die in Dramentexten skizzierten sozialen Situationen, die sprachlichen Äußerungen von Figuren als Teil eines sozialhistorisch verortbaren Lebenszusammenhangs zu verstehen. Da der Text in der Regel nur Dialoge und wenig nonverbale Handlungen nennt, müssen diese so konkret wie möglich in sinnlich wahrnehmbare Szenen und Haltungen umgesetzt („inszeniert") werden, damit sprachliche Äußerungen und Handlungen als Teil und Ausdruck historischer Subjekte und Situationen verstanden werden können, in denen unbewußte und bewußte, physische und psychische Verhaltensmomente einen häufig in sich widersprüchlichen Kompromiß eingehen.
Verstehen heißt dabei immer szenisches Verstehen und schließt die Auseinandersetzung mit den äußeren und inneren Haltungen des Verstehenden mit ein. Es meint den Versuch, das dramatische Geschehen sowohl aus der subjektiven Perspektive der verschiedenen Figuren als auch von außen aus dem objektiven Lebenszusammenhang heraus, der sie hervorgebracht hat, in dem sie stehen und in den sie hineinwirken, zu begreifen.
Szenisches Verstehen und Interpretieren in diesem Sinne setzt voraus:
1. Einfühlung: Die Interpreten müssen sich in die Figuren hineinversetzen und die Handlungsweisen, Vorstellungen, Erwartungen und Gefühle, die sie in eine Situation einbringen und ausagieren, nachvollziehen können. Die Einfühlung richtet sich daher zunächst auf die sinnlich wahrnehmbare Umwelt (Räume, Gegenstände, Menschen) und auf die physischen Haltungen und Handlungen, die die Figuren zeigen.
Sie wendet sich dann auf dieser Basis dem psychischen Erleben (Wahrnehmungen, Phantasien, Erwartungen, Gefühle, Intentionen) der Figuren zu, das die physischen Handlungen motiviert und rechtfertigt. Dieses Erleben ist dann wiederum Ausgangspunkt für das Verstehen der sprachlichen und physischen Handlungen der Figuren.
2. Verfremdung: Damit physisches Handeln und psychisches Erleben nicht nur Projektionen der gegenwärtigen Vorstellungen, Haltungen und Beziehungen der Interpreten bleiben, müssen sie verfremdet, d. h. hier im Sinne Brechts historisiert werden (vgl. Knopf 1980, S. 386).
Dabei müssen dann
- die Wahrnehmungs- und Verhaltensspielräume der Figuren den historischen Bedingungen entsprechend eingegrenzt werden;
- die Haltungen und Handlungen der Figuren aus der Perspektive sozialer Schichten und Klassen, die zur Zeit des Geschehens eine sozial und ökonomisch unterprivilegierte Rolle gespielt haben, wahrgenommen und bewertet werden;
- historisch noch nicht eingelöste Haltungen und Beziehungen bewußt als utopische Möglichkeiten an die Figuren herangetragen und erprobt werden.
3. Spiel-Haltung und Spiel-Verfahren: Die szenische Interpretation erfordert eine dem dramatischen Geschehen angemessene *Rezeptionshaltung*, die ich als Spiel-Haltung charakterisieren möchte. Die Interpretation kann dabei auf der Ebene des literarischen Rollenspiels (vgl. Eggert/Ruschky, 1978) durchgeführt werden, als Spiel in der Vorstellung, das sich in Formen des Rollenschreibens und des Rollengesprächs vergegenständlicht – die Rollenfiguren geben Stellungnahmen ab, schreiben Briefe und Tagebücher, führen Selbstgespräche und unterhalten sich mit anderen Figuren.
Sie kann aber auch im szenischen Spiel geschehen. Die Teilnehmer fühlen sich dann in die Figuren ein und agieren als diese. Dabei aktualisieren sie beim Handeln – über das Körpergedächtnis (vgl. z. Lippe 1978, S. 137) bzw. das emotionale Gedächtnis (vgl. Stanislawski 1983, S. 188 ff.) – Erlebnisse und Gefühle, die nicht nur die Einfühlung und damit das Verstehen der Figuren intensivieren, sondern selbst Gegenstand der Untersuchung und Reflexion in der Gruppe werden können.
Szenische Interpretation zielt damit nicht nur auf das Verstehen der Dramenfiguren, sondern immer auf das Verstehen der Vorstellungen, Erlebnisse, Wertungen und Verhaltensweisen der Interpreten (vgl. Scheller 1982, Scheller 1984).
4. Arbeit in der Gruppe: Eine szenische Interpretation ist auf öffentliche Vergegenständlichung angewiesen, kann nur in einer Gruppe stattfinden, ist ein kollektiver Prozeß, in dem die Vorstellungen und Haltungen, die einzelnen bei der Einfühlung und beim Rollenhandeln zeigen, die Interpretation vorantreiben und Material für die Entwicklung gemeinsamer Vorstellungen vom Dramengeschehen liefern (die in einer Aufführung sichtbar gemacht werden könnten).

Für die Drameninterpretation im Unterricht hat das Konsequenzen, die hier nur angedeutet werden können:
Alle Figuren des Dramas werden gleichrangig eingestuft. Protagonisten sind Figuren, die vom *Autor* herausgehoben worden sind. Hauptpersonen können aber auch – je nach Standort und Erkenntnisinteressen der Schüler – Figuren sein, die im Dramentext nur am Rande als stumme Figuren oder gar nicht genannt werden (wie etwa Bauern, Handwerker, Bettler, Soldaten im „Faust"). Bei der szenischen Interpretation von Max Frischs „Andorra" z. B. fiel die Abwesenheit der Frauen auf. Wir haben deshalb komplementär zu den Männerrollen Frauenrollen entwickelt, die dann im Spiel das Verhalten der Männer reflektiert und kritisiert haben.
Damit das Geschehen aus unterschiedlicher Perspektive reflektiert werden kann, sollten sich die Schüler einzeln (oder in Gruppen) entscheiden und die Möglichkeiten erhalten, sich Schritt für Schritt in diese einzufühlen, als diese in unterschiedlichen Situationen zu agieren und sich einen entsprechenden Standpunkt zu dem Geschehen, zu den anderen Figuren und eine eigene Rollenidentität aufzubauen.
Damit dieser Prozeß zustande kommen kann und gleichzeitig auch die Haltungen thematisiert und reflektiert werden können, die die Schüler im Spiel einnehmen und zeigen, muß der Interpretationsprozeß, müssen Einfühlung und Spiel vom Lehrer/Spielleiter genau organisiert und immer wieder unterbrochen werden, damit Haltungen und Handlungen aus unterschiedlichen Perspektiven beschrieben und bewertet werden können. Der Lehrer fungiert quasi als Anwalt des Stückes: er sorgt dafür, daß das Geschehen durch die Konfrontation der Figuren und Perspektiven vorangetrieben und mehrperspektivisch mit Mitteln des szenischen Spiels gedeutet wird. Die Verfahren, die er dabei verwendet, sind vielfältig und stammen aus der Schauspielerausbildung (Stanislawski 1983, Ebert/Penka 1981), aus dem Psycho- und Soziodrama (Schützenberger 1976, Scherf 1973), aus dem Rollenspiel (Coburn-Staege 1977), aus dem Szenischen Spiel (Scheller 1981, S. 191–214) und dem Lehrstückspiel (Scheller 1982, Koch, G./Steinweg/Vaßen 1984, Ritter 1980).

Literatur

Brecht, B.: Gesammelte Werke in 20 Bänden; Frankfurt a. M. 1967; Bd. 15 u. 16.

Coburn-Staege, U.: Lernen durch Rollenspiel. Theorie und Praxis für die Schule. Frankfurt a. M. 1977.

Ebert, G./Penka, R. (Hrsg.): Schauspielen. Handbuch der Schauspieler-Ausbildung. Berlin (Ost) 1981.

Eggert, H./Rutschky, M. (Hrsg.): Literarisches Rollenspiel in der Schule. Heidelberg 1978.

Kluge, A.: Die Macht der Gefühle. Frankfurt a. M. 1984.

Knopf, J.: Brecht-Handbuch. Theater. Stuttgart 1980.

Koch, G./Steinweg, R./Vaßen, F. (Hrsg.): Assoziales Theater. Spielversuche mit Lehrstücken und Anstiftung zur Praxis. Köln 1984.

Leithäuser, T., u. a.: Entwurf zu einer Empirie des Alltagsbewußtseins. Frankfurt a. M. 1977.

zur Lippe, R.: Am eigenen Leibe. Zur Ökonomie des Lebens. Frankfurt a. M. 1978.

Lorenzer, A.: Die Analyse der subjektiven Struktur von Lebensläufen und das gesellschaftlich Objektive. In: Baacke, D./Schulze, Th. (Hrsg.): Aus Geschichten lernen. München 1979, S. 129–145.

Muths, S.: J. W. v. Goethes „Faust I" – Überlegungen und Versuche zur szenischen Interpretation. (Examensarbeit) Oldenburg 1984.

Petzold, H. (Hrsg.): Angewandtes Psychodrama in Therapie, Pädagogik, Theater und Wirtschaft. Paderborn 1972.

Ritter, H. M.: Ausgangspunkt: Brecht. Versuche zum Lehrstück. Recklinghausen 1980.

Scheller, I.: Erfahrungsbezogener Unterricht. Königstein/Ts. 1981.

ders.: Arbeit an Haltungen oder: Über Versuche, den Kopf wieder auf die Füße zu stellen – Überlegungen zur Funktion des szenischen Spiels. In: Scholz, R./Schubert, P.: Körpererfahrung. Reinbek 1982, S. 230–252.

ders.: In Bildern denken oder über die Arbeit mit Standbildern. (unv.) Oldenburg 1982a.

ders.: Arbeit an asozialen Haltungen. Lehrstückpraxis mit Lehrern und Studenten. In: Koch, G. Steinweg R./Vaßen, F. (Hrsg.) a. a. O., S. 62–90.

ders.: Szenische Interpretation – erläutert an einer Szene aus Büchners „Woyzeck". In: Ossner, J. Fingerhut, K. H. (Hrsg.): Methoden der Literaturdidaktik. Methoden im Literaturunterricht. (Beiträge des V. Symposiums Deutschdidaktik). Ludwigsburg 1984, S. 178–187.

Scherf, E.: Aus dem Stegreif. Soziodramatische Spiele mit Arbeiterkindern. In: Kursbuch 34 (1973), S. 103–156.

Schützenberger, A.: Einführung in das Rollenspiel. Stuttgart 1976.

Stanislawski, K. S.: Von den physischen Handlungen. In:

Stanislawski, K. S./Prokofjew, W., u. a.: Der schauspielerische Weg zur Rolle. Berlin (Ost) 1952, S. 9–20.

Stanislawski, K. S.: Die Arbeit des Schauspielers an sich selbst im schöpferischen Prozeß des Erlebens. Berlin (West) 1983.

Steinweg, R. (Hrsg.): Brechts Modell der Lehrstücke. Zeugnisse, Diskussionen, Erfahrungen. Frankfurt a. M. 1976.

HINWEISE ZU BÜCHNERS "WOYZECK" UND ZUR INTERPRETATIONSWEISE, ZUM AUFBAU UND ZUR VERWENDUNG DER MATERIALIEN

Zu Büchners "Woyzeck"

Den 'Woyzeck', oder besser die Szenen, die unter diesem Titel zum Standardrepertoire von Bühne und Schule gehören, schrieb der 23jährige Georg Büchner 1836/37 in der Emigration in Straßburg (zur Entstehungsgeschichte vgl. MEIER 1980, S. 17ff.).
Die Szenen, historisch lokalisierbar in den zwanziger Jahren des 19. Jahrhunderts in einer kleinen Garnisonstadt in Hessen, blenden sich in einen Lebenszusammenhang ein, der den Besuchern der Staatstheater, aber auch den meisten Lehrern, Schülern, Studenten und Wissenschaftlern nicht nur wegen der historischen Differenz, sondern auch wegen der ökonomischen und sozialen Lage der Figuren und der dadurch bedingten Wahrnehmungs-, Denk- und Handlungsweisen fremd erscheint. Die meisten Figuren leben am Rande des Existenzminimums und schlagen sich mit Gelegenheitsarbeiten durch. Neben der Arbeit bleiben nur das Leben auf der Straße, im Wirtshaus und das billige Vergnügen des Jahrmarkts. Figuren, die aufgrund ihrer Stellung und materiellen Lage Identifikationspunkte bieten könnten (Hauptmann, Doktor), sind satirisch überzeichnet, so daß man sich schnell von ihnen distanzieren kann. Dennoch sind die Figuren, die in den Szenen dieses Dramas handeln und behandelt werden - um mit Büchners Worten aus dem 'Lenz' zu sprechen - "Menschen von Fleisch und Blut", "deren Leid und Freud mich mitempfinden macht, deren Thun und Handeln mir Abscheu und Bewunderung einflößen" (L., S. 87): Liebe, Haß, Neid, Tanz, Alkohol, Prügelei, die Faszination der Märchen, des Spiels, des Flitters und des Körpers - die kleinen Fluchten und Hoffnungen in einem Alltag, in dem man gesellschaftlich keine Rolle spielt und deshalb auch - gemessen an bürgerlichen Normen - asozial ist und handelt.
Hier tun sich - entfernt natürlich und unter anderen historischen Bedingungen - Parallelen auf zur gegenwärtigen Lebenssituation von Menschen, die auch den bürgerlichen Schichten nahestehen und ihnen entstammen: Arbeitslose, viele Schüler und Studenten, deren Lebensperspektive trostlos aussieht. Auch diese müssen mit der Perspektivlosigkeit fertig werden und immer wieder Versuche starten, sich in einem Alltag einzurichten, in dem sie nicht gefragt sind. Nimmt man diese Situation als Hintergrund für die Interpretation des Dramas, so kann die Auseinandersetzung mit dem scheinbar Fremden anregen, eigene Erlebnisse, Phantasien und Gefühle zu aktualisieren und neu zu sehen. "Die Auseinandersetzung mit dem Fremden (kann) helfen, analoge eigene Erfahrungen zu verfremden und damit neu zu sehen. Denn hier 'aktualisiert die Abweichung vom Bekannten, die dennoch Elemente des Bekannten mittransportiert, Staunen, Phantasie, Motivation zum Nachdenken über das eigene Selbstverständliche' (Ziehe), ohne daß die eigene Identität zu sehr belastet wird" (SCHELLER 1981, S. 70). Gleichzeitig können so Ansatzpunkte gefunden werden für die Identifikation mit einzelnen Figuren und für die Möglichkeit, sich in Menschen einzufühlen, die einer anderen sozialen Schicht angehören und deren Handlungsweisen nicht an bürgerlichen Moralvorstellungen gemessen werden können.

Eine solche erfahrungsbezogene Herangehensweise an das Drama läßt sich, so glaube ich, auch durch die Haltung rechtfertigen, die Büchner seinem Stoff gegenüber einnahm. Selbst Sohn eines Arztes und damit bürgerlicher Herkunft, hatte er sich, als er den 'Woyzeck' schrieb, von seinem früheren Aufklärungsaktionen im Lande Hessen ("Der hessische Landbote") nicht in der Sache, sondern in der Form distanziert und die aktionistische Erstürmung der Frankfurter Wache durch ein paar liberale Oppositionelle 1833 als "revolutionäres Kinderspiel" kritisiert.

> "Ich werde zwar immer meinen Grundsätzen gemäß handeln, habe
> aber in <u>neuerer</u> Zeit gelernt, daß nur das notwendige Be-
> dürfnis <u>der</u> großen Masse Umänderungen herbeiführen kann, daß
> alles Bewegen und Schreien der <u>Einzelnen</u> vergebliches Toren-
> werk ist",

schreibt er im Juni 1833 an die Familie (L., 250). Wollte er nun als bürgerlicher Schriftsteller "eingreifend" in Richtung auf eine "gesellschaftliche Umwälzung" wirken, so mußte er die gesellschaftliche Realität
der "großen Masse" so auf die Bühne bringen, daß diese ein Bedürfnis nach
Umänderungen entwickeln konnten. Die große Masse bestand aber im damaligen Hessen aus der "ungebildeten und armen Klasse", deren Leben partei-
isch, d.h. aus deren Perspektive darzustellen war. "Das Verhältnis zwischen Armen und Reichen ist das einzige revolutionäre Element in der Welt,
der Hunger allein kann die Freiheitsgöttin ... werden." (An Gutzkow, 1835,
L., S.269). Die Wirklichkeit aus der Perspektive der Armen zu zeigen, war
Büchner nur möglich, wenn er deren Leben, Denk- und Handlungsweise genau
beobachten und "verstehen" lernte. "Man muß", heißt es im Kunstgespräch
im "Lenz",

> "die Menschheit lieben, um in das eigentümliche Wesen jedes
> einzudringen, es darf einem keiner zu gering, keiner zu häß-
> lich sein, erst dann kann man sie verstehen; das unbedeutend-
> ste Gesicht macht einen tieferen Eindruck als die bloße
> Empfindung des Schönen, und man kann die Gestalten aus sich
> heraustreten lassen, ohne etwas vom Äußern hineinzukopieren,
> wo einem kein Leben, keine Muskeln, kein Puls entgegen
> schwillt und pocht."(L., 76ff.)

Die Woyzeck-Szenen leben von diesem Verstehen, von dieser Einfühlung Büch-
ners in das Leben der armen und ausgebeuteten Massen: sie zeigen deren
Alltag, zeigen Armut, Unterdrückung, aber auch Lust, Rausch, Liebe ...
Sie zeigen das, was Büchner - wie er sagt - "in allem" verlangt:

> " Leben, Möglichkeit des Daseins, und dann ist's gut; wir ha-
> ben dann nicht zu fragen, ob es schön, ob es häßlich ist.
> Das Gefühl, daß das, was geschaffen sei, Leben habe, stehe über
> diesen beiden und sei das einzige Kriterium in Kunstsachen."(L., 76)

"Möglichkeit des Daseins" - und das ist wichtig auch für jede Interpretation - meint dabei nicht nur Wahrhaftigkeit und Authentizität der Darstellung, sondern auch den Anspruch an ein anderes, besseres Leben, -
auf eine überhaupt menschenwürdige Möglichkeit des Daseins.

"Woyzeck" ist Fragment geblieben. Uns liegen vier weitgehend ungeordnete
Szenengruppen vor, die die Menschen in ihren alltäglichen Beziehungen
und Abhängigkeiten zeigen. Die soziale Wirklichkeit ist nur in Ausschnitten faßbar: die Szenen beleuchten solche Ausschnitte, blenden sich ein
in den Alltag der Figuren, skizzieren eine soziale Situation, in der
der Mord logisch wird.
Die Szenengruppen entstammen unterschiedlichen Arbeitsstadien. Wenn auch
die vorläufige Reinschrift (also die letzte Fassung) wohl den Büchner-
schen Intentionen am nächsten kommt, eine endgültige Fassung, was
Szenenauswahl und Reihenfolge anbetrifft, läßt sich nicht ausmachen, war
auch vielleicht gar nicht intendiert. Daran können auch die Philologen
wenig ändern, die hier schon immer ein willkommenes Betätigungsfeld gefunden haben. Büchner hat eine szenische Materialsammlung geliefert,

hat verschiedene Erfahrungen und Vorstellungen in Szenen umgesetzt, die
unterschiedlich kombiniert werden können - vom Interpreten, vom Regisseur
und nicht zuletzt vom Publikum. Dabei steht die einzelne Szene durchaus
für sich selbst, bildet in sich die Beziehungsstruktur des Ganzen ab.
Der Fragmentcharakter des Dramas, das Ausschnitthafte der einzelnen
Szenen, aber auch die historische und soziale Differenz zwischen den Haltungen und Handlungsweisen der Figuren und denen ihrer Interpreten begünstigen eine Deutung, in der es weniger darum geht, die Figuren aus
ihrem Lebenszusammenhang heraus zu verstehen, als sie in das mittelschichtsspezifische Deutungsraster des Interpreten zu integrieren. Das um so mehr,
als für das Verständnis wichtige Anteile - räumliche und gegenständliche
Details, Aussehen, Körperhaltung, Handlungs- und Sprechweise der Figuren,
aber auch das, was in den Figuren abläuft (Wahrnehmungen, Gefühle, Erlebnisse, Phantasien, Gedanken) - im Text ausgespart bleiben und vom Leser
imaginiert werden müssen. Da die gegenständlichen und sinnlich-praktischen Momente im Lebenszusammenhang der Figuren, die in diesen Szenen
agieren, eine andere und zentralere Rolle spielen als im Lebenszusammenhang ihrer Interpreten, ist die Gefahr groß, daß über die Imagination das
Dramengeschehen nach dem Muster bürgerlicher Wahrnehmungs-, Vorstellungs-
und Erlebnisweisen umgedeutet wird. Dafür bietet die 'Woyzeck'-Forschung
anschauliches Material.

Hier ein paar Hinweise:

1. Produktion von Vorstellungen: Wer wie die meisten Wissenschaftler und
   Gymnasiasten aus den bürgerlichen Mittelschichten stammt und nur wenig
   Erfahrungen gemein hat mit Menschen, die wie Woyzeck, Marie usw. unter
   extrem schlechten materiellen und sozialen Bedingungen leben müssen,
   dem müssen Wahrnehmungsweise, Interaktions- und Denkweise der Figuren
   fremd sein. Wollen sie sich ein Bild von diesen machen, können sie sie
   nur als bürgerliche Individuen sehen, denen sie den Status von Außenseitern zuweisen. Situationen, Interaktionen und Haltungen werden
   schichtenspezifisch imaginiert, zugerichtet, 'sozialisiert': Woyzeck
   wird zum großen Liebenden oder zum psychopathischen Fall, Marie zur
   ungetreuen Gattin oder zur von Fleischlichkeit getriebenen Hure,
   deren moralische Verfehlungen durch den Mord gesühnt werden.

2. Deutung der Vorstellungen: Die körperbezogenen Haltungen, Beziehungen
   und Ausdrucksweisen der Figuren werden - ebenso wie ihre Redeweise -
   als von der bürgerlichen Norm abweichend gedeutet und
   bewertet: die "Fleischeslust" der Marie und des Tambourmajors sind
   'primitiv', Woyzecks Sprachlosigkeit ist Ausdruck seiner Dummheit, die
   Figuren handeln - ohne wesentliche Moral - 'naturhaft', haben eigentlich keine Identität, sind Opfer, Zeichen, Demonstrationsobjekte für
   einen unmenschlichen Zustand - ohne Leben, Hoffnungen, Lebensperspektive, ohne Möglichkeiten, zum Subjekt der Veränderung zu werden.

3. Herstellung von Sinnzusammenhängen zwischen den Szenen: Die Szenen
   des Woyzecks werden nach dem Muster bürgerlicher Denk- und Erfahrungsweise auf das Fabelschema und damit auf die Geschichte einer Figur hin
   geordnet und interpretiert, auf die Geschichte des Stadtsoldaten
   Woyzeck, die Langhoff in einem - wie er es nennt - "traurigen Märchen"
   aufgeschrieben hat:

   Die traurigen Märchen

   Es war einmal ein armer Soldat, der hatte kein Glück in der Welt. Er hatte
   eine Frau und ein Kind, doch kein Geld für ein Häuschen, so konnte er seine Frau nicht heiraten und nicht mit seiner Familie zusammen leben. Auch

war sein Lohn als Soldat zu klein, um sich, seine Frau und sein Kind zu
ernähren. Darum mußte er noch viele andere Arbeiten machen. So war sein
ganzer Tag nichts als Arbeit. Wenn er nicht in der Kaserne Dienst hatte,
so rasierte er seinen Hauptmann oder holte für diesen vor der Stadt Weidenruten. Eines Tages geriet er an einen Arzt, der ein ehrloser Gelehrter
war und seltsame Versuche an Menschen machte. Er hieß den Soldaten tagein-tagaus nichts als Erbsen essen, da er die Wirkung solcher Kur auf den
menschlichen Körper untersuchen wollte und sich davon eine große Entdeckung
versprach. Der arme Soldat befolgte auch brav die Kur, denn der Arzt gab
ihm dafür Geld - das er für sein Weib und sein Kind sparte, die er beide
sehr liebte. Doch von der vielen Arbeit und dem ewigen Erbsen-Essen wurde
er bald krank, er verlor seine Kräfte und seine Gedanken wurden wirr und
dunkel. Bald sah er aus wie ein Schatten, hetzte verstört von einem Ort
zum andern und sah überall aus dem Boden und aus den Wänden seltsame Gestalten hervorkriechen und hörte seltsame Stimmen, die ihn ängstigten.
Nur ganz selten, wenn ein Groschen übrigblieb, ging er mit seiner Frau auf
den Jahrmarkt, um sich am Glanz der Lichter und Buden ein wenig zu erfreuen. Und da, eines Abends geschah es, daß ein stattlicher Tambourmajor seine schöne und junge Frau sah und sich in den Kopf setzte, diese besitzen
zu wollen. Die Frau des armen Soldaten liebte ihren Mann, doch sie war
jung und schön und sehr lebenslustig und sie litt sehr unter dem großen
Elend, in dem sie leben mußte, so daß sie, als der Tambourmajor, der ein
kräftiger Mann war, ganz anders wie ihr kranker und schwacher Soldat, ihr
einen kostbaren Schmuck schenkte, schwach wurde in der Hoffnung, ein wenig
mehr Freude in der Welt zu bekommen. Sie ließ dem Tambourmajor seinen Willen, doch sie hatte keine Freude, denn ihr schlechtes Gewissen quälte sie,
da sie doch ihren Soldaten liebte. Ihr großes Elend aber hatte sie so mürbe gemacht, daß sie nicht die Kraft besaß, ihre Beziehung zu dem Tambourmajor aufzugeben, sondern sie sah ihn weiter und ließ alles mit sich geschehen. Der arme Soldat erfuhr jedoch von dem Betrug seines Weibes und es
schmerzte ihn grausam, daß er das einzige auf der Welt, das er sein nennen
konnte, so verlieren sollte. Seine kranken Gedanken verwirrten sich immer
mehr und er sah keine Hilfe. Sein Hauptmann, der ihm hätte helfen können,
indem er ihm eine Heirat ermöglichte, freute sich herzlos nur an seinem
Jammer und verspottete ihn. Auch der Arzt freute sich über die unheilvolle
Geschichte, denn die durch den Betrug sich verschlimmernde Krankheit des
Soldaten war ihm gerade recht, da sie seinen Versuchen dienlich war. Von
allen verlassen, wie ein gehetztes Tier, krank und verwirrt, sann der Soldat auf Rache. Da sein Kopf schon zu schwach war, um zu verstehen, wer an
all seinem Elend Schuld sei, entschloß er sich, das einzige, an dem er jemals hing, preiszugeben und in blinder Verzweiflung erstach er sein Weib.
Nun war er ganz allein und von allen als Mörder verfolgt. Ausgestoßen aus
der menschlichen Gesellschaft. Ein tiefes Gefühl von Schuld quälte ihn.
Das Leben hatte keinen Sinn mehr. Was blieb? Sich wie ein gehetztes Tier
vor den Menschen verstecken, um so der Strafe, die auf ihn wartete, zu
entgehen? Er soll ins Wasser gegangen sein. (LANGHOFF 1980, S. 35).

Das Fabelschema, von Langhoff hier mit entlarvender Absicht demonstriert,
reduziert komplexe gesellschaftliche Zustände und Beziehungen auf Beziehungen und Interaktionen zwischen Einzelpersonen, die die Geschichte
machen. Dieses Schema geistert durch die bürgerliche Geschichtsschreibung
als einer Geschichte bedeutender Persönlichkeiten, an diesem Muster orientiert sich die klassische Tragödie (die Woyzeck-Szenen wurden entsprechend
gedeutet), diesem Muster entsprechend wurden wir von Literaturwissenschaftlern, Theateraufführungen und Theaterkritikern auf die 'richtige' Wahrnehmung der Szenenfolge vorbereitet, etwa

- durch den Titel "Woyzeck", der nicht von Büchner stammt;

- durch den Hinweis auf die 'Geschichte' des historischen Woyzecks und die Gerichtsgutachten, die Büchner gekannt haben muß;
- durch die unterschiedlichen literaturwissenschaftlichen und theatralischen Rekonstruktionsversuche der vermeintlich von Büchner intendierten Szenenfolge, die sich eher an der Logik der historischen Daten als am vorliegenden Material orientieren.

Zur szenischen Interpretation

Eine Interpretation, der es darum geht, gerade auch das sozialhistorisch und klassenspezifisch Fremde an der in den Woyzeck-Szenen entworfenen sozialen Realität zu verstehen und im Sinne Büchners aus der Perspektive der "armen und ungebildeten" Klassen zu sehen, muß versuchen, sich bewußt gegen die skizzierten Tendenzen zur Vereinnahmung des Geschehens durch bürgerliche Wahrnehmungs-, Phantasie- und Deutungsmuster abzusetzen. Sie muß versuchen, sich zum Text, zu den Szenen, den Figuren und ihren Beziehungen und Abhängigkeiten einen Zugang zu verschaffen, der dem klassenspezifischen Lebenszusammenhang und den daraus resultierenden Erfahrungen, Haltungen und Lebensvorstellungen der Figuren gerecht werden kann. Das heißt im einzelnen:

1. Die Woyzeck-Szenen werden weniger als Stationen in der Geschichte des Stadtsoldaten Woyzeck gedeutet, sondern als Einblendungen in den Lebenszusammenhang einer sozialen Klasse, die hier zum ersten Mal als Subjekt des Geschehens erscheint. Das Drama bildet einen gesellschaftlichen Zustand ab. Woyzeck ist Teil und Produkt der extremen sozialen Situation, unter denen die "armen und ungebildeten" Menschen in der kleinen hessischen Stadt leben müssen. Die Handlungsweisen der Menschen - Arbeit, Sinnlichkeit, Alkoholismus, Gewalt, Mord - werden im Zusammenhang dieser Lebensbedingungen und der daraus resultierenden Haltungen gesehen und nicht an bürgerlichen Moralvorstellungen gemessen.

2. Allen Figuren, die in den Szenen auftauchen, wird eine wie auch zu definierende klassenspezifische Identität zugestanden. Ihnen wird "Leben", "Möglichkeit des Daseins", wie Büchner es genannt hat (L, 76), zugebilligt, auch wenn ihre "Häßlichkeit, Borniertheit und Dummheit" abstößt. Das gilt auch für die bis zur Karikatur überzeichneten Figuren der herrschenden Klassen (Doktor, Hauptmann). Jemanden "Leben" zuzugestehen heißt dann auch, in der Häßlichkeit die Schönheit, in der Armut den Reichtum, in der Unterdrückung die Möglichkeit des Aufbegehrens, in der Sprachlosigkeit die Verweigerung, in der Gewalt den Protest zu entdecken.

3. Bei der Interpretation wird den sinnlich wahrnehmbaren und körperlich-praktischen Seiten des Geschehens eine besondere Aufmerksamkeit geschenkt. Sie spielen im Lebenszusammenhang der unteren sozialen Schichten und als Teil ihrer Identität (Haltung) eine andere und zentralere Rolle als für die bürgerlichen Mittelschichten (vgl. Willis 1979, Hartwig 1980, Scheller 1981., S. 5ff., Scheller/Schumacher 1984). Untersucht und erarbeitet werden die räumliche und gegenständliche Umwelt, Aussehen, Körperhaltungen, die körperlichen Handlungen und Interaktionen auch der "stummen" oder nur am Rande erwähnten Figuren, vor allem die körper-, situations- und gruppenbezogenen Wahrnehmungs-, Vorstellungs-, Interaktions- und Reflexionsweisen. Eine besondere Rolle spielt dabei die gestische Sprechweise, die von der sinnlich wahrnehmbaren Situation nicht zu trennen ist.

5. Ausführliche Interpretationsvorschläge werden nicht für alle Szenen des Dramas gemacht, sondern nur für die, die für die Einfühlung, die Entwicklung und für die Erklärung des Verhaltens der Figuren wichtig sind. Der Spielleiter/Seminarleiter steuert den Interpretationsprozeß quasi als Anwalt des Stückes, wobei er natürlich seiner Vorgehensweise auch eine Interpretation zugrunde legt, die allerdings durch das Spiel der Teilnehmer korrigiert werden kann. Der Spielleiter organisiert Einfühlung, Spiel und Reflexion, unterbricht immer wieder das Spiel, um Haltungen und Handlungen aus unterschiedlicher Perspektive nachahmen, beschreiben und bewerten zu lassen. Er sorgt dafür, auf unterschiedliche Einfühlungs-, Spiel und Verfremdungsverfahren zurückgreifend, daß das Geschehen durch die Konfrontation der Figuren und Perspektiven im Sinne des Stückes vorangetrieben und mehrperspektivisch gedeutet wird.

ZUM AUFBAU UND ZUR VERWENDUNG DER MATERIALIEN

Die Vorschläge zur szenischen Interpretation, die im folgenden gemacht werden, sollen Lehrern, Studenten und Schülern helfen, sich mit dem Dramentext auf kreative Weise auseinanderzusetzen. Sie sind so angelegt, daß sie - je nach Intention der Benutzer in kleineren Einheiten (z. B. in einer Doppelstunde), aber auch in größeren Zeitblöcken (etwa als Workshop) umgesetzt werden können. Die einzelnen Einheiten enthalten eine kurze Aussage über Inhalt, Deutung und didaktische Intentionen, benennen konkrete Ziele der Interpretation und beschreiben das Vorgehen. Didaktische und historische Informationen werden als Materialien - in der Regel in reproduzierbarer Form - beigefügt, wo möglich wird in Bild und Text dokumentiert, was die Verfahren konkret leisten.

Die Vorschläge sind als Angebot konzipiert, sie erheben nicht den Anspruch, vollständig realisiert zu werden. In der Regel werden die Seminarleiter - ihren eigenen Intentionen entsprechend - auswählen müssen, d. h. sich eine eigene Unterrichtseinheit zusammenstellen. Das gilt vor allem dann, wenn nur ein begrenzter Zeitraum zur Verfügung steht, etwa einige Doppelstunden. Es hat sich bewährt, in diesem Falle die Blockstunden für die szenische Interpretation zu verwenden und die dazwischenliegenden Einzelstunden für die Reflexion, Vertiefung und nicht-szenische Weiterführung der Interpretation.

Wo - wie in der Schule - in Doppel- und Einzelstunden gearbeitet werden muß, können und sollten eine Reihe von Modifizierungen vorgenommen werden.

1. Um zu gewährleisten, daß die Schüler die Haltungen der Figuren nicht immer wieder vergessen, sollte jede Stunde mit einer Einfühlung vorbereitet werden. Als Material wird dabei einzelnen Schülern und Schülergruppen zunächst der Rollentext für einzelne Figuren, später auch die Selbstdarstellung, zur Verfügung gestellt. Die Schüler haben somit die Möglichkeit, sich bei der Interpretation einzelner Szenen bzw. Szenenfolgen die Haltungen der Figuren wieder anzueignen. Wenn sie die Rollen austauschen, können sie darüber hinaus das Geschehen aus wechselnden Perspektiven erleben und bewerten.

2. Szenen und Passagen, die nicht untersucht werden bzw. nur angerissen werden, können über Rollentexte und Rollengespräche so in den Unterricht und in die Deutung integriert werden, daß sie in ihrer Bedeutung für das Geschehen und die Figuren nicht verloren gehen. Hier bietet sich darüber hinaus für die schriftlichen Arbeiten (Hausaufgaben, Klau-

Geht man von diesen Prämissen aus, dann machen die Woyzeck-Szenen eine szenische Interpretation geradezu notwendig. Nur eine Textinterpretation, die auch die sinnlich-praktischen Erfahrungen, Handlungen und Haltungen sichtbar zu machen und zu verstehen versucht, kann den Figuren und dem Geschehen gerecht werden. Gleichzeitig können die Teilnehmer über die Einfühlung in die Rollenfiguren und bei der Auseinandersetzung mit deren Wahrnehmungs-, Erlebnis- und Handlungsweisen in unterschiedlichen Situationen ähnliche und abweichende Erfahrungen und Haltungen bei sich entdecken und als Produkt anderer historischer und sozialer Bedingungen erkennen.

Bei der szenischen Interpretation, zu der im folgenden Arbeitsvorschläge, Materialien und Dokumente zusammengestellt werden, sind folgende Prinzipien handlungsleitend:

1. Alle Teilnehmer übernehmen zumindest für einen bestimmten Zeitraum eine bestimmte Rolle, fühlen sich in diese ein, agieren in dieser in unterschiedlichen Situationen und reflektieren das Geschehen aus der Perspektive dieser Figur. Die Einfühlung findet zu Beginn der Interpretation statt, so daß von Anfang an alle Figuren, die im Drama auftauchen, Gestalt bekommen und das Geschehen wahrnehmen, bewerten und beeinflussen. Protagonisten sind dabei nicht Figuren, die am häufigsten in den Szenen auftauchen. Prinzipiell wird davon ausgegangen, daß alle Figuren im dargestellten Lebenszusammenhang gleichberechtigt sind und nur im Kontext der Beziehungen zu den anderen Figuren verstanden werden können.

2. Die Interpretation folgt nicht starr der Szenenfolge der einen oder anderen Fassung, sondern konzentriert sich zunächst auf Szenen und Situationen, an denen die Lebenssituation, die Lebensweise, die Beziehungen und Handlungsweisen der "armen und ungebildeten" Menschen, um die es in den Woyzeck-Szenen geht, erkundet werden können. Woyzeck selbst kommt dabei zunächst erst am Rande in den Blick, wird in den Wahrnehmungen, Wertungen und Handlungen der Menschen, die für ihn wichtig sind, verortet, bevor er selbst aktiv in Erscheinung tritt. Dabei kommt es zunächst darauf an, das "Leben", die "Möglichkeit des Daseins" der Figuren zu entdecken, bevor untersucht wird, in welcher Weise die gesellschaftlichen Herrschafts- und Ausbeutungsverhältnisse reglementierend, kontrollierend und ausbeutend in ihr Leben eingreifen und die Verhaltensspielräume eingrenzen. Durch dieses Vorgehen soll verhindert werden, daß Woyzeck, Marie u.a. vorschnell als Opfer und nicht als Subjekte gesehen werden, die ihr eigenes Leben und ihre Entwicklung produzieren. Dabei sind sie Teil und Produkt einer sozialen Klasse und sich - zumindest Woyzeck - ihrer Lage bewußt. Das gibt ihm die Möglichkeit, den Vertretern der gehobenen Stände - dem Hauptmann und dem Doktor - selbstbewußter gegenüberzutreten. Daraus resultiert auch eine differenziertere Auseinandersetzung mit den Haltungen dieser beiden überzeichnet dargestellten Figuren.

3. Die Szenen zeigen nur Ausschnitte aus dem Lebenszusammenhang der Menschen. Gespielt und szenisch interpretiert werden deshalb nicht nur Situationen, die im Text ausgeführt sind, sondern auch solche, die nur angedeutet werden oder stattfinden könnten.

4. Das, was über das Alltagsleben, die Kleidung, die Normen und Konventionen, die Handlungsweisen, Verhaltensspielräume der Figuren und ihrer Lebenswelt sozialhistorisch in Erfahrung gebracht werden kann, wird über Rollentexte und Bilder bereitgestellt. Dieses Wissen wird zunächst bei der Deutung einzelner Szenen, die den Lebenszusammenhang der Menschen sichtbar machen (Straße, Jahrmarkt, Arbeit), szenisch konkretisiert. Anschließend soll es bei der Einfühlung helfen, sich eine historisch genaue Vorstellung von den Figuren und ihren Verhaltensweisen zu machen.

suren u.a.) ein produktives Aufgabenfeld. Hier ein paar Anregungen:

- Die Schüler schreiben aufgrund von Szenen, Rollentexten, sozialhistoschen Texten und Bildern für einzelne Figuren Rollenbiographien in der ersten Person und erarbeiten so die Vorgeschichte des Dramas.

- Die Schüler verarbeiten Szenen, aber auch nicht explizit dargestellte Ereignisse, indem sie aus der Perspektive einzelner Figuren Tagebücher schreiben. Dabei können Erlebnisse subjektiv verarbeitet werden.

- Die Schüler schreiben Briefe, die die Figuren in bestimmten Situationen an andere Figuren geschrieben haben könnten.

- Die Schüler erörtern und bewerten aus der Perspektive einer Figur Ereignisse, Konflikte und Entscheidungssituationen.

- Die Schüler berichten und erzählen aus der Perspektive von Figuren von Ereignissen, charakterisieren andere Figuren, schreiben über Gedanken der Figuren an zentralen Stellen einer Szene, setzen sich in einem inneren Dialog mit einem Problem auseinander, entwerfen Gesprächssituationen, die im Drama nicht enthalten sind.

Zur Textgestalt noch einige kurze Hinweise, die die Lektüre erleichtern. Der anfängliche Versuch, bei der Personenansprache konsequent die weibliche und die männliche Form durchzuhalten, scheiterte nicht zuletzt bei der Herstellung der Druckvorlage. Der Text enthält unterschiedliche Schreibweisen. Wenn generell von Teilnehmern, Spielern oder Beobachtern die Rede ist, sind damit immer auch die Frauen gemeint. Wo Teilnehmer(innen) in den Rollen, die sie bei der Interpretation übernommen haben, angesprochen werden, wird nur der Name der Figur - in Punkten eingerahmt (.Woyzeck.)- genannt.
Da es darauf ankam, die Leistung unterschiedlicher Interpretationsverfahren zu dokumentieren, haben wir bei den Dokumenten auf verschiedene Interpretationsversuche zurückgegriffen. Damit wurden an einzelnen Stellen (v.a. auch bei Bildern) Widersprüche in Kauf genommen.

Literatur

ABELS, N.: Die Ästhetik des Pathologischen. Zu Georg Büchners "Woyzeck"
In: Diskussion Deutsch 92/1986, S. 614-640.

BORNSCHEUER, L. (Hrsg.): Georg Büchner, Woyzeck. Erläuterungen und Dokumente. Stuttgart 1972 (Reclam 8117)

BÜCHNER, Georg: Werke und Briefe. (dtv-Ausgabe), nach der historisch-kritischen Ausgabe von Werner R. LEHMANN. 3. Auflage 1981.
(Die Szenenangabe erfolgt nach der Lese- und Bühnenfassung)

HARTWIG, H.: Jugendkultur. Ästhetische Praxis in der Pubertät. Reinbek 1980.

KOCH, G./STEINWEG, R./VASSEN, F. (Hrsg.): Assoziales Theater. Spielversuche mit Lehrstücken und Anstiftung zur Praxis. Köln 1983.

KOPFERMANN, R./STIRNER, H. (Hrsg.): Georg Büchners "Woyzeck" (mit Materialien) Klett Stuttgart 1983.

LANGHOFF, M.: Zu Büchners "Woyzeck" - Sehnsucht nach einem Theater des Asozialen. In: Schauspielhaus Bochum (Hrsg.): Marie - Woyzeck. Szenen von Büchner (Programmheft). Bochum 1980.

MARTENS, W. (Hrsg.): Georg Büchner. Darmstadt (2) 1969.

MAYER, H.: Georg Büchners "Woyzeck". Frankfurt/Main 1963.

MEIER, A.: Georg Büchner: "Woyzeck". München 1980.

SCHELLER, I.: Erfahrungsbezogener Unterricht. Königstein 1981.

SCHELLER, I.: Szenische Interpretation - erläutert an einer Szene aus Büchners "Woyzeck". In: Ossner, I./Fingerhut, K. (Hrsg.): Methoden der Literaturdidaktik. Methoden im Literaturunterricht. (Ludwigsburger Hochschulschriften 4) Ludwigsburg 1984, S. 178-187.

SCHELLER, I./SCHUHMACHER, R.: Das Szenische Spiel als Lernform in der Hauptschule. Oldenburg 1984.

SCHELLER, I.: Szenische Interpretation von Dramentexten. In: Stötzel, G. (Hrsg.): Germanistik - Forschungsstand und Perspektiven. Berlin/New York 1985.

SCHELLER, I.: Szenische Interpretation mit Standbildern. Dargestellt an Ibsens "Nora". In: Praxis Deutsch 76/1986, S. 60-65.

SCHOLZ, R./SCHUBERT, R. (Hrsg): Körpererfahrung. Die Wiederentdeckung des Körpers: Theater, Therapie und Unterricht. Reinbek 1982 (S. 443-453).

TEXT + KRITIK: Georg Büchner III (Sonderband). München 1981.

WILLIS, P.: Spaß am Widerstand. Gegenkultur in der Arbeiterschule. Frankfurt/Main 1979.

ANEIGNUNG DER LEBENSWELT

1. Die Stadt - Kammer und Straße (2)

In der Szene "Stadt" treffen mit Marie, Margreth, Tambourmajor und Woyzeck Personen aufeinander, die im sozialen System des Stückes eine wichtige Rolle spielen. Ort dieser Begegnung sind Straße und Zimmer: durch die Straße als öffentlicher Verkehrsweg paradiert der Zapfenstreich mit dem Tambourmajor an der Spitze. Marie steht mit ihrem Kind am Fenster und sieht dem Vorbeimarsch der Soldaten zu. Margreth, die Nachbarin, steht am Nebenfenster bzw. auf der Straße vor Maries Kammer. Woyzeck kommt später von der Straße und spricht mit Marie durch das Fenster. Die Szene eröffnet einen ersten Zugang zum Lebensraum, zu einer Alltagssituation, zu den Haltungen und Beziehungen verschiedener Repräsentanten des Volkes.

In der szenischen Interpretation sollen die Teilnehmer das Verhalten, die Wahrnehmungen, die Gefühle und Wünsche der Figuren untersuchen und verstehen lernen. Im einzelnen soll dabei herausgearbeitet werden,

- wo und wie die Personen leben
- was sie in dieser Situation mit welchen Intentionen und Empfindungen tun
- wie sie sich und ihr Verhalten einschätzen
- wie sie die anderen Personen wahrnehmen und einschätzen
- wie sie glauben, von den anderen Personen gesehen und beurteilt zu werden.

- Szenisches Lesen: Die Teilnehmer sitzen im Sitzkreis. Der Text wird mehrmals reihum laut gelesen. Jeder liest immer einen Satz und gibt ihm einen besonderen Gestus. Als Sätze gelten auch Regieanweisungen und Namen. Durch das Experimentieren werden unterschiedliche Sprechhaltungen und Sinnebenen erfahrbar.

- In die Mitte des Kreises werden Stühle gestellt, die den Standort der Figuren repräsentieren sollen. Dabei soll die Beziehungskonstellation zwischen den Figuren in dieser Szene abgebildet werden. Ein fünfter Stuhl wird für den "Erzähler" vorgesehen. Der Text wird mehrmals mit verteilten Rollen gelesen, wobei die Leser je auf dem Stuhl ihrer Figur Platz nehmen. Der "Erzähler" liest Namen und Regieanweisungen.

- Es werden Gruppen gebildet, die die Szene jeweils aus einer anderen Perspektive mit Standbildern deuten sollen: jeweils eine Gruppe soll zeigen, wie nach ihrer Meinung Marie, Margreth, Tambourmajor oder Woyzeck den Ort und sich in Beziehung zu den anderen Figuren wahrnimmt. Eine Gruppe soll zeigen, wie sie die Beziehungen zwischen den Figuren im ersten und zweiten Teil aus der Außenperspektive sieht. Als Material für die Gruppenarbeit verwenden die Gruppen

Die Darmstädter Altstadt, Blick in die Holzstraße, um 1816
Abb. aus: Georg Büchner. Leben, Werk, Zeit, S. 32*

"Carl Vogt (...) erinnert sich an die engen "Gassen und Winkel" seiner Vaterstadt, "wo jeder Nachbar dem andern vorzubauen strebte, die oberen Stockwerke über die unteren hinüber hingen und die Häuser sich schwerfällig aneinander lehnten, um nicht umzufallen"; "wo zwei Wagen einander nicht ausweichen konnten und links und rechts an den Metzgerläden noch lange Holzarme mit furchtbaren Haken am Ende sich herausstreckten, an welchen ganze Schafe, Kälber und Viertel von Ochsen aufgehängt wurden (...). Von Trottoirs war keine Rede; in der Mitte der Straße zog sich eine Reihe größerer Steine hin, welche Anlaß zu unzähligen Paukereien und Prügeleien gaben. Denn diese Steinreihe mußte der Respektsperson überlassen werden; Begegnende wichen sich in der Art aus, daß jeder einen Fuß auf dem großen Stein behielt, den andern aber daneben in den Kot setzte. (...) Eine nicht geringe Eigentümlichkeit der Vaterstadt, die nicht gerade zum Wohlgeruche beitrug, waren die sogenannten "Winkel", schmale Zwischenräume zwischen den Häusern, die sich nach oben hin verengten und in welche, Schwalbennestern gleich, von beiden Seiten hereinfache Holzkäfige vorragten, auf denen man sich des irdischen Dranges entledigte. Der Winkel war gegen die Sraße hin durch ein kniehohes Mäuerchen geschlossen, über dem eine Plankenthür angebracht war, hoch genug, um die Unterseite der in der Luft schwebenden Sitze den Blicken der auf der Straße gehenden Personen zu entziehen."

Carl Vogt: Aus meinem Leben. Erinnerungen und Rückblicke. Stuttgart 1896
Zitat aus: Georg Büchner. Leben, Werk, Zeit. Marburg 1985, S. 117

* Georg Büchner. Leben, Werk, Zeit. Ausstellung zum 150. Jahrestag
  des "Hessischen Landboten". Katalog bearbeitet von Thomas M. Mayer
  Jonas Verlag, Marburg (2. Auflage) 1985

- die Rollentexte für ihre Figur (bzw. für alle Figuren bei der Gruppe, die das Geschehen von außen darstellt) (vgl. S. 60ff.)
- den Text der Szene.

Ihre Aufgabe besteht darin,
- sich zu überlegen, wie der Ort des Geschehens aussieht,
- in einem Standbild (bzw. zwei Standbildern) zu zeigen, wie die von ihnen gewählte Figur (bzw. ein Beobachter von außen) sich in bezug auf die anderen Figuren sieht.

• Der Spielleiter/Lehrer demonstriert das Interpretationsverfahren, indem er zeigt, wie er glaubt, daß der Tambourmajor die Situation wahrnimmt. Er deutet Wand, Fenster, Straße an, wählt sich aus den Teilnehmern Frauen aus, die nach seiner Phantasie auch vom Äußeren her Margreth bzw. Marie repräsentieren könnten, stellt sie ans "Fenster" und formt sie so lange, bis sie die Haltung haben, die er sich als Tambourmajor vorgestellt hat. Dann nimmt er Platz und Haltung des Tambourmajors ein und sagt in der Ich-Form, was der Tambourmajor gerade denkt, wie er die beiden Frauen wahrnimmt und einschätzt. Dann stellt er sich hinter Margreth, anschließend hinter Marie und sagt, jeweils in der Ich-Form, was nach Meinung des Tambourmajors jeweils in ihnen vorgeht, wie sie die Situation und die anderen Figuren einschätzen:

"DIE STADT (2)

Marie mit ihrem Kind am Fenster. Margreth. Der Zapfenstreich geht vorbei, der Tambourmajor voran.

MARIE *das Kind wippend auf dem Arm.* He Bub! Sa ra ra ra! Hörst? Da komme sie.
MARGRETH. Was ein Mann, wie ein Baum.
MARIE. Er steht auf seinen Füßen wie ein Löw.
Tambourmajor grüßt.
MARGRETH. Ei, was freundliche Auge, Frau Nachbarin, so was is man an ihr nit gewöhnt.
MARIE *singt.* Soldaten das sind schöne Bursch ...
MARGRETH. Ihre Auge glänze ja noch.
MARIE. Und wenn! Trag Sie Ihre Auge zum Jud und laß Sie sie putze, vielleicht glänze sie noch, daß man sie für zwei Knöpf verkaufe könnt.
MARGRETH. Was Sie? Sie? Frau Jungfer, ich bin eine honette Person, aber Sie, Sie guckt siebe Paar lederne Hose durch."(...)

Wie der TAMBOURMAJOR die Situation wahrnimmt:

"Mein abendlicher Auftritt beim Zapfenstreich durch die Gassen der Stadt an der Spitze der Soldaten ist der Höhepunkt meines Tages: hier kann ich zeigen, was ich kann, hier kann ich mich von meiner besten Seite präsentieren, hier werde ich von vielen Menschen, v.a. von den Frauen gesehen und bewundert, hier kann ich Blicke verteilen und austauschen, wie das sonst nicht möglich ist. Die Frauen liegen in den Fenstern oder stehen an den Türen, winken mir zu und zeigen uns ihren Kindern. Hier fühle ich mich frei, stark, schön und wichtig, werde von allen gesehen und sehe alle ... Die da am Fenster, die jüngere mit dem Kind, die strahlt mich immer an, die findet mich toll, winkt freudig erregt, wir tauschen begeisterte Blicke aus, wenn ich sie grüße, antwortet sie immer, das ist eine Frau für mich ... Die andere daneben ist zurückhaltender: sie kommt sich wohl wie 'ne feine Dame vor, die sich Begeisterung nicht leisten kann, doch heimlich bewundert sie mich auch, das sehe ich an ihrem Blick ..."

Wie nach Meinung des Tambourmajors MARIE die Situation wahrnimmt:

"Da kommt er wieder: Welch ein Körper - groß, stark und die schöne Uniform! Und wie er lachen kann, mich anlacht und mit den Augen grüßt. Einmal möchte ich mit ihm tanzen, in seinen Armen liegen, seine Muskeln spüren: das muß schön sein. Sieh ihn dir an, Bub. Werde wie er ... Und immer das blöde Geschwätz der Nachbarin, nie kann sie mich in Ruhe lassen. Neidisch ist sie nur, weil er mich grüßt. Was geht sie das an, die eingebildete Ziege"

Wie nach Meinung des Tambourmajors MARGRETH die Situation wahrnimmt:

"Da kommt der Zapfenstreich, dann muß auch mein Mann bald kommen. Die Musik kann ich nicht leiden, sie ist so ordinär, aber die Soldaten, naja. Und der Tambourmajor, er imponiert schon: er ist groß und schön, nicht so wie mein Mann. Aber eigentlich gibt er nur an, spielt sich auf, alles ist nur äußerlich, das sieht man schon daran, daß er immer mit der Nachbarin Blicke wechselt, kein Wunder bei den Augen, die sie ihm macht, wo die doch einen Mann hat. Eigentlich ist er ein ganz ordinärer Mensch, es kommt nämlich auf den Kopf an: den hab' ich und v.a. mein Mann. Der paßt besser zur Nachbarin, deshalb grüßt er mich auch nicht. Die ist ja ganz wild auf den, macht ihm schöne Augen, hat keinen Anstand, wo käme sonst das Kind her. Die hat wohl Appetit auf einen anderen Mann als auf ihren Hungerleider Franz ... Das arme Kind ..."

- In den Gruppen werden Vorstellungen vom Ort des Geschehens entworfen und anschließend ein Standbild erarbeitet. Dabei zeigen zunächst alle Teilnehmer nacheinander, wie sie glauben, daß ihre Figur das Geschehen wahrnimmt und begründen ihre Darstellung. Anschließend einigt sich die Gruppe auf das Bild, das sie am meisten überzeugt.

- Nacheinander zeigen die Gruppen ihre Deutung im Plenum. Zunächst werden die beiden Bilder aus der Außensicht, anschließend die Bilder aus der Perspektive der Figuren vorgeführt und gedeutet.

Standbild aus der Perspektive von Margreth:

SL.: Na, Margreth, was hältst du denn vom Tambourmajor?
M.: Na, der hat es abgesehen auf diese Figur - auf die Marie.
SL.: Und was denkt Marie?
M.: Na, das ist ein Mann.
SL.: Und was denkt Marie über dich?
M.: (überlegt lange) Sie nimmt mich nicht wahr. Ich interessiere sie nicht.

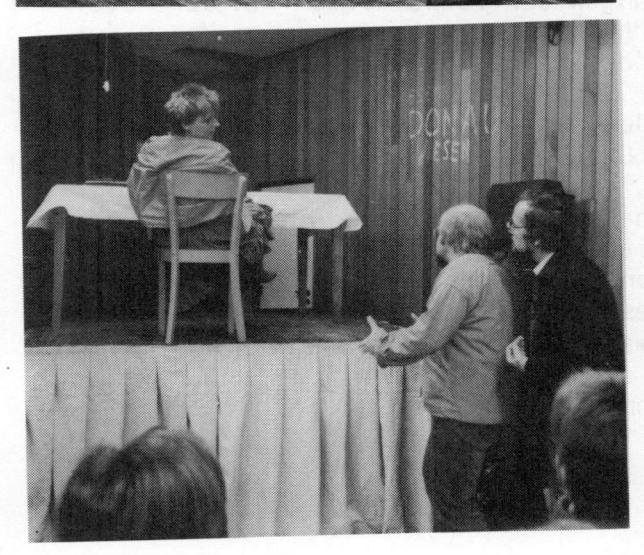

Standbild aus der Perspektive von Marie.:

SL.: Was hältst du denn vom Tambourmajor?
M. : Der sieht gut aus. Er macht was her. Er ist stark.
SL.: Träumst du von ihm?
M. : Manchmal.
SL.: Hast du dich schon mal mit ihm getroffen?
M. : Nein, noch nicht.
SL.: Was ist denn mit Margreth?
M. : Die sehe ich gar nicht. Ich bin voll absorbiert.

Marie tritt hinter den Tambourmajor und spricht ihm einen Satz ein:
M. : Die kann ich jederzeit haben, die gefällt mir.

Marie tritt hinter Margreth und spricht ihr einen Satz ein:
M. : Wie macht die das nur? Das möchte ich auch mal können. Was mache ich eigentlich falsch?

Standbild aus der Perspektive des Tambourmajors:

SL.: Was denkst du gerade?
T. : Das ist eine hervorragende Frau - diese Augen, diese Figur. Diese Augen, schwarz wie das Meer.
SL.: Siehst du sie öfter?
T. : Ja, sie steht hier fast jeden Tag am Fenster. Ich habe mir das Haus gemerkt.
SL.: Wer ist denn die Frau daneben?
T. : Welche Frau?

Tambourmajor tritt hinter Marie und spricht ihr folgendes ein:
T. : Hach, das ist ein Mann. Ein Mann wie Baum. Wenn ich nur die Gelegenheit hätte, mal mit ihm auszugehen, aber der ist wohl immer in der Kaserne

Standbild aus der Perspektive von Woyzeck:

SL.: Was ist denn gerade los?
W. : Ich will Marie etwas erzählen, habe aber keine Zeit. Ich muß mich beeilen, muß zum Appell.
SL.: Sie lächelt so. Möchte sie, daß du hereinkommst?
W. : Ja, aber es geht ja nicht.

W. spricht Marie einen Satz ein.
M. : Ach, der ist immer so gehetzt. Er hat keine Zeit. Ich fände es ganz gut, wenn er hereinkäme.
SL. (an Marie): Was machst du denn gerade hier?
M. : Ich stehe hier am Fenster und warte darauf, daß der Tambourmajor vorbeikommt. Dann geht unser Augenspiel los. Sie, Margreth, interessiert mich nicht.
SL. an Margreth: Und du?
M. : Ich stehe hier halt. Die Soldaten interessieren mich eigentlich nicht so, aber wenn sie vorbeikommen, gucke ich sie an.
SL. an Tambourmajor: Was machst du?
T. : Ich exerziere. Die Frau wird wohl wieder am Fenster stehen. Schade, daß sie ein Kind hat.

Die Szene wird durchgespielt. Nach dem Spiel fragt der SL nach dem Befinden der Figuren.
M. : Mir geht es nicht gut - vorher war es schöner!
W. : Na ja, ich wäre gern geblieben, aber ich mußte ja zum Verles.

- Zum Schluß erarbeiten alle gemeinsam eine Statue (Denkmal), die die Beziehungsstruktur zwischen den vier Figuren in dieser Szene verallgemeinernd sichtbar macht.

2. Der Jahrmarkt: "Buden. Lichter. Volk" (3)

Die Jahrmarktszenen werden in den meisten literaturwissenschaftlichen Abhandlungen unter zwei Gesichtspunkten gedeutet:

1. Die Szenen erfüllen, bezogen auf die Woyzeck-Fabel, eine dramentechnische Funktion. Sie sind notwendig, damit der Tambourmajor Marie kennenlernt.
2. Ausrufer und Marktschreier nehmen ironisch das theoretische Programm Büchners und des Dramas vorweg. Die vorgetragene Zivilisationskritik erweise sich damit inhaltlich und formal als Exposition. An domestizierten Tieren werde demonstriert, was mit Woyzeck im Drama, vor allem in den Szenen mit dem Doktor, geschehe (vgl. dazu die Ausführungen von MEIER 1980, S. 58ff.).

Beide Interpretationen reduzieren die Szene auf eine bestimmte Funktion für das gesamte Dramengeschehen. Dadurch kommt nicht in den Blick, welche Bedeutung der Jahrmarkt im Lebenszusammenhang des einfachen Volkes hatte (Ablenkung, Fest, Informationen) und welche Rolle die Schausteller spielten. Die Ausführungen des Ausrufers und der Marktschreier sind und waren keine Vorlesungen, sondern Werbeveranstaltungen der Schausteller (in der Regel Vaganten), die zu Beginn des 19. Jahrhunderts meist zur großen Masse der Arbeitslosen gehörten, die sich auf der Straße ihr Geld verdienen mußten. Dabei standen sie immer in der Gefahr, von der Straße weggefangen, als Soldaten eingezogen und verkauft zu werden. Um ihrem Publikum, das vor allem aus dem armen Volk bestand, ein paar Groschen abzuluchsen, mußten sie etwas bieten: Tricks, Flitter, Sensationen, häufig mit Nachrichten und verschlüsselter Kritik an den gesellschaftlichen Zuständen angereichert. Die Schausteller galten auch als lebendige Zeitungen. Sie mußten faszinieren, außergewöhnlich sein. Denn wer zahlte schon gern, wenn er auch noch auf dem Jahrmarkt seine miese Situation vorgespielt bekam.
Will man die Bedeutung, die der Jahrmarkt für die Schausteller und das arme Volk hatte, herausfinden, so muß man sich in diese einfühlen und das Geschehen aus ihrer Perspektive wahrnehmen und gestalten.

Die Teilnehmer sollen bei der spielerischen Auseinandersetzung mit den Jahrmarktszenen erfahren, welche Bedeutung der Jahrmarkt im Leben des armen Volkes hat, welche Bedürfnisse und Interessen die Schausteller auf der einen Seite und die Jahrmarktbesucher auf der anderen Seite mit dem Geschehen verbinden und was sie davon wahrnehmen. Dabei sollen sie im einzelnen erkennen,
- an welche Bedürfnisse die Schausteller anknüpfen müssen, um bei dem armen Volk anzukommen und um ihre Interessen (Geld) zu verfolgen
- was das arme Volk auf dem Jahrmarkt sucht und findet/erlebt
- welche - eingeschränkte - Bedeutung dabei der Inhalt der Reden hat.

- Es werden Gruppen gebildet, die unabhängig voneinander das Spiel der Szenen vorbereiten:

    a) Alter Mann mit Leierkasten, Mädchen

    b) Ausrufer mit Frau und Affe (Funktion: Besucher in das Innere der Bude zu locken)

    c) Marktschreier mit Pferd in der Bude (die Nummer muß so faszinieren, daß die Leute am Ausgang Geld bezahlen)

    d) Marie und Woyzeck (die sich auf dem Jahrmarkt amüsieren wollen)

    e) Unteroffizier und Tambourmajor (die sich vor allem für Marie interessieren)

    f) Vertreter der höheren Stände: Hauptmann, Doktor

    g) Vertreter des Volkes als Besucher: Handwerksburschen, Kinder, Käthe, Wirt, Großmutter

    h) Außenseiter: Jude, Narr

    Die Gruppen bekommen den Auftrag,
    - sich die Rollenkarten für ihre Figuren durchzulesen (vgl. S. 60ff.)
    - sich zu überlegen, welche Gefühle, Erwartungen, Wünsche und Interessen ihre Figuren mit dem Jahrmarkt verbinden
    - sich zu überlegen, wie sie auf dem Jahrmarkt auftreten: Wie sind sie gekleidet? Wie bewegen sie sich mit welchen anderen Personen? Was tun sie mit welchen Intentionen? Wie stellen sie sich dar? Wie sprechen sie auf welche Weise und zu wem?
    - sich zu überlegen, welche gemeinsamen Interessen sie vertreten und wie sie diese durchsetzen können.

- Alle bauen den Jahrmarkt auf: jede Gruppe gestaltet den Ort, den sie für ihren Auftritt braucht.

- Dann begeben sich alle an den Ort, an dem sie vor Beginn der Szene sind, und agieren ihren Intentionen entsprechend. Die Jahrmarktbesucher werden vom Spielleiter - nach der Textvorgabe - über den Jahrmarkt geleitet.
- Im Anschluß an das Spiel beschreiben die Jahrmarktbesucher, was sie auf dem Jahrmarkt erlebt haben. Die Schausteller sagen, was sie wahrgenommen haben und was sie mit welchen Aktionen erreichen wollten.

"BUDEN. LICHTER. VOLK. (3)

(...)
AUSRUFER *vor einer Bude.* Meine Herren! Meine Herren! Sehn Sie die Kreatur, wie sie Gott gemacht, nix, gar nix. Sehen Sie jetzt die Kunst, geht aufrecht hat Rock und Hosen, hat ein Säbel! Ho! Mach Kompliment! So bist Baron. Gib Kuß! *Er trompetet.* Wicht ist musikalisch. Meine Herren, meine Damen, hier sind zu sehn das astronomische Pferd und die kleine Kanaillevogel, sind Liebling von alle Potentate Europas und Mitglied von alle gelehrte Sozietät, verkündige de Leute Alles, wie alt, wie viel Kinder, was für Krankheit. Schießt Pistol los, stellt sich auf ein Bein. Alles Erziehung, habe nur eine viehische Vernunft, oder vielmehr eine ganz vernünftige Viehigkeit, ist kein viehdummes Individuum wie viel Person, das verehrliche Publikum abgerechnet. Herein. Es wird sein, die rapräsentation. Das commencement vom commencement wird sogleich nehm sein Anfang. Sehn Sie die Fortschritte der Zivilisation. Alles schreitet fort, ein Pferd, ein Aff, ein Kanaillevogel! Der Aff ist schon ein Soldat,s' ist noch nit viel, unterst Stuf von menschliche Geschlecht!
Die rapräsentation anfangen! Man mackt Anfang von Anfang. Es wird sogleich sein das commencement von commencement." (...)

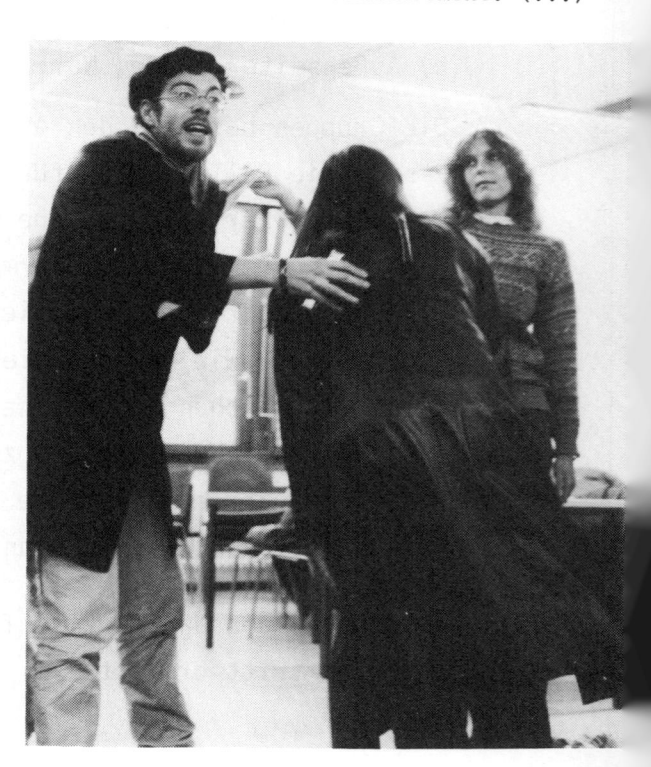

1) <u>Alter Mann mit Kind</u>

Ein alter Mann saß neben einem Tisch am Eingang des Raumes und hantierte mit mehreren Musikinstrumenten (Flöte, Klapper). In die Musik hinein krächzte er einzelne Sätze (deren Inhalt kaum jemand aufgenommen hatte). Auf dem Tisch drehte sich ein Mädchen tanzend im Kreis. Sie trug ein farbiges Tuch um den Kopf, einen langen Rock und war barfuß.
Intention: Das Mädchen ist ein Waisenkind, das der alte Mann zu sich genommen hat. Er benutzt das junge Mädchen als Ausstellungsstück und Blickfang: ihre tanzende, kreisende Bewegung stellt das Leben dar, die Musik und die Worte des alten Mannes kommentieren diese Bewegung. Der Alte will zeigen, daß wir Leben (Freude) haben, obwohl wir alle sterben müssen. Den Tisch hat er an den Eingang gestellt, damit alle Besucher vorbei müssen. Das Kind springt nach dem kurzen Tanz vom Tisch und sammelt mit einem Hut Geld ein, damit die Besucher nicht - ohne zu zahlen - verschwinden können.

2) Ausrufer vor der Bude

Der Vorhang wurde von zwei Spielern gehalten, davor agierte der Ausrufer mit dem Affen. Zunächst hockte der Affe auf dem Boden, der Ausrufer lockte mit einer "Knarre" die Besucher an und begann erst dann seine Rede. Bei der Erwähnung des "astronomischen Pferdes" lüpfte er ein wenig den Vorhang. Zum Schluß schritt der Affe ins Innere der Bude. Besonders eindrucksvoll waren die Bewegungen und Tänze des Affen, der hessische Dialekt und die bewegten Gesten des Ausrufers.

Intention: Es gab nur eine Chance, beim Publikum mit diesem Text anzukommen. Man mußte jeden Ansatz im Text benutzen, um Aktionen zu inszenieren.

3) Marktschreier mit Pferd in der Bude

Als der Vorhang fiel, hörte man zunächst die Paukenmusik und den Gesang der Marseillaise. Dann kam das Pferd, im Rhythmus marschierend auf das Podest und reagierte auf die Anrufe des Marktschreiers, dessen Aussagen kaum wahrgenommen wurden, mit komischen Bewegungen. Interessant wurde es, als nach einer Uhr gefragt wurde und diese vom Unteroffizier präsentiert wurde. Am Schluß wurde Geld eingesammelt.

Intention: Dem "Marktschreier" ging es vor allem um Aktionen und Sensationen; Pferd mußte tanzen, die Leute mußten begeistert sein.

4) Marie und Woyzeck und 5) Tambourmajor und Unteroffizier

wurden von den Besuchern kaum, dagegen aber von den Jahrmarktsleuten (Ausrufer, Marktschreier) wahrgenommen. Die Jahrmarktsbesucher waren vom Jahrmarktsgeschehen fasziniert, unterhielten sich miteinander. Für die Schausteller waren Marie und Woyzeck – sie saßen in der ersten Reihe, gingen Arm in Arm und blickten begeistert – und der Unteroffizier (er stellte die Uhr zur Verfügung), wichtige Partner.

Intentionen: Man wollte sich realistisch wie auf dem Jahrmarkt bewegen, kam sich vor als Besucher ohne besondere Bedeutung und verfolgte jeweils die eigenen privaten Interessen.

Alle Jahrmarktsbesucher fühlten sich von den sinnlich-phantastischen Aktionen der Schausteller angezogen, nicht - oder weniger - vom Inhalt ihrer Reden, die sie kaum verstanden.
Die Rede des Ausrufers vor der Bude wurde nur in den witzigen Bemerkungen verstanden. Für Marie waren die "Quasten" des Mannes und die "Hosen" der Frau wichtiger - deshalb will sie ins Zelt/in die Bude.
Sie versteht damit den Gestus der Äußerungen des Ausrufers richtig: es geht um Aktion, um das Monströse, Außerordentliche. Marie erlebt das Geschehen wie die anderen Besucher: Sie lachen und sind fasziniert von sinnlichen Details, dem gegenwärtigen Geschehen, das ihnen ihren Alltag und das Morgen zu vergessen erlaubt. Vom Inhalt der Rede wird nur das aufgegriffen, was außergewöhnlich ist und zum Lachen reizt. Das Geschehen vorne vor den Buden faszinierte. Deshalb hat auch kaum jemand wahrgenommen, was mit Woyzeck, Marie, dem Tambourmajor und dem Unteroffizier geschah - außer der Geschichte mit der Uhr.

3. Der Tambourmajor als Projektionsfigur

Dem Tambourmajor wird in der Sekundärliteratur wenig Aufmerksamkeit geschenkt. Er findet Interesse als Partner Maries und als Konkurrent Woyzecks, im übrigen gilt er als oberflächlich, borniert, primitiv-sinnlich und ungebildet. Seine auf äußerliche, männlich-körperliche Wirkung bedachte Haltung bietet sich, wie ein Blick in die Woyzeck-Literatur zeigt (vgl. "Material", S. 32), den Interpreten für Projektionen an. Unabhängig davon spielt diese Figur auch im Lebenszusammenhang des armen Volkes eine große Rolle: sie übt eine Faszination aus, deren Ursache zu überprüfen ist, zumal sie einen bedeutenden Einfluß auf die Handlung hat. Dabei muß berücksichtigt werden, daß körperbezogene Kommunikations-, Darstellungs- und Phantasieformen im Leben und in der Kultur von Menschen, die vor allem körperlich arbeiten, eine zentrale Rolle spielen. Anders als im Bürgertum, das den Körper und seine sinnlichen Äußerungen zu disziplinieren versucht, wird der Körper und seine Ausdrucksformen in der Interaktion und in den kulturellen Äußerungen von Arbeitern positiv besetzt. Er spielt sowohl in der situationsbezogenen Kommunikation in der Gruppe, bei der Austragung von Konflikten (bis zur Prügelei), in der z. T. entemotionalisierten Sexualität, bei der positiven Bewertung von Männlichkeit und Sexualität ohne emotionales Raffinement eine wichtige Rolle. Ohne an dieser Stelle weiter darauf einzugehen (vgl. Scheller/Schumacher 1984; auch: Willis, P.: Spaß am Widerstand, Ffm 1979; Hartwig, H.: Jugendkultur, Reinbek 1980; Savier, M./ Wildt, C.: Mädchen zwischen Anpassung und Widerstand, München (3.) 1980), halte ich es für notwendig, dies bei der Einschätzung des Tambourmajors zu berücksichtigen. Damit verhindern wir, daß wir unsere in der Regel mittelschichtspezifischen Phantasien und Werte vorschnell zur Norm erheben.

Bei der Auseinandersetzung mit dem Tambourmajor können die Teilnehmer dann nicht nur etwas über die Wunschphantasien des gemeinen Volkes, das in den "Woyzeck"-Szenen dargestellt wird, erfahren. Sie können auch die Differenz zwischen den eigenen schichtspezifischen Projektionen (und deren Auswirkung auf die Deutung des Textes) und den ganz anders gearteten der im Drama agierenden Personen entdecken.

Der Tambourmajor spielt in vielen Szenen eine Rolle, ist aber nur in fünf faktisch anwesend: in der zweiten Szene marschiert er mit dem Zapfenstreich an Marie vorbei, in der dritten Szene "verfolgt" er Marie auf dem Jahrmarkt, in der sechsten Szene trifft er sich mit Marie in einer Kammer, in der elf-

Regimentstambour

Abb. aus: Großherzoglich Hessisches Militär. Herausgegeben von
Johann Velten, Karlsruhe um 1830
In: Georg Büchners "Woyzeck". Programmheft. Hrsg. Schaubühne am
Halleschen Ufer (jetzt: Lehniner Platz), Berlin 1981

ten Szene tanzt er mit Marie im Wirtshaus und wird von Woyzeck gesehen, in der vierzehnten Szene verprügelt er betrunken Woyzeck im Wirtshaus. Darüber hinaus ist er mittelbar anwesend in der vierten Szene, in der Marie vor dem Spiegel die Ohrringe bewundert, in der siebten Szene, in der Woyzeck an Marie Merkmale des Betrugs zu entdecken sucht, in der neunten Szene, in der der Hauptmann Woyzeck gegenüber auf Maries Beziehungen zum Tambourmajor anspielt und in Woyzecks Äußerungen in den Szenen zehn, zwölf und dreizehn.

Die Teilnehmer sollen Haltung und Funktion des Tambourmajors als Teil und als Produkt des Lebenszusammenhangs des Volkes in den "Woyzeck"-Szenen verstehen lernen. Dabei sollen sie im einzelnen
- sich aufgrund der Lektüre verschiedener Szenen ein Bild vom Tambourmajor machen;
- die Haltung des Tambourmajors aufgrund historischer Dokumente (Bilder, Texte) erarbeiten;
- die Bedeutung des Tambourmajors im Lebenszusammenhang des besitzlosen Volkes begreifen;
- Charakterisierungen des Tambourmajors in der Sekundärliteratur als Projektionen der mittelschichtssozialisierten Interpreten entdecken.

• Die Teilnehmer lesen die Szenen, in denen der Tambourmajor handelt (oder andere Figuren beschäftigt) und überlegen sich - jede(r) für sich -,
  - wie dieser aussehen könnte: Gestalt, Gesicht, Körperhaltung, Kleidung
  - an was für Personen er sie erinnert
  - welche Gefühle ein solcher Mann bei ihnen auslöst und wie diese Gefühle zu erklären sind.

• Die Teilnehmer setzen sich in Kleingruppen zusammen und erläutern nacheinander ihre Vorstellungen. Dabei sollten Körperhaltungen und Sprechweise möglichst demonstriert werden. Da sich die Phantasien nicht unwesentlich unterscheiden, ist es sinnvoll, Männer- und Frauengruppen bilden zu lassen. Haben alle ihre Vorstellungen vorgetragen, sollten die Gruppen versuchen, ein gemeinsames Bild zu entwerfen. Wo unüberbrückbare Gegensätze auftauchen, sollten diese nicht zugedeckt werden.

In den Gruppen gab es z.T. sehr unterschiedliche Vorstellungen und Wertungen. Übereinstimmend stellte man sich den Tambourmajor groß und in gepflegter Paradeuniform vor, sonst wichen aber die Einschätzungen voneinander ab: für die einen war die Körperhaltung steif, für die anderen locker-salopp; die einen stellten sich zottelige braune Haare mit Vollbart, die anderen schwarze, glatt nach hinten gekämmte Haare und ein Menjou-Bärtchen vor; für die einen riß er die Augen weit auf, die anderen meinten, daß er vom Alkoholkonsum glasige Augen haben müsse usw. Auch die Skala der Personen, an die der Tambourmajor die Teilnehmer erinnerte, war weit gespannt. Sie reichte von John Wayne, Udo Jürgens, Discjockeys bis hin zum Bobby. Dabei wurden wesentlich Leute assoziiert, die im Showgeschäft ihren Körper mitausstellen und verkaufen - unsicher, ob sie sonst so ankommen, wie sie es wollen. Die emotionalen Reaktionen schwanken zwischen aggressiver Abwehr, Ekel und moralischer Verurteilung ("er weiß, daß Marie mit Woyzeck zusammenlebt"), Mitleid (mit dem Hochgekommenen, der sich aufspielen muß) und heimlicher Faszination (was die Fähigkeit anbetrifft, sich "unmoralisch" zu verhalten).

- Die Gruppen stellen im Plenum ihren Tambourmajor vor und begründen ihre Vorstellung. Dabei können sie sich aus den Teilnehmern einen auswählen, der vom Äußeren her ihrer Vorstellung nahe kommt, und diesen in einer typischen Haltung aufbauen. Die Sprechweise sollte an einer Äußerung aus dem Text demonstriert werden.

- Die Teilnehmer bekommen
  - den Rollentext, in dem Informationen über die Herkunft, den Status, die Lebensweise und die Funktion des Tambourmajors zusammengestellt sind (vergl. S. 63)
  - Bilder eines Tambourmajors in Hessen zu Beginn des 19. Jahrhunderts
  - Hinweise zur Haltung von Arbeitern.

  Sie lesen sich die Texte durch und sehen sich die Bilder an. Anschliessend diskutieren sie in Kleingruppen
  - die soziale Stellung des Tambourmajors, sein Auftreten, seine Einstellungen und Gefühle
  - die Funktion, die der Tambourmajor für Männer, Frauen und Kinder aus den armen Schichten haben könnte.

  Im Anschluß daran überlegen sie sich, wie sie das Ergebnis ihrer Diskussion im Plenum demonstrieren können. Dabei können sie so vorgehen: Der ·Tambourmajor· wird in einer für ihn charakteristischen Haltung aufgebaut. Danach werden ein ·Mann·, eine ·Frau· und ein ·Kind· so hingestellt, daß ihre Beziehung zum ·Tambourmajor· sichtbar wird. Nacheinander treten die Teilnehmer hinter ·Frau·, ·Kind·, ·Mann· und ·Tambourmajor· und sagen, was die Figuren denken und empfinden könnten.

- Die Gruppen demonstrieren ihre Ergebnisse im Plenum.

- (als Hausaufgabe möglich) Die Teilnehmer bekommen eine Zitatensammlung aus literaturwissenschaftlicher Literatur über den Tambourmajor. Sie lesen die Zitat-Sammlung und streichen sich die Formulierungen an, die sie nicht akzeptieren. Anschließend diskutieren sie die strittigen Deutungen und Bewertungen in Kleingruppen. Die Ergebnisse der Kleingruppenarbeit werden im Plenum vorgestellt.

Über den TAMBOURMAJOR - Zitate aus der Sekundärliteratur

Er "tut, wozu ihn die Natur treibt" ... er "handelt, wie ungebildete Menschen handeln, sie tun, was sie müssen, triebhaft, dumpf, jeder nach seiner Natur. Aber wenigstens handeln sie ohne Lüge, aufrichtig." (Vietor, S. 170)

"Der strahlende Tambourmajor, Sinnbild der Macht und äußeren Würde, der gesicherten Existenz, gewinnt die Frau." (Mayer, S. 238)

"Der Tambourmajor ist selbst ein primitiver Vertreter des niedrigen Volkes, der 'gemeine Leut' - seine Sprache weist ihn aus. Nicht sozial, sondern physisch-sexuell ist er der Stärkere." (Martens, S. 383)

"Maries männliches Gegenstück im Erotischen - oder besser Sexuellen - aber ohne ihr Herz, ohne ihr Gewissen, bloß brutale Fleischlichkeit, ist der Tambourmajor. Das grob Sexuelle bricht buchstäblich fast aus jedem Wort ..."
"Die Aura sinnlicher Anziehung umgibt ihn ..." (S. 514) ... "das primitiv Sexuelle der Anziehungskraft des Tambourmajors ..." (Mautner, S. 527)

"Schließlich beruht die Faszinationskraft des Tambourmajors nicht allein auf erotischen Qualitäten, sondern v.a. auf seiner imposanten Äußerlichkeit, die mit Maries und Woyzecks Armseligkeit verlockend kontrastiert: Uniform, Repräsentieren bei Paraden, Geschenke, staatlich bestätigte Körperkraft." (S. 39) Der Tambourmajor erscheint als "bloßes Ausstellungsstück ... und nicht als Person. Er zeigt sich als völlig entfremdete Figur, die keine Eigenexistenz besitzt."
"Der Tambourmajor, der kein Offizier ist und in der militärischen Hierarchie nicht sehr viel höher steht als Woyzeck, hat in Friedenszeiten vor allem Repräsentationsfunktion gegenüber der zivilen Bevölkerung, die durch den glanzvollen Schein beeindruckt werden soll. Wichtig ist damit primär seine Geltung nach außen. Die berufliche Situation der Entfremdung vom individuellen, subjektiven Sein wiederholt sich in der Auseinandersetzung mit Woyzeck. Nur in der Anerkennung seiner Überlegenheit durch die anderen könnte sich der Tambour-Major in sich bestätigt fühlen - das sucht er durch Aggression und Gewalttätigkeit zu erzwingen." (40)
"... durch körperliche Gewalt hat er jetzt aber die von der Uniform vorgetäuschte Zugehörigkeit zu den höheren, den richtigen Offizieren bestätigt." (Meier, S. 41)

"Der Tambourmajor ist ein Hochgekommener, wobei er nicht als sehr hochgekommen gesehen werden sollte, sein Rang ist immer noch ein schäbiger, er steht auf der untersten Stufe der Bürgerlichkeit ... . Er kommt aus dem Woyzeck-Marie-Milieu, er spricht ihre Sprache. Magisch zieht ihn diese Welt immer wieder an, es ist auch die einzige, in der er Bewunderung und Anerkennung finden kann. Seinen Aufstieg verdankt er seiner Körperlichkeit, nach dem Beispiel der Langen Kerls suchte der Prinz hünenhafte Erscheinungen für seine Paraden. Der Tambourmajor ist stolz auf seine Männlichkeit, die er verkauft ... (Er) verkauft (seinen) Körper ... an den Prinzen, (er lebt) auch von der Prostitution. Marie ist für den Tambourmajor keine Laune, er ist geradezu besessen von ihr. Die animalische Wesensgleichheit ihrer Sexualität fesselt ihn an sie." (Langhoff, S. 47).

Literaturhinweis: Die Zitate von Vietor, Mayer, Martens und Mautner stammen aus Aufsätzen in: Martens, W. (Hrsg.): Georg Büchner. Darmstadt (2.) 1969; die Zitate von Meier aus: Meier, A.: Georg Büchners "Woyzeck". München 1980; das Zitat von Langhoff aus: Langhoff, M.: Zu Büchners "Woyzeck" - Sehnsucht nach einem Theater des Asozialen. Programmheft Theater Bochum 1980.

Aufgefallen waren bei den frühen Zitaten die wertenden Äußerungen, die sich auf die Sinnlichkeit des Tamourmajors bezogen: "triebhaft", "bloß brutale Fleischlichkeit", "das grob Sexuelle", "das primitiv Sexuelle der Anziehungskraft". In ihnen kam negative Bewertung oder besser Abwehr von Körperlichkeit und Sexualität zum Ausdruck, wobei diese unmittelbar im Drama kaum eine Rolle spielt. Andere Äußerungen über den Tambourmajor - "handelt, wie ungebildete Menschen handeln", "primitiver Vertreter des niedrigen Volkes" deuten darauf hin, daß hinter diesen Interpretationen Normen, Phantasien und Moralvorstellungen eines körperfeindlichen Bildungsbürgertums stehen. Solche bewertenden Aussagen sind in den beiden Zitaten von Meier und Langhoff nicht zu finden. An die Stelle der holzschnittartigen (abwehrenden) Typisierung tritt hier die differenzierende sozialhistorische und klassenspezifische Bedingungen berücksichtigende Charakterisierung. Schon am Umfang der Zitate wird deutlich, um wieviel hier der Tambourmajor ernster genommen wird.

- Der SL. bietet den Teilnehmern eine Interpretation der unterschiedlichen Deutungen an:

Die unterschiedlichen Haltungen, die die Interpreten dem Tambourmajor gegenüber einnehmen, können nicht nur mit dem jeweiligen Stand der Büchner-Forschung erklärt werden. Sie haben etwas mit der gesellschaftlichen Entwicklung der letzten dreißig Jahre zu tun, vor allem mit der Veränderung der Sexualnormen durch die zunehmende Integration von Körperlichkeit und Sexualität in die Absatzstrategien der Wirtschaft. Noch in den frühen sechziger Jahren (vgl. die ersten Zitate) war zumindest in den bürgerlichen Mittelschichten, aus denen die Interpreten stammen, die öffentliche Äußerung sexueller Bedürfnisse so weit tabuisiert, daß die Haltung, die der Tambourmajor Marie gegenüber einnimmt, obszön und primitiv genannt werden konnte (wobei natürlich immer auch so etwas wie Abwehr eigener sexueller Bedürfnisse im Spiel war). In der Folge - öffentlich thematisiert während der Schüler- und Studentenbewegung ('Sex in der Schule', 'Antiautoritäre Erziehung', Kommune 2 u.a.) und zunehmend in die Medien und Werbung aufgenommen - wurde Sexualität entprivatisiert, wurde Teil der Warenästhetik. Indem der sexuell reizvolle Körper zur Ware wurde, verlor er das Stigma, das ihm die christlich-bürgerliche Moral angehängt hatte. Damit war aber auch die Möglichkeit gegeben, den Tambourmajor und dessen Haltung nicht nur moralisch abzuwehren, sondern auch zu sehen, daß er seinen Körper - wie Filmschauspieler, Popstars, Mannequins, z.T. auch Sportler - als Ausstellungsstück zur Ware machen muß, um etwas darzustellen. So erscheint der Tambourmajor wie jemand, der seinen Körper verkauft, um aufsteigen zu können, der sich dabei ein Stück von der eigenen Klasse entfremdet, obwohl er gerade von deren Zustimmung und Phantasie lebt. Allerdings kann auch die Interpretation Meiers, für den der Tambourmajor eine "völlig entfremdete Figur, die keine Eigenexistenz besitzt" (S. 41), nicht ganz befriedigen, weil sie die Bedeutung, die der Körper bei der Identitätsbildung spielt, ignoriert. In seiner Beziehung zu Marie, aber auch in der Prügelei mit Woyzeck kann der Versuch gesehen werden, nicht nur als Ausstellungsstück, als Ware, Identität zu zeigen, sondern dadurch, daß er wirklich tut und ist, was er repräsentiert. Dann sind Marie und Woyzeck für den Tambourmajor wichtig, weil sie ihn als Person und nicht nur als Projektionsfigur sehen und bestätigen. Wahrscheinlich ist eine solche Deutung erst im Kontext der "Wiederentdeckung des Körpers" möglich, die in den letzten Jahren zunehmend auch die Wissenschaft beschäftigt (vgl. Scholz, R./Schubert, P. (Hrsg.) 1982).

4. Vor der Haustür: Kinder und Alte(19)

KINDER: Wie scheint die Sonn St. Lichtmeßtag
            Und steht das Korn im Blühn.
            Sie gingen wohl die Straße hin
            Sie gingen zu zwei und zwein.
            Die Pfeifer gingen vorn,
            Die Geiger hinte drein.
            Sie hatte rote Sock.

1. KIND: S' ist nit schön.
2. KIND: Was willst du auch immer!
3. KIND: Was hast zuerst anfangen.
1. KIND: Marie. Du mußt singen.
MARIE: Ich kann nit.
2. KIND: Warum?
MARIE: Darum.
3. KIND: Aber warum darum?
MARIE: Ringel, ringel Rosenkranz. König Herodes.
       Großmutter erzähl.
GROSSMUTTER: Es war einmal ein arm Kind und hat kei Vater und kei Mutter war Alles tot und war Niemand mehr auf der Welt. Alles tot, und es ist hingangen und hat greint Tag und Nacht. Und wie auf der Erd Niemand mehr war, wollt's in Himmel gehn, und der Mond guckt es so freundlich an und wie's endlich zum Mond kam, war's ein Stück faul Holz und da ist es zur Sonn gangen und wie es zur Sonn kam war's ein verreckt Sonneblum und wie's zu den Sterne kam, warens klei golde Mück die waren angesteckt wie der Neuntöter sie auf die Schlehe steckt und wie's wieder auf die Erd wollt, war die Erd ein umgestürzter Hafen und war ganz allein und da hat sich's hingesetzt und geweint und da sitzt es noch und ist ganz allein.
WOYZECK: Marie!
MARIE *(erschreckt)*: was ist?
WOYZECK: Marie wir wolln gehn. S' ist Zeit.
MARIE: Wohinaus?
WOYZECK: Weiß ich's?

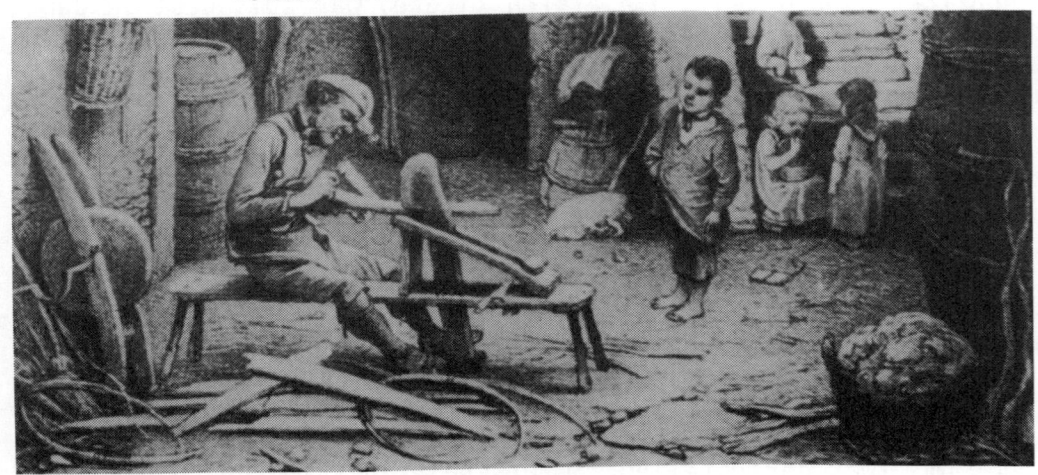

Küferarbeit in einem rheinischen Bauernhof, um 1843
Abb. aus: Georg Büchner. Leben, Werk, S. 67

Wie das Leben der meisten Erwachsenen spielt sich auch das der Kinder und der alten Leute aus den verarmten Unterschichten "vor der Haustür" ab. Die Stuben sind zu klein und können die vielen Menschen nicht fassen. "Vor der Haustür" spielen die Mädchen, hier sitzt (und arbeitet) auch die Großmutter und erzählt den Kindern im Märchen von ihren Erfahrungen, den Erfahrungen der "armen Leut". Das (Anti-)Märchen der Großmutter hat viele Ausdeutungen erfahren, da ist vom "Mythos von der Sinnlosigkeit des Lebens", von einer "Allegorie der Einsamkeit" und von der "Welt im Zustand der Auflösung" die Rede. Auf jeden Fall enttäuscht es Erwartungen: es gibt keine "Lösungen" für die in der Wirklichkeit unterdrückten Bedürfnisse und Antriebe der Kinder, es vermittelt keine Hoffnungen auf zukünftiges Glück und Erlösung. Es zeigt vielmehr anschaulich und in brutaler Offenheit die soziale Situation, in der sich die Kinder, die Großmutter und auch die anderen (Marie, Woyzeck usw.) befinden. Die Großmutter fordert die Kinder (und Marie) auf, diesen Zustand zur Kenntnis zu nehmen: Macht euch keine Illusionen, erwartet von außen keine Erlösung, richtet euch ein oder verändert die Situation.

Die Teilnehmer sollen in der Auseinandersetzung mit dem Märchen und der Erzählsituation "vor der Haustür" erkennen, daß das Leben den "armen und ungebildeten Klassen" (Büchner) keinen Raum für Hoffnungen auf eine Hilfe von außen läßt.

Dabei sollen sie im einzelnen
- Assoziationen zusammentragen, die das "Märchen" bei ihnen in Gang setzt
- nach "Erzählsituationen" suchen, die dem Märchen heute eine soziale Funktion geben können
- sich die soziale Situation klarmachen, in der die Großmutter das Märchen "vor der Haustür" erzählt
- die Funktion des Märchens für die Kinder, Marie und die Großmutter erkennen.

• Die Teilnehmer lesen - jeder für sich - das Märchen der Großmutter und suchen nach Assoziationen und Situationen, die ihnen einfallen. Nacheinander tragen sie ihre Assoziationen vor.

"Ich hatte vor Jahren einen Traum, den ich als sehr bedrohlich empfunden hab': zunächst fiel die Sonne, anschließend der Mond vom Himmel."

"Mir gehen die Bilder vom Kleinen Prinzen von Saint-Exupéry durch den Kopf."

"Trostlosigkeit - Weltuntergangsstimmung - Ohnmacht - Machtlosigkeit".

"Mir geht es schlecht. Ich gehe zu Freunden, um mit ihnen zu sprechen, um aus der Situation herauszukommen. Ich spüre, daß sie mich nicht verstehen, daß sie mir nicht zuhören und fühle mich desillusioniert."

"Eine absurde Welt, in der jemand nach Sinn sucht, ohne zu wissen, wie dieser aussieht."

"Märchen vom Sterntaler, Mädchen mit den Zündhölzern."

"Ich würde das Märchen keinem Kind vorlesen. Einmal habe ich einem Kind "Hänsel und Gretel" erzählt, und es hat fürchterlich geweint."

"Es ist wie beim Pilze-Suchen: ich sehe einen Pilz, die Spannung steigt, ich freue mich, aber dann ist's nur ein Stück Müll-Blech oder Styropor."

"Ich habe mich in der Rolle des Kindes gesehen. Ich kenne die Hoffnungslosigkeit."

"Jemand sucht Kontakt zu anderen und stößt auf tote Gegenstände."

"Ich habe mich an ein Urlaubserlebnis in Polen erinnert. Ich hatte eine Wanderung gemacht, kam nach Hause, war ausgesperrt. So saß ich Stunden vor der Haustür und fühlte mich sehr allein."

"In Afghanistan wurden von den Sowjets Bomben abgeworfen, die von Kindern gesammelt werden sollten und in deren Händen detonierten."

- Das Stichwort "Antimärchen" wird aufgegriffen und von den Teilnehmern erklärt. ("Keine Lösung")
  Dann erläutert der Spielleiter in einem kurzen Exkurs die Funktion, die Märchen vor ihrer Verschriftlichung durch die Gebrüder Grimm im Lebenszusammenhang der sozialen Unterschichten gehabt haben. (Vgl. Richter, D./Merkel, I.: "Märchen, Phantasie und soziales Lernen." Berlin 1974, S. 44ff.)

- Die Teilnehmer überlegen, wer das Märchen wann, wo, aus welchem Anlaß und mit welchem Zweck erzählen könnte.

> In einem Seminar meinte ein Teilnehmer, daß es von Leuten der DKP auf einer Veranstaltung vorgetragen werden könnte. Es entstand eine heftige, fruchtbare Debatte, in der zunächst Gegenpositionen ("Demonstrationen sollen Mut machen", "Das Märchen ist zu privat.") vertreten wurden, dann aber eine Reihe von Übertragungsmöglichkeiten genannt wurden. Hier einige Beispiele:
>
> "Studierende, die zunehmend merken, daß die Qualifikation, die sie erwerben, auf dem Arbeitsmarkt nichts wert sind."
>
> "Arbeitslose und Sozialhilfeempfänger, die sich immer wieder um einen Job bemühen und doch keine Chance haben."
>
> "Das Kind, daß nach einem Atomschlag übriggeblieben ist."
>
> "Studierende, die mit dem Versprechen vom Bafög an die Uni kamen und nun zunehmend Opfer der Streichungen im Sozialbereich werden - bis zu dem Zwang, Studiengebühren zu zahlen."
>
> Bei der Diskussion dieser Übertragungssituation wurde deutlich, daß das Märchen weder eine existentialistische Position ("Sisyphos", "Der Mythos von Sisyphos", Camus), noch eine Position im Sinne Becketts ("Warten auf Godot") bezieht: das Kind macht Erfahrungen, es bleibt zum Schluß sitzen und weint. Weiterhin wurden unterschiedliche Bedeutungsschichten des Wortes "arm" herausgearbeitet und in ihrer Konsequenz für die Deutung des Märchens untersucht: "arm" als ökonomische, moralische und religiöse Kategorie.

- Der Spielleiter skizziert kurz die Lebenssituation der Kinder und der alten Menschen im Lebenszusammenhang der verarmten Schichten im damaligen Hessen.

- Die Teilnehmer überlegen, wie der Ort "vor der Haustür" aussehen könnte, und "bauen" diesen auf.

- Nacheinander zeigen einzelne Teilnehmer in Standbildern, wie sie sich die Szene "Vor der Haustür" (Kinder, Großmutter, Marie) vorstellen. Sie suchen sich für die Figuren Teilnehmer aus, die ihrer Vorstellung entsprechen. Haben sie die Szene aufgebaut, beschreiben und begründen sie ihre Deutung. Dabei äußern sie sich auch zum Aussehen, zur Kleidung und zur Haltung der Figuren.

- Die Rollen von Marie, Großmutter und der Kinder werden verteilt. Die Spielerin der Marie liest deren Rollentext (S. 67). Dann machen sich alle Spieler/innen noch einmal klar, was sie in der vorgegebenen Szene mit welchen Intentionen und Empfindungen tun und sagen.

- Die ·Personen· begeben sich an den Ort, an dem sie sich zu Beginn der Szene aufhalten. Der Spielleiter führt dort mit ihnen nacheinander kurze Rollengespräche, wobei er sie nach ihren momentanen Gedanken und Empfindungen befragt.

- Die Szene wird gespielt. Nach dem Spiel sagen zunächst ·Marie· und die ·Kinder·, was ihnen die Großmutter mit dem Märchen sagen wollte. Dann sagt die ·Großmutter·, was sie den Kindern vermitteln wollte.

Als Intentionen der Erzählung der Großmutter wurden bei einem Seminar genannt:
- die Kinder sollen sich keine Illusionen machen: "Macht euch keine Illusionen!"
- die Kinder sollen das Hier und Jetzt ihrer sozialen Situation begreifen: "Seht, das ist eure Situation!"
- die Kinder sollen unterhalten werden: "Ich erzähl euch was!"
- Marie soll auf ihre Situation hingewiesen werden: "Marie, mach dir keine Illusionen!"

- Die Teilnehmer sprechen über die Funktion des Märchens und vergleichen anschließend ihre Deutungen mit verschiedenen Inszenierungen (Karge/Langhoff, Bochum 1986/Werner Herzog: Verfilmung u.a.) und literaturwissenschaftlichen Deutungen der Szene.

Arbeitsleute aus der Gegend von Fulda, die im Sommer in Frankfurt Arbeit suchen, 1832
Abb. aus: Georg Büchner. Leben, Werk, Zeit, S. 67

5. Arbeit und Herrschaft. Der Hauptmann. Woyzeck.

<u>Untersuchung der Haltungen von Woyzeck und des Hauptmanns in "DER HAUPT-
MANN. WOYZECK" (Die 'Rasierszene', 5):</u>

Der Hauptmann, vermutlich adeliger Herkunft, repräsentiert in der hessischen Garnisonsstadt die Militärgewalt, die wesentlich die Funktion hatte, soziale Aufstände zu verhindern und der kleinen Schicht der Reichen (Feudale, Bürger, Liberale) die Privilegien zu sichern. Er ist Woyzecks Vorgesetzter, kann über diesen verfügen, gibt ihm die Möglichkeit, sich durch Dienstleistungen (Stecken schneiden, Rasieren) ein paar Groschen dazuzuverdienen. In der Rasierszene vollbringt Woyzeck eine Dienstleistung an seinem Vorgesetzten: er rasiert ihn. Entsprechend den Gepflogenheiten der militärischen Hierarchie reagiert er auf die Äußerungen des Hauptmanns, der die Gelegenheit nutzt, über Zeit, Tugend, Moral und Natur zu sprechen und sich seiner Existenzberechtigung zu versichern, wie auf Befehle. Er antwortet, soweit das die Arbeit erlaubt ("Jawohl, Herr Hauptmann"), bzw. er direkt angesprochen wird.

Die Teilnehmer sollen bei der szenischen Interpretation der Szene erfahren, daß trotz des objektiven Abhängigkeits-Gewaltverhältnisses der Hauptmann und Woyzeck in dieser Szene - vermittelt über den Arbeitsprozeß - wechselseitig voneinander abhängig sind, daß sich daraus Verhaltensspielräume eröffnen, die es Woyzeck möglich machen, die eigene Identität zu wahren.

Dabei sollen sie im einzelnen

- sich in Woyzeck bzw. den Hauptmann einfühlen und in Spielversuchen deren Haltungs- und Handlungsrepertoire zu erkunden

- erfahren, daß die Kommunikations- und Beziehungsstruktur zwischen Hauptmann und Woyzeck wesentlich durch den Arbeitsprozeß (das Rasieren) bestimmt wird

- Haltungen erarbeiten, die den Hauptmann und Woyzeck stark bzw. schwach erscheinen lassen

- untersuchen, wie sich bei der Annahme unterschiedlicher Haltungen und Beziehungskonstellationen die Deutung der Szene verändert

- etwas über sich, die eigenen Phantasien, Einstellungen und Verhaltensweisen in Abhängigkeitssituationen herauszubekommen

- Gemeinsamkeiten und Differenzen zwischen den eigenen Phantasien, Erfahrungen und Verhaltensweisen und denen der Figuren entdecken, am eigenen Leib erfahren und als Ausdruck ähnlicher und gegensätzlicher sozialer und historischer Erfahrungen und Verhältnisse begreifen.

"DER HAUPTMANN. WOYZECK. (5)

Hauptmann auf einem Stuhl. Woyzeck rasiert ihn.

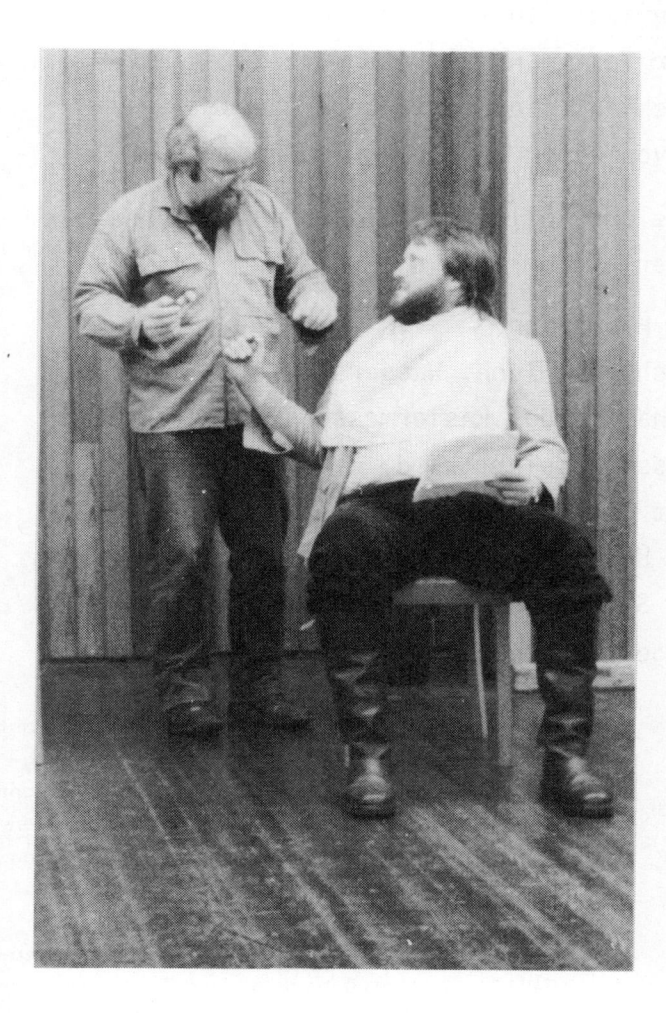

HAUPTMANN. Langsam, Woyzeck, langsam; ein's nach dem andern. Er macht mir ganz schwindlig. Was soll ich dann mit den zehn Minuten anfangen, die Er heut zu früh fertig wird? Woyzeck, bedenk' Er, Er hat noch seine schöne dreißig Jahr zu leben, dreißig Jahr! macht 360 Monate, und Tage, Stunden, Minuten! Was will Er denn mit der ungeheuren Zeit all anfangen? Teil Er sich ein, Woyzeck.
WOYZECK. Ja wohl, Herr Hauptmann.
HAUPTMANN. Es wird mir ganz angst um die Welt, wenn ich an die Ewigkeit denke. Beschäftigung, Woyzeck, Beschäftigung! ewig das ist ewig, das ist ewig, das siehst du ein; nun ist es aber wieder nicht ewig und das ist ein Augenblick, ja, ein Augenblick - Woyzeck, es schaudert mich, wenn ich denk, daß sich die Welt in einem Tag herumdreht, was n'e Zeitverschwendung, wo soll das hinaus? Woyzeck, ich kann kein Mühlrad mehr sehn, oder ich werd' melancholisch.
WOYZECK. Ja wohl, Herr Hauptmann.
HAUPTMANN. Woyzeck Er sieht immer so verhetzt aus. Ein guter Mensch tut das nicht, ein guter Mensch, der sein gutes Gewissen hat. - Red' Er doch was Woyzeck. Was ist heut für Wetter?
WOYZECK. Schlimm, Herr Hauptmann, schlimm; Wind.
HAUPTMANN. Ich spür's schon, s'ist so was Geschwindes draußen; so ein Wind macht mir den Effekt wie eine Maus. *Pfiffig.* Ich glaub' wir haben so was aus Süd-Nord.
WOYZECK. Ja wohl, Herr Hauptmann.
HAUPTMANN. Ha! ha! ha! Süd-Nord! Ha! Ha! Ha! O Er ist dumm, ganz abscheulich dumm. *Gerührt.* Woyzeck, Er ist ein guter Mensch, ein guter Mensch - aber *mit Würde* Woyzeck, Er hat keine Moral! Moral das ist wenn man moralisch ist, versteht Er. Es ist ein gutes Wort. Er hat ein Kind, ohne den Segen der Kirche, wie unser hochehrwürdige Herr Garnisonsprediger sagt, ohne den Segen der Kirche, es ist nicht von mir.
WOYZECK. Herr Hauptmann, der liebe Gott wird den armen Wurm nicht drum ansehn, ob das Amen drüber gesagt ist, eh' er gemacht wurde. Der Herr sprach: Lasset die Kindlein zu mir kommen.
HAUPTMANN. Was sagt Er da? Was ist das für n'e kuriose Antwort? Er macht mich ganz konfus mit seiner Antwort. Wenn ich sag: Er, so mein ich Ihn, Ihn.
WOYZECK. Wir arme Leut. Sehn Sie, Herr Hauptmann, Geld Geld. Wer kein Geld hat. Da setz einmal einer seinsgleichen auf die Moral in die Welt. Man hat auch sein Fleisch und Blut. Unseins ist doch einmal unselig in der und der andern Welt, ich glaub' wenn wir in Himmel kämen so müßten wir donnern helfen.
HAUPTMANN. Woyzeck Er hat keine Tugend, Er ist kein tugendhafter Mensch. Fleisch und Blut? Wenn ich am Fenster lieg, wenn's geregnet hat und den weißen Strümpfen so nachsehe wie sie über die Gassen springen, - verdammt Woyzeck, - da kommt mir die Liebe. Ich hab auch Fleisch und Blut. Aber Woyzeck, die Tugend, die Tugend! Wie sollte ich dann die Zeit herumbringen? ich sag' mir immer: Du bist ein tugendhafter Mensch, *gerührt* ein guter Mensch, ein guter Mensch.
WOYZECK. Ja Herr Hauptmann, die Tugend! ich hab's noch nicht so aus. Sehn Sie, wir gemeine Leut, das hat keine Tugend, es kommt einem nur so die Natur, aber wenn ich ein Herr wär und hätt ein Hut und eine Uhr und eine anglaise und könnt vornehm reden, ich wollt schon tugendhaft sein. Es muß was Schönes sein um die Tugend, Herr Hauptmann. Aber ich bin ein armer Kerl.
HAUPTMANN. Gut Woyzeck. Du bist ein guter Mensch, ein guter Mensch. Aber du denkst zuviel, das zehrt, du siehst immer so verhetzt aus. Der Diskurs hat mich ganz angegriffen. Geh' jetzt und renn nicht so; langsam hübsch langsam die Straße hinunter."

- Szenisches Lesen: Die Teilnehmer lesen die Szene still. Dann setzen sie sich in einen Kreis und lesen den Text reihum, wobei jeder jeweils nur einen Satz spricht und dabei versucht, auf den Sprechgestus des Vor-Sprechers zu antworten. Dann werden zwei Stühle in die Mitte des Kreises gestellt. Nacheinander wird der Text mehrmals mit verteilten Rollen gelesen, wobei die Sprecher sich auf die Stühle gegenübersetzen. Namen und Regieanweisungen werden von einem "Erzähler" übernommen.

- Die Teilnehmer entscheiden sich, welche Rolle sie spielen wollen, und lesen sich den entsprechenden Rollentext durch (vgl. S. 60 u. 64).

- Improvisation: Woyzeck rasiert den Hauptmann.
  Der Spielleiter legt Requisiten (Schürze, Tuch, Wasserschale, Rasierseife, Rasiermesser, Riemen zum Schärfen des Rasiermessers) bereit und demonstriert, wie mit dem Rasiermesser rasiert wird.
  Die Woyzeck-Spieler machen sich mit der Tätigkeit vertraut. Danach fühlen sich zwei Spieler (Woyzeck, Hauptmann) im Gespräch mit dem Spielleiter kurz öffentlich in die Situation ein. Dann spielen sie die Szene, wobei sie eigene Worte gebrauchen:

W.: Na, Hauptmann, wieder Rasieren angesagt - immer locker vom Hocker!
H.: Langsam, langsam, geh ER mal nicht so ran.
W.: Den Kopf zur Seite bitte - kann ER mal ruhig halten? So, nun will ich mal das Messer schärfen ...
H.: Nicht so schnell. Denke ER an sein uneheliches Kind ... Beim Reden wird mir ganz schwindelig.
W.: Unsereiner hat sein Leben eingerichtet. Ich kann nicht rasieren und mir gleichzeitig Gedanken machen ...
H.: Tugend hat ER wohl nicht.
W.: Ruhig, ruhig.

Wahrnehmung der Beobachter

Der Woyzeck-Spieler habe immer wieder, um mit dem Hauptmann sprechen zu können, die Arbeit unterbrochen und virtuos auf den Hauptmann eingeredet. Beim Rasieren selbst sei er still gewesen, alle übrigen Tätigkeiten, die der Hauptmann nicht sehen konnte, habe er kommentiert, als wolle er den Hauptmann unterhalten oder die eigene Angst vor dem Rasiermesser wegreden. In der Haltung dieses Woyzecks "siege das Proletariat" - sprachlich. Er kann sich nicht zugleich "Gedanken machen" und "rasieren", er sagt auch gleich noch, was er tut. Die Improvisation macht in der Regel die klassenspezifischen Differenzen im Handeln, in der Sprech- und Reflexionsweise zwischen dem mittelschichtsozialisierten Spieler und der Woyzeck-Figur besonders kraß sichtbar. Während der Spieler Handeln, Sprechen und Denken trennt und nur auf der Ebene der Rede mit dem Hauptmann kommuniziert, bleibt die Sprache Woyzecks selbst gestisch auf die Situation bezogen, ist Teil der Arbeit und selbst Handlung.

- Untersuchung von Haltungen und Beziehungen:
  Nacheinander wird die Szene von unterschiedlichen Teilnehmern gespielt. Dabei ziehen sie sich jeweils die entsprechende Kleidung an, begeben sich an den Ort, an dem sich ihre Figur vor Beginn der Szene befindet und äußern sich in einem kurzen Gespräch mit dem SL über das, was sie

gerade tun. Dann wird die Szene mit Text gespielt.
Die Aufmerksamkeit der Beobachter richtet sich auf die Haltungen und
Beziehungen der beiden Figuren, vor allem auch auf die Wechselbeziehung
von Arbeit und Sprechen bei Woyzeck.
Im Anschluß an das Spiel beschreiben und deuten zunächst die Beobachter
die Haltungen, die die Spieler gezeigt haben, und charakterisieren die
dargestellte Beziehung zwischen dem Hauptmann und Woyzeck. Danach
sprechen die Spieler über das, was sie während des Spiels wahrgenommen
und erlebt haben.

SPIELVERSUCHE

1) <u>Der starke HAUPTMANN und der schwache WOYZECK</u>

<u>Einfühlung</u>

WOYZECK (Robert) "Ich spiele den Woyzeck, muß den Hauptmann rasieren, fühle mich gelangweilt und genervt durch das viele Gerede des Hauptmanns, das ich mir auch dann anhören muß, wenn ich nichts mehr zu tun habe. Ich bin empört, wenn der Hauptmann auf meine Beziehung zu Marie anspielt, weiß aber nicht, wie ich mich wehren soll ..."

HAUPTMANN (Ingo): "Ich bin Hauptmann in einer kleinen Garnisonstadt, habe außer den wenigen Repräsentationsmöglichkeiten wenig zu tun, muß mir ständig selbst meinen Wert einreden, langweile mich und versuche - selbstmitleidig, melancholisch und sentimental - die Zeit totzuschlagen.
In Woyzeck sehe ich jemanden, vor dem ich mich selbst bestätigen kann: ich halte ihn für einen anständigen Burschen, der etwas zu tun hat und deshalb auch ein wenig zu beneiden ist, dem man aber auch immer zeigen kann, daß er keine Moral hat. Zwar zweifele ich selbst an der Tugend, die ich predige, ich muß sie mir aber einreden, weil ich sonst keine Beschäftigung habe ..."

<u>Spiel</u>

Der Hauptmann sitzt zurückgelehnt und breitbeinig auf seinem Stuhl. Er ist entspannt, hat nichts zu tun, erhofft sich von Woyzeck Beschäftigung: er zerdehnt den Dialog, denkt bei jedem Satz nach, blickt melancholisch zum Fenster raus, macht mal, um Woyzeck ins Gespräch (das eigentlich nur ein ausgedehnter selbstgefälliger Monolog ist) zu ziehen, einen kleinen Witz ("Ich glaub, wir haben so etwas wie Süd-Nord."), um diesen auch nur zum Anlaß zu nehmen, weiterhin über Zeit, Ewigkeit und Moral zu monologisieren. Der Hauptmann zeigt in Körperhalttung und Redeweise, daß er Zeit hat und daß er die Rasiersituation nutzt, um die Zeit totzuschlagen. Mit dieser Haltung macht er Woyzeck zunehmend "arbeitslos", genervt, hilflos, resignativ - ohne Beschäftigung. Woyzeck hat keine Zeit, arbeitet schnell, obwohl er am Hauptmann nur wenig zu arbeiten hat: er seift ihn ein, rasiert ihn mit einem kleinen Rasierapparat (Robert hatte sich geweigert, zum Messer zu greifen), wäscht ihm das Gesicht und wartet dann, hilflos noch hier und da am Hauptmann herumfummelnd, bis der Hauptmann sein "Gespräch" aufgibt: "Der Diskurs hat mich ganz angegriffen. Geh' jetzt und renn nicht so ..."
Weil Woyzeck nichts mehr zu tun hat, spricht er auch zunehmend mehr: dabei gleicht er sich - zumindest in der Stimmlage - der Redeweise des Hauptmanns an.

<u>Wahrnehmung der Beobachter:</u>

Der HAUPTMANN wurde als sehr stark ("er konnte machen, was er wollte"), selbstgefällig, wichtigtuerisch, senil, langatmig und arrogant beschrieben. Es sei ihm gelungen, Woyzeck mit blöden Witzen ins Gespräch zu ziehen und durch seinen einschläfernden Dialog (besser Monolog) von seiner Hektik abzubringen.

WOYZECK habe wie ein Angestellter eines Friseurladens gewirkt, der - genervt - kurz vor Ladenschluß jemandem etwas verkaufen soll, der nicht weiß, was er haben will. Er wirkte gestreßt, genervt, resignativ, ohne Beschäftigung. Er habe am Hauptmann, der einen Bart trug, nur wenig zu rasieren gehabt, habe dann arbeitslos herumgestanden, gelangweilt, und habe sich in der Stimmlage zunehmend auf den Hauptmann eingestellt. Zwischen Hauptmann und Woyzeck gab es so gut wie keine Beziehung, sie redeten aneinander vorbei, wobei der Hauptmann sowohl verbal als auch körperlich klar der dominante war.

Erfahrungen der Spieler

<u>Ingo</u> hatte sich als HAUPTMANN wie ein einsamer Intellektueller gefühlt, der - da Woyzeck für ihn überhaupt nicht in Erscheinung trat - sich immerhin selbstmitleidig, melancholisch und mit fader Ironie darüber auslassen konnte, daß er die Welt zwar durchschaue, daß er mit seiner Einsicht aber leider weitgehend allein bleibe. Er habe Woyzeck weder gefühlt, noch gesehen; auch sprachlich habe er ihn vollständig im Griff gehabt. Woyzeck sei ein willkommener Anlaß gewesen, um über das Elend der Welt zu räsonieren. Woyzeck habe eine Haltung eingenommen, die es ihm als Hauptmann leicht gemacht habe, mit ihm so umzugehen, wie viele Interpreten es tun, nämlich wie mit einer bedauernswerten Kreatur, die noch nicht in der Lage ist, sich den gesellschaftlichen Normen entsprechend zu verhalten.

Wahrnehmung der Beobachter:

Der HAUPTMANN wirkte nicht wie ein Vorgesetzter und war auch in seinen Versuchen, Woyzeck zu belehren, wirkungslos.
Er sprach ruhig, aber schnell, blieb auf Distanz, war jung und arrogant, konnte sich im sicheren Bewußtsein seiner Macht körperlich hingeben. WOYZECK wirkte überzeugend und natürlich, v.a. dort, wo er sich nicht auf den Dialog mit dem Hauptmann einließ. Er arbeitete konzentriert, unterbrach den Hauptmann in seinen Belehrungen, indem er ihm eine neue Haltung gab; ließ sich in keiner Phase des Geschehens irritieren und belehren. Erst zum Schluß, als er anfing, sich zu rechtfertigen (d.h. sich auf die Redeweise des Hauptmanns einzulassen), wirkte er schwächer.
Zwischen Hauptmann und Woyzeck kam ein Dialog zustande wie zwischen gleichberechtigten Personen. Die Beziehung wurde über die Tätigkeit des Rasierens, weniger über den Dialog hergestellt. Die körperliche Nähe und die Bereitwilligkeit, mit der der Hauptmann seinen Körper zur Verfügung stellte, ließ die Beziehung enger erscheinen: Woyzeck rasiert, der Hauptmann läßt sich rasieren: der Arbeitsprozeß strukturiert die Beziehung.

Insgesamt wurde bei diesem Spielversuch deutlich, daß Woyzecks Stärke und Identität in dieser Situation aus der körperlichen Seite des Arbeitsprozesses resultierte. Wo er sich, wie im zweiten Teil der Szene, auf den sprachlichen Diskurs einläßt, wirkte er schwächer, hilfloser. Während er sich im ersten Teil auf die Arbeit konzentrieren und sich damit dem Gerede des Hauptmanns entziehen konnte, mußte er sich im zweiten Teil, durch Anspielungen des Hauptmanns provoziert, verbal rechtfertigen und konnte sich dem Gestus der Rede des Hauptmanns nicht entziehen.

<u>Robert</u> hatte als WOYZECK das Problem, daß er schon nach kurzer Zeit nichts mehr zu rasieren hatte. Während der Hauptmann räsonnierte, habe er dumm herumgestanden und nicht mehr gewußt, was er tun sollte. So habe er sich das Gerede anhören müssen und dort, wo es sich direkt auf ihn bezogen habe, beantwortet.

Insgesamt wurde bei dieser ersten Spielversion klar, daß der Hauptmann den Woyzeck v.a. über sein Gerede im Griff hat. So lange Woyzeck arbeitet, geht die Rede des Hauptmanns ins Leere. Ist Woyzeck "arbeitslos", steht er herum und schaut zum Fenster hinaus, wirkt er hilflos, ist gezwungen, sich auf den Diskurs mit dem Hauptmann einzulassen, wobei er den kürzeren zieht.

HAUPTMANN und WOYZECK als Partner

Einfühlung:

WOYZECK (Rolf): "Ich kenne das Verhalten des Hauptmanns. Ich muß ihn mit meinem Verhalten zwingen, schneller zu sprechen, so daß ich schneller fertig werde.
Ich will ihn rasieren, sonst will ich nichts mit ihm zu tun haben. Da ich aber keine Zeit habe, muß ich ihm mit meinem Messer so zu Leibe gehen (und Angst und Konzentration erzeugen), daß er schneller spricht. Wichtig ist mir, daß mein Freiraum so groß wie möglich bleibt."

HAUPTMANN (Winni): "Woyzek ist mein Untergebener, das muß er wissen und das werde ich ihm zeigen. Es ist morgens, ich muß mich wach machen und für die Aufgaben des Tages rüsten. Das kann ich am besten, wenn ich Woyzeck etwas erzähle, allerdings muß ich ihn auch belehren."

Spiel:

Während der Hauptmann schnell und erklärend auf Woyzeck einspricht, steht dieser hinter ihm, dreht sich den Kopf so hin, wie es für das Rasieren günstig ist, blickt ihm, auf die Arbeit konzentriert, ins Gesicht und antwortet dort, wo es notwendig wird, zügig und ohne große Betonung auf die Fragen des Hauptmanns, der während der ganzen Zeit ruhig und locker auf dem Stuhl sitzt.

3) Der starke HAUPTMANN und ein starker WOYZECK

Um herauszufinden, welche Möglichkeiten WOYZECK hat, auch während des Gesprächs im zweiten Teil der Szene Stärke und Identität zu bewahren, sollte der Woyzeck-Spieler bei diesem Versuch die Arbeit unterbrechen, den Hauptmann von vorne direkt ansprechen und dabei auf die Gegenstände zeigen, die er benennt, bzw. die Gegenstände vorzeigen. Dadurch sollte er genügend Raum gewinnen für eine situations- und handlungsbezogene Redeweise, mit der er, wie im ersten Teil während des Rasierens, Einfluß auf die Zeitstruktur des Gesprächs nehmen konnte.

Einfühlung:

WOYZECK (Achim): "Ich mache meine Arbeit korrekt und gewissenhaft. Das, was der Hauptmann erzählt, interessiert mich nicht. Ich möchte, daß er mich in Ruhe läßt."

HAUPTMANN (Herrmann): "Ich bin noch relativ jung und weiß, daß ich wichtige Funktionen habe und eine bedeutende gesellschaftliche Stellung. Ich langweile mich beim Rasieren und bemühe mich, Woyzeck, dem Tölpel, noch etwas beizubringen."

Spiel:

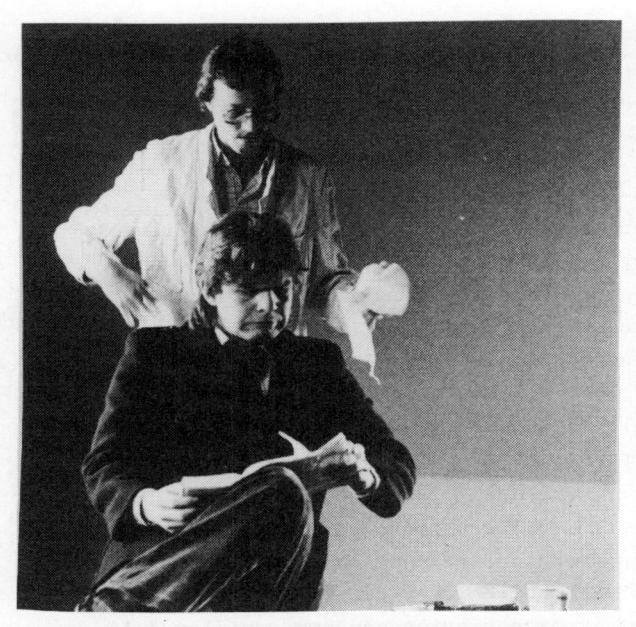

Woyzeck geht zügig an die Arbeit, arbeitet konzentriert, schnell und gekonnt, nimmt dabei den Hauptmann so in den Griff, daß dieser nur mühsam zu Worte kommt. W. läßt sich durch die Rede des Hauptmanns nicht ablenken, bleibt sprachlich lakonisch, nüchtern und hart. Im zweiten Teil, wo er häufiger sprechen muß, verändert sich seine Haltung. Er bleibt stehen, blickt zum Fenster raus, spricht gleichmäßig, fast sanft. Dann nimmt er wieder den Kopf des Hauptmanns hoch und arbeitet weiter. Der Hauptmann, körperlich stark, bestimmt und schneidig, wirkt unter den Griffen Woyzecks im ersten Teil verunsichert und etwas trottelig. Im zweiten Teil gewinnt er seine Haltung wieder und sitzt sicher auf seinem Stuhl.

Wahrnehmung der Beobachter:

Auch wenn der HAUPTMANN im ersten Teil von Woyzeck in den Griff genommen wurde und genervt darum kämpfen mußte, seine Rolle loszuwerden, wirkte er doch während der ganzen Szene stark und souverän, v.a. am Schluß, wo er die Situation beherrschte. Allerdings war ihm anzumerken, wie sehr ihn der weniger sprachlich als körperlich ausgetragene "Diskurs" angegriffen hat. Im ersten Teil erwartete man ständig, daß der Hauptmann aufspringen und zuschlagen würde. WOYZECK hatte im ersten Teil durch schnelles, konzentriertes und kompromißloses Arbeiten den Hauptmann im Griff und ging auf dessen Provokationen nicht ein. Im zweiten Teil wird seine Haltung plötzlich widersprüchlich: er blickt, während er zum Hauptmann spricht, diesem nicht direkt ins Gesicht, sondern schaut nachdenklich und verträumt zum Fenster hinaus und liefert sich damit dem Hauptmann aus. Wie zufällig beläßt er in solchen Situationen das Rasiermesser am Hals des Hauptmanns.

Erfahrungen der Spieler:

Herrmann hatte als HAUPTMANN den ersten Teil als körperlichen Kampf erlebt; die Situation sei absurd gewesen: während Woyzeck an seinem Kopf zerrte und arbeitete, habe er philosophische Sprüche von sich gegeben. Nach der Anspielung auf das uneheliche Kind habe ihn Woyzeck losgelassen; jetzt habe er Lust gehabt, mit diesem zu streiten. Achim hatte den Hauptmann als sehr stark erlebt, er habe ziehen und kämpfen müssen, um den Kopf in die richtige Haltung zu bekommen. Im zweiten Teil sei er ins Träumen geraten darüber, wie es wäre, wenn er einen Hut hätte und ein Hauptmann wäre ...

Auch dieses Spiel machte deutlich, wie schwer es den Spielern, die eine sprachzentrierte mittelschichtspezifische Sozialisation hinter sich hatten, fiel, in der Rolle WOYZECKs auch dort eine starke Körperhaltung zu zeigen, wo dieser spricht, reflektiert, öffentlich nachdenkt. An dieser Stelle fingen die Spieler an, sich zurückzunehmen, nachzudenken, zu träumen und situationsunabhängig ernsthaft sprachlich zu argumentieren - auch dort, wo sich der Hauptmann nur hämisch lustig machte. Die Teilnehmer entdeckten, daß ihnen die Haltung Woyzecks - vermutlich v.a. aufgrund unterschiedlicher klassenspezifischer Erfahrungen - fremd blieb: Woyzecks Reflexionsweise war gestisch auf die Situation, auf bestimmte Gegenstände (Hut, Anglaise) und Handlungen bezogen und vom Arbeitsrhythmus zerstückelt. Er benennt, was er sieht, und kann deshalb, indem er etwa den Hut gestisch vorführt, sich ironisch mit der Haltung des Hauptmanns auseinandersetzen.

4. Suche nach einer Haltung, die WOYZECK trotz Abhängigkeit Eigenständigkeit und klassenspezifische Identität ermöglicht

Die bisherigen Spielversuche hatten gezeigt, daß Woyzeck Eigenständigkeit und Selbstbewußtsein gegenüber dem Hauptmann zeigen, daß er diesem als Person ebenbürtig sein und ihn als Karikatur vorführen konnte, ohne daß dabei das gesellschaftliche Abhängigkeitsverhältnis aufgehoben wird. Allerdings waren die Woyzeck-Haltungen, die im Spiel entwickelt worden waren, brüchig, widersprüchlich und v.a. im letzten Teil der Szene gescheitert. Bei den folgenden Spielversuchen sollte für Woyzeck eine konsistente Haltung für den zweiten Teil der Szene (ab: Hauptmann: "Rede doch was, Woyzeck.") gesucht werden. Die Haltung des Hauptmanns, wie Hermann sie entwickelt hatte, sollte beibehalten werden. Die anderen Teilnehmer übernehmen nacheinander die Haltung Woyzecks. Aufgabe war, Körper- und Sprechhaltung in Übereinstimmung zu bringen.

Charakterisierung der gespielten Haltungen:

- Robert war bemüht, seine Stärke aus Phantasien zu entwickeln, die die Gegenstände, die der Hauptmann besitzt (Kleidung, Schirm) bei ihm auslösten. Verträumt, resigniert, sehr unkörperlich betrachtete er die Gegenstände, er wirkte dabei armselig, schwach, fast kindisch. Gegen ihn wirkte der Hauptmann, der ihn aufrichtig fragte, überlegen und gönnerhaft. Mit scharfer Stimme holte er Woyzeck schließlich wieder auf den Boden der Tatsachen zurück. Als dieser sich bemühte, mit dem Handtuch zur Arbeit zurückzufinden, wies der Hauptmann das als Belästigung ärger-

lich ab.
- Udo spielte das, was an Emotionen im Dialog Woyzecks mit dem Hauptmann enthalten war, gar nicht erst aus: er blieb weit entfernt und distanziert hinter dem Hauptmann stehen, sprach hart und unbeteiligt und war bemüht, während des Sprechens weiterzuarbeiten.
- Achim ging körperlich auf den Hauptmann zu, blieb bei der Arbeit, so daß der Arbeitsrhythmus ständig den Rederhythmus zerstückelte. Seine Beziehung zum Hauptmann blieb technisch. Zwar wirkte dieser dominant, er wurde jedoch 'bearbeitet', die Beziehung zwischen beiden war spannungslos.
- Ingo griff den Hauptmann hart an, rückte ihn streng zurecht und hielt beim Sprechen das Rasiermesser so (still), daß der Hauptmann sich bedroht fühlte. Mit seiner durch den Arbeitsrhythmus immer wieder gebremsten Aggressivität wirkte er unberechenbar: die Stimme war laut und hart, die Sätze kamen abgehackt und gepreßt. Der Hauptmann fühlte sich bedroht, wollte aus der Situation ausbrechen, einen anderen Text sprechen.
- Winni arbeitete ruhig, gleichmäßig, zielbewußt. Genüßlich suchte er sich die Flächen im Gesicht des Hauptmanns aus, in die das Rasiermesser eindringen könnte. Der Hauptmann, dem es nicht gelang, ihn zu irritieren, fühlte sich ständig bedroht. Seine Stärke genießend, vergaß Winni allerdings, den Text zu sprechen.

Fixieren und Nachahmen einer Körperhaltung

Die Körperhaltung, die Winni als Woyzeck gezeigt hatte, wurde von allen als stark und bedrohlich empfunden. Sie kam den gemeinsamen Vorstellungen entgegen, wenn es auch nicht ganz gelungen war, Sprech- und Körperhaltung zusammenzubringen. Die Körperhaltung wurde zunächst nach folgendem Verfahren fixiert:

1) Das Spiel wurde wiederholt, wobei der Text von außen eingesprochen wurde, so daß sich die Spieler auf die Körperhaltungen konzentrieren konnten.

2) Die Beobachter zeigten in Standbildern die Momente, in denen Woyzeck von der Körperhaltung her am stärksten gewirkt hatte.

3) Nacheinander ahmten die Beobachter die Haltung Woyzecks nach, indem sie die entsprechende Position ins Standbild stellten und dabei über ihre Wahrnehmungen sprachen.

Experimentieren mit Sprechhaltungen:

Um herauszufinden, mit welchem Sprechgestus Woyzeck seine Stärke auch verbal demonstrieren könnte, wurde dann mit unterschiedlichen Sprechhaltungen experimentiert. Besondere Schwierigkeiten bereiteten dabei Woyzecks "Reflexionen". Folgende Textstelle wurde für die Untersuchung ausgewählt:

> "WOYZECK. Ja Herr Hauptmann, die Tugend! Ich hab's noch nicht so aus. Sehn Sie, wir gemeine Leut, das hat keine Tugend, es kommt einem nur so die Natur, aber wenn ich ein Herr wär".

Nacheinander setzten sich die Teilnehmer - abgewandt von den übrigen - auf einen Stuhl und versuchten, zu der Äußerung Woyzecks eine Sprechhaltung zu finden, die ihren Vorstellungen entsprach.
Nachdem alle den Text gesprochen hatten, wurde gemeinsam überlegt, welche der Sprechhaltungen den gemeinsamen Vorstellungen am nächsten kam.
Einer sprach die Textstelle plattdeutsch: dadurch wirkten die Äußerungen emotional aufgeladen, wurden erfahrungshaltiger, repräsentativer für die gesellschaftliche Klasse, für die Woyzeck selbstbewußt spricht, wenn er sagt:

> "Aber _ich_ bin ja nur ein _armer_ Kerl!"

Der Hauptmann hat wenig Haare, eine Kartoffelnase, ist groß (klein), mit behäbiger Figur, seine Fingernägel sind kurzgeschnitten ...
Er ist ordentlich und sauber gekleidet; in dieser Szene sitzt er noch ohne Stiefel, in Uniformhose und offener Uniformjacke im Stuhl, ein weißes Tuch um den Hals, die übrigen Kleidungsstücke hängen ordentlich über dem Stuhl.
Er sieht W. nicht an, seine Gesten sind lässig, herablassend. Es redet, schwätzt viel und schnodderich (wie Hartmut v. Hentig).
Er hat zu viel Zeit, muß sich ständig mit sich selbst beschäftigen. Er hat sich eine eigene Philosophie geschaffen, gibt sich erfahren im Umgang mit Menschen. Da er von sich selbst überzeugt ist, doziert er wie ein Schulmeister. Er wirkt lächerlich ...

Der starke und der schwache Woyzeck - unterschiedliche Körperhaltungen und Beziehungen zwischen Hauptmann und Woyzeck und ihre Auswirkung auf die Deutung der Szene

Als Alternative zu der Untersuchung von (möglichen) Haltungen Woyzecks und des Hauptmanns während des Rasierens kann gleich von den Ergebnissen der Spielversuche ausgegangen werden. Die Teilnehmer deuten - ausgehend von den erarbeiteten Haltungen der Figuren - die Szene und können gleichzeitig den Einfluß, den sinnliche Vorstellungen auf den Interpretationsprozeß haben, entdecken.

Dazu noch kurz ein paar Hinweise:

Bei der ersten Lektüre der "Rasierszene" hatte ich eine relativ klare Vorstellung von den Personen: der Hauptmann erschien mir als Karikatur eines jovialen, borniertem, heruntergekommenen Offiziers, Woyzeck als abhängige, unterdrückte, gehetzte Kreatur. Wie kam ich zu diesen Vorstellungen? Um den Dialog als Gespräch zwischen zwei Menschen verstehen zu können, mußte ich mir Vorstellungen von der konkreten Handlungssituation und natürlich auch von den Personen machen, die solche Sätze sprechen, solche Beziehungen zueinander haben können.

Die Vorstellungen, die ich mir machte, wurden durch Erlebnisse und Erfahrungen konstituiert - mit Soldaten und Hauptleuten bei der Bundeswehr, beim Betrachten von Bildern und Filmen, beim Gang durch Museen, beim Lesen und Blättern in Romanen und historischen Darstellungen. Besonders wichtig war der Einfluß, den Theateraufführungen, Bilder und Fernsehaufzeichnungen des Stückes in mir zurückgelassen hatten. Diese Vorstellungen bestimmten nun die Wahrnehmung, legten den Sinn der Szene fest, gaben den Äußerungen der Figuren einen bestimmten Gestus. Ich gehe davon aus, daß diese Rezeptionsweise verallgemeinert werden kann: unterschiedliche Vorstellungen vom Aussehen und Auftreten der Figuren führen zu unterschiedlichen Deutungen ihrer Äußerungen. Wie resistent solche Vorstellungen sind und wie sehr sie sich gegen gegenläufige Interpretationen sträuben, konnte ich bei den Schülern einer 11. Klasse feststellen, die, nachdem sie eine konventionelle Woyzeck-Aufführung im Fernsehen gesehen hatten (Woyzeck, die geschundene Kreatur, tötet - erniedrigt und verspottet durch seinen Vorgesetzten und ausgebeutet durch den Doktor - aus Eifersucht die ihm nahestehende Person), der Äußerung des Hauptmanns zustimmten: "O Er ist dumm, abscheulich dumm.". Will man das Deutungsspektrum erweitern, müssen Vorstellungen von anderen Haltungen und Handlungen entwickelt werden - etwa von einem starken Woyzeck, der sich seiner sozialen Lage bewußt ist, der nicht das Bestreben hat, aufzusteigen, sondern aus dem sicheren Gefühl, auf der untersten Stufe gesellschaftlicher Rangordnung zu stehen und nicht tiefer fallen zu können, seinem Hauptmann gegenübertritt. Woyzeck ist innerhalb des Abhängigkeitsverhältnisses zum Hauptmann nicht schon deshalb unterlegen, weil er - den Gepflogenheiten der militärischen Hierarchie gehorchend - - auf die Äußerungen des Hauptmanns wie auf Befehle mit "Jawohl, Herr Hauptmann!" antwortet, oder weil er den Wind aus "Süd-Nord" pfeifen läßt und sich dafür die Bemerkung einhandelt, "Dumm, ganz abscheulich dumm" zu sein.
Wie die sinnlichen Inszenierungen im Kopf der Leser, bzw. theatralisch oder bildlich vorgegebene Szenen die Deutung des Textes, v.a. der sprachlichen Äußerungen der Figuren steuern, wird im folgenden untersucht.

- Die Teilnehmer lesen alle Szenen, in denen der Hauptmann auftritt und überlegen sich dann, wie er aussehen könnte, welche Körperhaltung, welche Gesten und welche Sprechweise für ihn typisch sein könnten und wie er mit anderen Menschen umgeht. Die Überlegungen werden zusammengetragen, typische Haltungen werden demonstriert (Standbilder)

- Die Teilnehmer erhalten zwei Bilderserien, die den Hauptmann und Woyzeck in unterschiedlichen Körperhaltungen in der "Rasierszene" zeigen: In der ersten Serie erscheint der Hauptmann überlegen, Woyzeck wirkt dagegen hilflos und schwach. In der zweiten Serie tritt Woyzeck selbstbewußt und stark auf, während der Hauptmann eher ängstlich und hilflos wirkt.

Die Teilnehmer beschreiben zunächst jeder für sich die Haltungen und Beziehungen der Figuren in beiden Serien. Anschließend lesen sie noch einmal den Text und überlegen sich, welche der Haltungen nach ihrer Meinung eher zu den Figuren passen. Sie begründen ihre Meinung mit Rückgriff auf den Text.

Der starke HAUPTMANN und der schwache WOYZECK: Serie A

Der Hauptmann macht einen gelangweilten, herablassenden Eindruck. Für ihn ist die Rasiersituation eine alltägliche Dienstleistung, die ihm die Gelegenheit bietet, vor jemandem zu philosophieren. Dabei hält er sich W. vom Leib, geht, mit sich selbst und seinen Problemen beschäftigt, auf Distanz. Der Hauptmann ist melancholisch, ironisiert sich z.T. selbst ("Was soll ich dann mit den zehn Minuten anfangen, die Er heut zu früh fertig wird?"), nutzt das Privileg, die Situation sprachlich zu definieren. Woyzeck dagegen wirkt sichtbar beflissen und vorsichtig. In der Hüfte abgeknickt, in gebührendem Abstand, mit ausgestrecktem Arm und spitzen Fingern arbeitend, bemüht er sich, den Hauptmann nicht zu stören. Er spricht wenig, stimmt dem Hauptmann zu und bemüht sich auch dort, wo er sich dem Hauptmann gegenüber rechtfertigen muß, nicht aufmüpfig zu wirken...

Der starke WOYZECK und der schwache HAUPTMANN: Serie B

Woyzeck rückt dem Hauptmann auf den Leib, hat ihn im Griff, steht über ihm. Der Hauptmann ist wehrlos, ausgeliefert, versucht verzweifelt, sich W. sprachlich vom Leibe zu halten. Weil dieser nicht darauf reagiert, sondern arbeitet und nur ab und zu gleichgültig und genervt sein "Jawohl, Herr Hauptmann" losläßt, geht die Rede des Hauptmanns ins Leere. Der Hauptmann hat Angst, fühlt sich gedrängt ("Langsam, Woyzeck, langsam."), versucht mit moralischen Vorhaltungen ("ein guter Mensch tut das nicht") und kleinen Witzen die Oberhand zu gewinnen, dabei spricht er schnell. Als er Woyzeck schließlich trifft, hält dieser ihm seine materielle Situation entgegen. Der Hauptmann reagiert mit Angst ("ihm wird heiß") und versucht ihn zu beruhigen ("Du bist ein guter Mensch"). Er ist froh, als die Situation überstanden ist ("Der Diskurs hat mich ganz angegriffen").

Woyzeck ist sich seiner Abhängigkeit bewußt, weiß aber auch, daß der Hauptmann in dieser Situation von ihm abhängig ist. Ohne seine Dienstpflichten zu verletzen, ironisiert er die Haltung des Hauptmanns, stellt dessen Normen und Werte in Frage ("Es muß was Schönes sein um die Tugend ... Aber _ich_ bin ein _armer_ Kerl."), wobei er sein Selbstbewußtsein aus der Situation bezieht: "Wer hat hier eigentlich das Messer in der Hand!" Der Hauptmann versucht ihn mit Reden zu beschwichtigen. Woyzeck geht darauf nur formal, gleich-

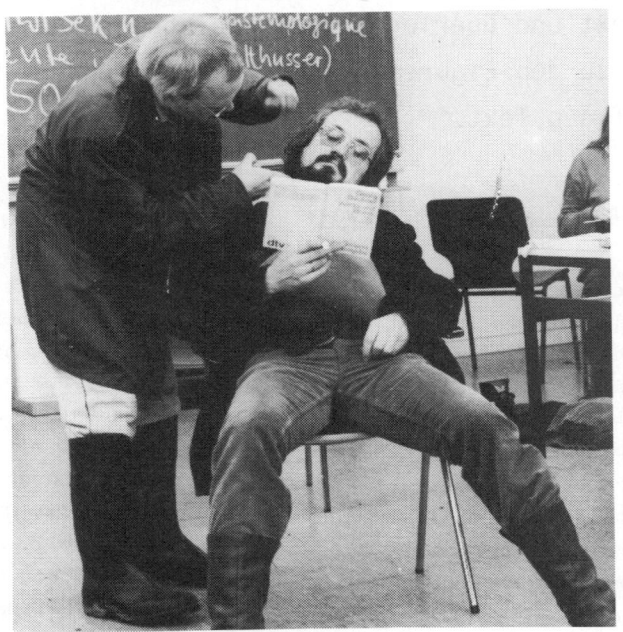

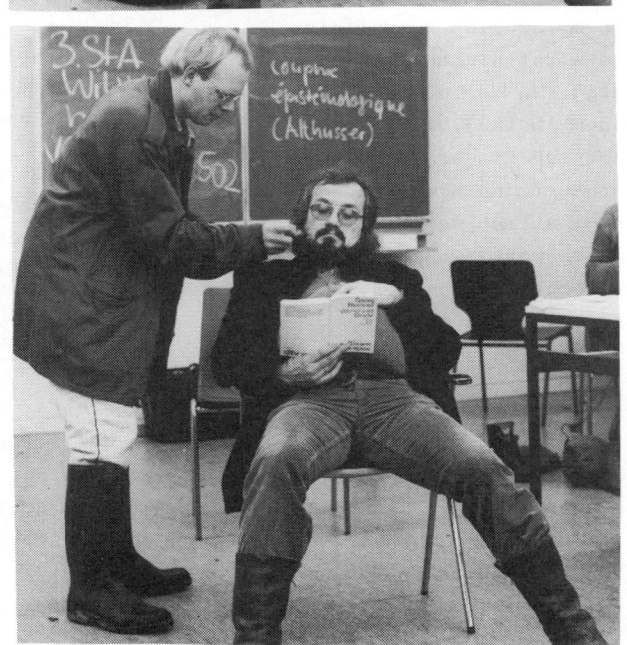

BILDERSERIE A

BILDERSERIE B

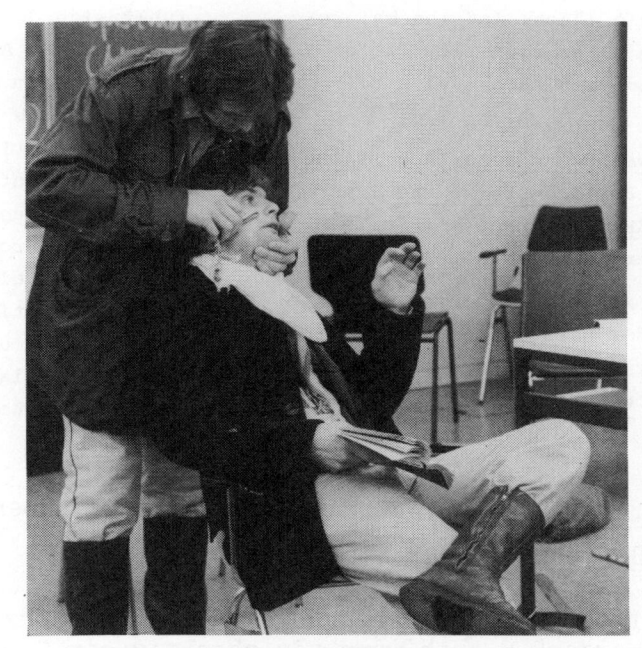

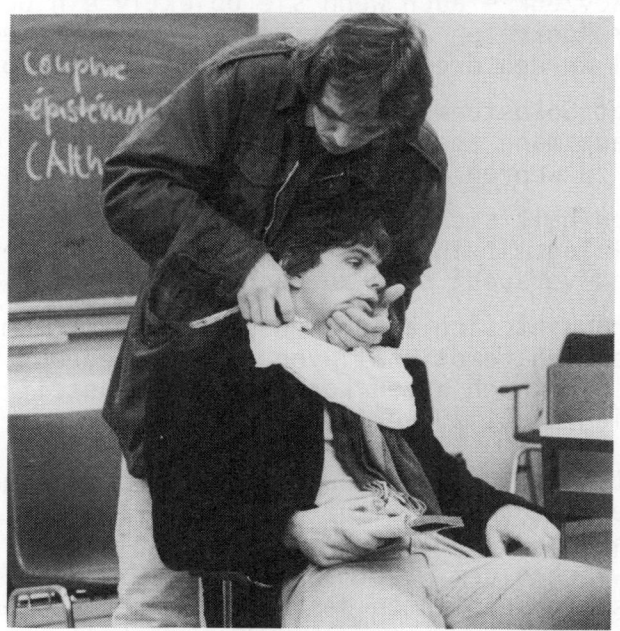

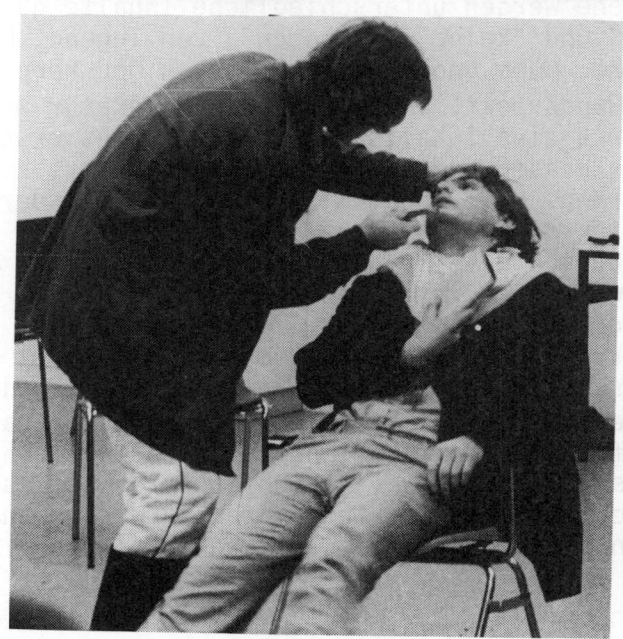

gültig und knapp ein ("Ach, laß ihn mal reden."), greift nur Äußerungen auf, die er entlarven und parodieren kann ...)

Der äußerlich schwache und innerlich starke WOYZECK und der äußerlich starke und innerlich schwache WOYZECK: Montage von Serie A (äußere Haltung) und B (Phantasie).

Die Bilderserie A zeigt die äußere Form, die Erscheinungsform der Szene, die Bilderserie B, was sich in der Phantasie der beiden Personen abspielt. Obwohl äußerlich dominant, fühlt sich der Hauptmann Woyzeck ausgeliefert: er hat Angst, hat Schwindelgefühle, fühlt sich am Schluß "angegriffen". Auf der anderen Seite hält sich Woyzeck der Form nach an das Dienstleistungsverhältnis, seine (Größen-)Phantasie läuft allerdings in eine andere Richtung: er möchte dem Hauptmann die Kehle durchschneiden. Von dieser Phantasie ist nur ein Rest sichtbar in der versteckten Kritik am Schluß ("aber wenn ich ein Herr wär und hätt einen Hut und eine Uhr und eine anglaise und könnt vornehm reden, ich wollt schon tugendhaft sein ...")

Historisierung: Zeit, Moral/Natur als Inhalte der Äußerungen, Haltungen und Beziehungen der Figuren:

Die Interpretationsversuche haben gezeigt, daß die Beziehung zwischen Hauptmann und Woyzeck - auch wenn sie objektiv ein Gewaltverhältnis darstellt - in der konkreten Arbeitssituation unterschiedlich definiert werden kann. Dabei wurden drei Konstellationen beschrieben:

1. Woyzeck zeigt Selbstbewußtsein, erfüllt äußerlich seine Pflicht, rückt dabei dem Hauptmann aber körperlich auf den Leib, wogegen sich dieser durch Reden zu wehren versucht.

2. Der Hauptmann hält sich Woyzeck vom Leib und läßt sich herablassend auf einen Dialog mit ihm ein. Woyzeck reagiert dienstbeflissen und ängstlich und versucht sich zu rechtfertigen.

3. Der Hauptmann gibt sich äußerlich selbstbewußt, um zu verdecken, daß er sich innerlich (emotional) von Woyzeck bedroht fühlt. Woyzeck hingegen zeigt sich nach außen korrekt und diensteifrig, um seine Gewaltphantasien nicht zu verraten.

Soll das Arbeits- und das Beziehungsverhältnis zwischen dem Hauptmann und Woyzeck auf die historische Situation bezogen werden, die im Drama gedeutet wird, dann muß es die Inhalte des Gewaltverhältnisses reflektieren, das objektiv zwischen dem Hauptmann als Repräsentanten des Feudalsystems und Woyzeck als Repräsentanten des armen Volkes besteht.
In der "Rasierszene" werden unterschiedliche Inhalte genannt: das Verhältnis "Zeit haben" und "keine Zeit haben", von Tugend, Moral und Natur, von Reich und Arm, Muße und Arbeit, Sprechen und körperlichem Handeln, Kopfarbeit und Handarbeit. In der Sekundärliteratur werden solche Begriffe in der Regel durch eine Inhaltsanalyse des Textes erschlossen, wobei sozialhistorisches Wissen und die Position des Autors zur Erklärung mit herangezogen werden. Untersucht wird etwa, was mit der Moral gemeint sein kann, auf die sich der Hauptmann als Repräsentant des niedergehenden Feudaladels zu Beginn des 19. Jahrhunderts beruft, und wie diese Moral vom Autor gewertet wird.
So wichtig nun die Kenntnis solcher Zusammenhänge für das historische Verstehen der Figur des Hauptmanns ist, sie reicht nicht aus, um die konkreten Beziehungen zwischen Hauptmann und Woyzeck in der "Rasierszene" zu deuten, weil erst der Gestus der Aussagen im Kontext der Situation den Sinn festlegt. Die Begriffe, die ich als Inhalte des Gewaltverhältnisses bezeichnet habe, müssen deshalb unter zwei Gesichtspunkten untersucht werden, weil sie die gesellschaftliche Verortung ihrer Verwender in bestimmten Klassen und Schichten in einer bestimmten Zeit reflektieren.

Zum anderen muß gezeigt werden, wie sie in der "Rasierszene" in die Haltungen und Beziehungen der Figuren eingehen.

Im folgenden sollen sich die Teilnehmer mit beiden Bedeutungsebenen auseinandersetzen. Dabei sollen sie im einzelnen

- die im Gespräch zwischen Woyzeck und Hauptmann verwendeten Begriffe in ihren historischen Bedeutungen verstehen lernen

- die Inhalte dieser Begriffe in den unterschiedlichen Haltungen und Beziehungskonstellationen spielerisch herausarbeiten.

- Die Teilnehmer lesen die Szene noch einmal durch und unterstreichen die Textstellen, die sich auf die Begriffe Zeit, Moral/Tugend und Natur beziehen.

- In Gruppen wird geklärt, was die Figuren meinen, wenn sie die Begriffe verwenden.

- Die Gruppen bekommen eine Deutung der Begriffe, wie sie von MEIER (1980) vorgenommen wurde. Sie diskutieren diese Deutung, vergleichen sie mit den eigenen und bewerten sie (vgl. Arbeitsblatt, S. 52).

- Gemeinsam wird diskutiert bzw. im Spiel erprobt, wie die "Rasierszene" gespielt werden muß, damit Zeit, Moral/Tugend, Natur (u.a.) in der Beziehung der Figuren sichtbar werden können.
  Dabei sollen die drei erarbeiteten Konstellationen durchgespielt werden:
  a) Woyzeck stark, Hauptmann schwach
  b) Hauptmann stark, Woyzeck schwach
  c) Hauptmann äußerlich stark, innerlich schwach. Woyzeck äußerlich schwach, aber innerlich stark.

- Die Teilnehmer lesen die Szene und überlegen sich, wie sie sich die Haltungen der beiden Figuren vorstellen, wenn das Zeit-Problem (bzw. das Verhältnis von Natur und Moral) in einer Beziehungskonstellation sichtbar werden soll, in der der Hauptmann stark und Woyzeck schwach erscheint.

- Die Überlegungen werden zusammengetragen, die Haltungen beschrieben.

- Einzelne Teilnehmer erproben diese Haltung im Spiel. Im Anschluß beschreiben und diskutieren zunächst die Beobachter, inwiefern die Darstellung gelungen ist, dann sagen die Spieler, wie es ihnen beim Spiel ergangen ist.

"Langsam, Woyzeck, langsam ..." - Über die Zeit (5. Szene)

I.

"Zeit ist für ihn keine Gelegenheit mehr für sinnvolle Tätigkeit, da seine Klasse im Begriff steht, ihre Funktion im Gemeinwesen zu verlieren. Der Verlauf der Zeit spannt nur eine ungeheure Dauer auf, die nicht mehr durch geschichtliche Aufgaben ausgefüllt werden kann. Zeit, in der man nichts mehr zu tun hat, wird aber zum bloßen äußerlichen Schema, das bestenfalls künstlich eingeteilt werden kann - eine wirkliche innere Gliederung fehlt ihr. Die gegebene Situation verewigt sich. Im Hauptmann als seinem Repräsentanten hat der Feudalismus die Ahnung von seiner gesellschaftlichen Funktionslosigkeit ... (in der) Zukunft, gegenwärtig kann der Feudalismus den gegebenen Zustand noch erhalten, wenn vor allem das Militär seine Funktion: soziale Unruhen zu unterdrücken, erfolgreich ausübt. Im eigenen Interesse müssen die Repräsentanten des feudalistischen Gesellschaftssystems daher die sozialen Prozesse zum Stillstand bringen; beim Hauptmann äußert sich dieses Klasseninteresse in der Angst vor schnellen, unruhigen Bewegungen. Die Ewigkeit, die aus dem gewaltsam erzwungenen Stillstand des status quo resultieren würde, ist aber nicht nur in ihrer Leere unerträglich, sondern immer auch von der Vergänglichkeit bedroht (...) Der Widerspruch zwischen der rein philosophischen Spekulation und der intensiven psychischen Reaktion auf sie (" es schaudert mich") weist aber darauf hin, daß hinter der theoretisierenden Form noch anderes verborgen sein muß. Die Überlegungen des Hauptmanns über das Problem der Zeit dürfen metaphorisch verstanden werden: als verschleiernde Reaktion auf gesellschaftliche Verhältnisse."
(Meier, A.: Georg Büchners "Woyzeck". München 1980, S. 43f.)

II.

Der Hauptmann hat Zeit, aber diese Zeit ist leer, weil er nichts zu tun hat, außer seine Privilegien zu bewahren. Er ist deshalb daran interessiert, daß die Zeit "ausgefüllt" wird (etwa durch ein "Gespräch" mit Woyzeck). Er verfügt zwar über die Zeit Woyzecks, aber nur so lange, wie dieser seine Dienstleistung (das Rasieren) ausführt. Arbeitet Woyzeck schneller, verkürzt sich die Zeit für das Gespräch und damit die 'ausgefüllte' Zeit. Deshalb bemüht sich der Hauptmann, Zeit zu gewinnen, d. h. Woyzeck dazu zu bringen, nicht so zu hetzen und sich mehr Zeit zu nehmen.
Woyzeck hat keine Zeit. Er ist daran interessiert, seine Arbeit möglichst schnell und korrekt auszuführen.

Arbeitsaufträge

1. Lest die 5. Szene (Rasier-Szene) durch und streicht die Stellen an, die nach eurer Meinung zur Klärung des Zeit-Begriffes beitragen!

2. Lest die Deutung Meiers (s.o. I.), klärt, was ihr nicht richtig versteht und bezieht - soweit möglich - Position!

3. Lest nun das, was ich (in II.) über die Bedeutung der Zeit für den Hauptmann und Woyzeck geschrieben habe. Ändert den Text, wo ihr anderer Meinung seid!

4. Untersucht und erprobt, wie die Szene gespielt werden müßte, damit - bezogen auf das beschriebene Verhältnis zur Zeit -
   a) Woyzeck stark und selbstbewußt /der Hauptmann schwach wirkt
   b) Der Hauptmann stark /Woyzeck schwach wirkt
   c) Der Hauptmann äußerlich stark und innerlich schwach /Woyzeck äußerlich schwach und innerlich stark wirkt.

a) WOYZECK läßt dem HAUPTMANN keine Zeit:

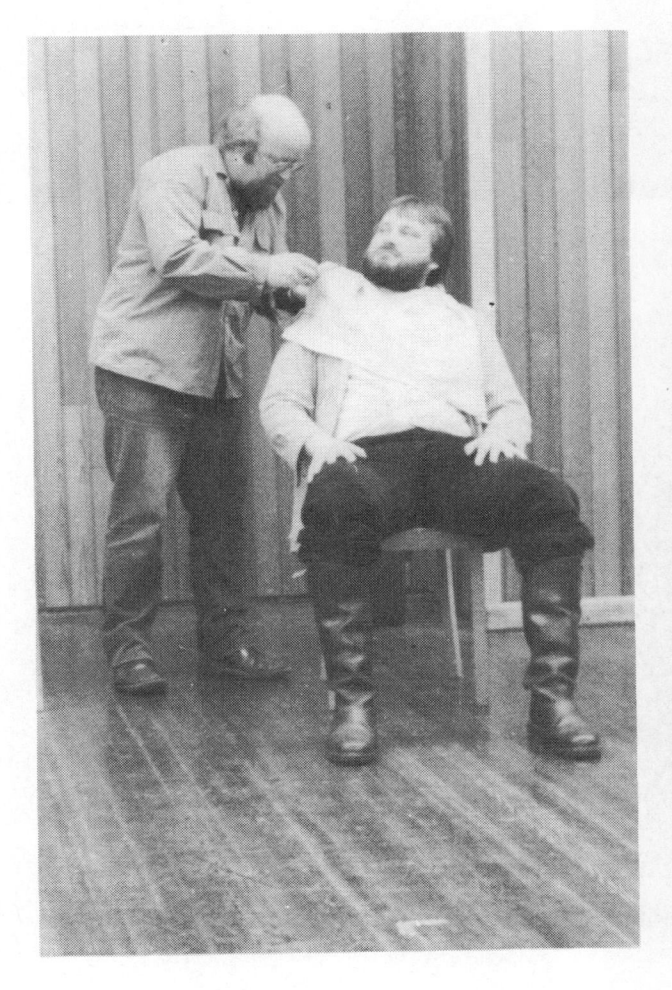

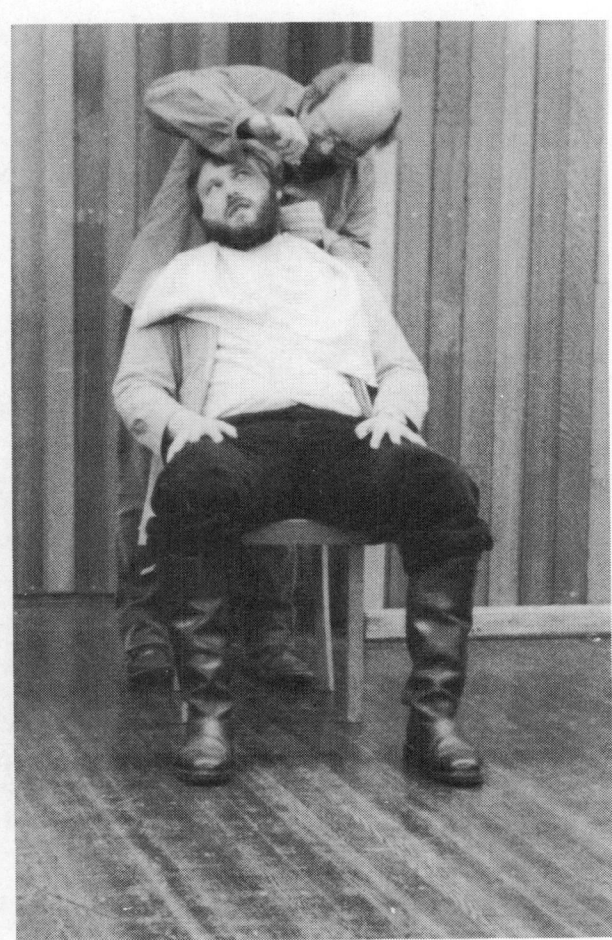

b) Der HAUPTMANN verlängert die Arbeitszeit WOYZECKS:

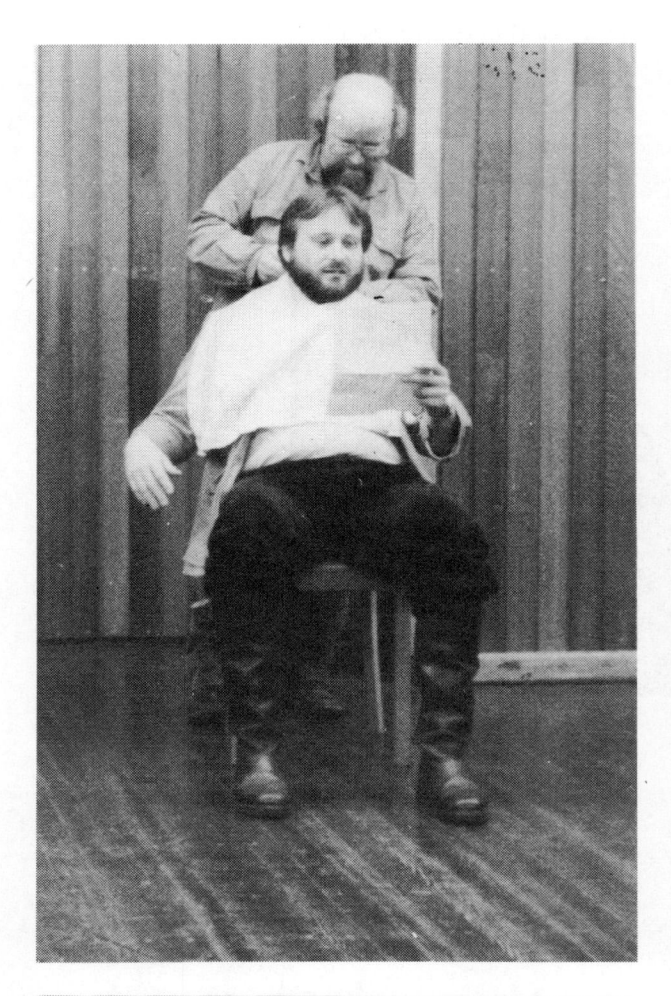

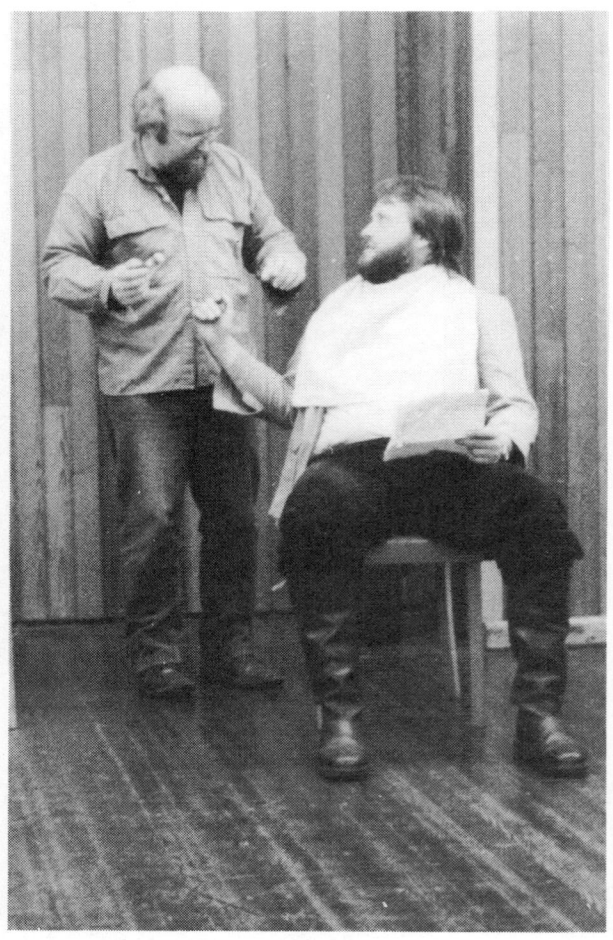

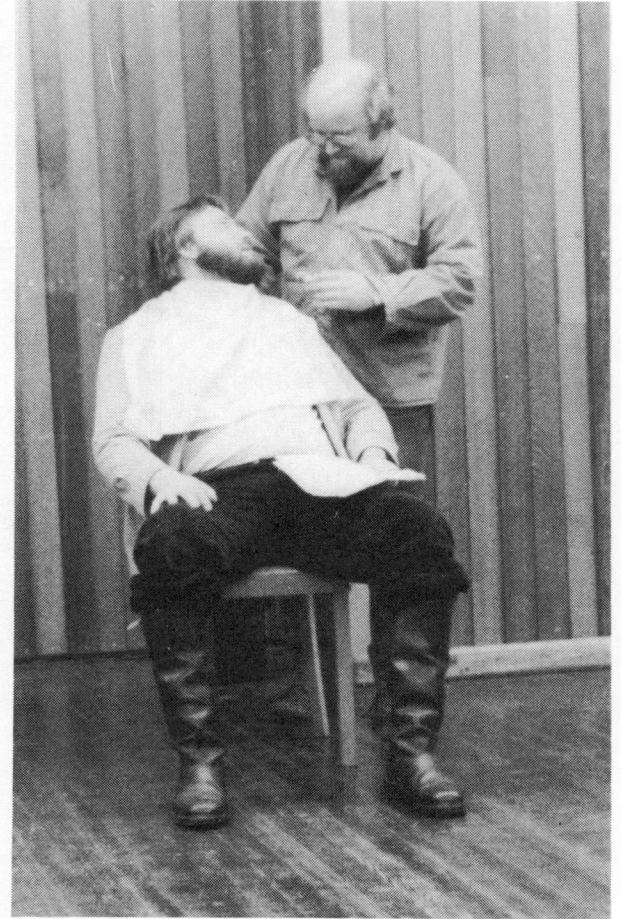

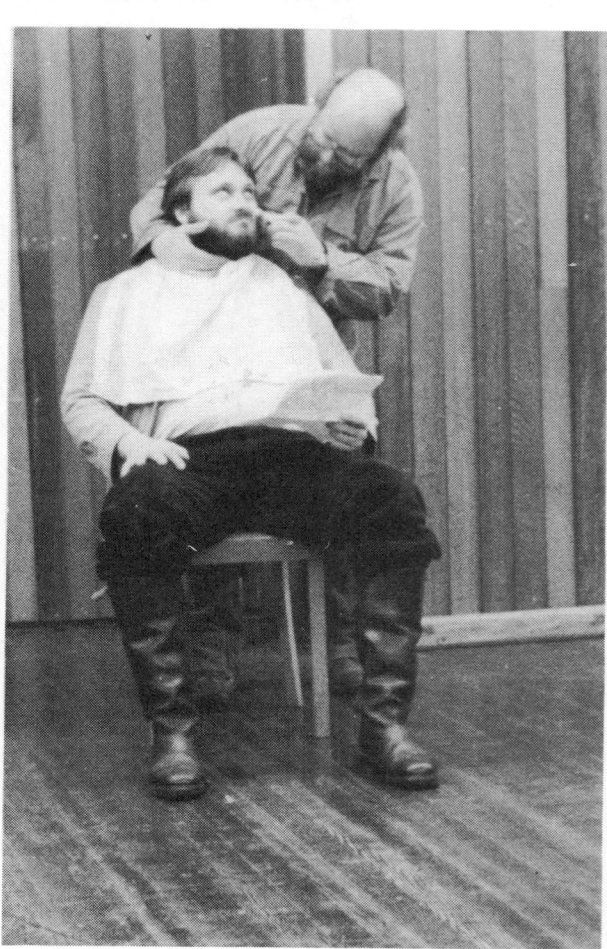

"Moral das ist, wenn man moralisch ist" - Moral, Tugend, Natur (Szene 5)

I.

"Ihm (dem Hauptmann, I.S.) ist die Hauptsache das "gute Gewissen", die Ruhe und Selbstzufriedenheit im Wissen von der eigenen moralischen Vollkommenheit (...) Deshalb kann der Hauptmann Woyzeck zu seiner Moral mahnen: der bedrohte Feudalismus will sich retten, indem er seine Prinzipien in der Gesellschaft durchsetzt - die Gesamtheit in seinem Sinne totalisiert (...) Zwar ist Woyzeck ein "guter Mensch", denn er verhält sich seiner Rolle gemäß (...) - sein Verhalten beruht aber auf keinem allgemeinen Ordnungsschema und hat deshalb keine äußere Form: Woyzeck ist zwar gut, aber nicht "moralisch". Für den Hauptmann ist Moral dagegen nur Form, hat aber keinen begründbaren Inhalt ... (Auch für Woyzeck ist die Moral) ein eigentlich gültiges Normensystem für das Verhalten der Individuen - sie enthält aber eine Voraussetzung, die die armen Leute nicht erfüllen können. (...) Den armen Leuten fehlen die materiellen Voraussetzungen für ein moralisches Leben, da das äußerliche Wohlverhalten teuer kommt. Die physischen Bedürfnisse (für Arm und Reich gleich, I.S.) lassen sich nur dann zu Wohlanständigkeit unterdrücken, wenn man sich Ersatz leisten kann. (...) Daß solche Tugend ... im wesentlichen die Unterdrückung unmittelbarer sinnlicher Reaktionen bedeutet, macht des Hauptmanns Replik klar, in der er die Funktion seiner Tugend als Disziplinierungsinstrument gegen seine Sinnlichkeit beschreibt ("Wenn ich am Fenster lieg ...") (...) Der dauernde Zwang zur Selbstüberwindung ermöglicht es dem Hauptmann, sein Leben trotz seiner realen gesellschaftlichen Funktionslosigkeit ... mit Tätigkeit auszufüllen, so daß seinem Leben doch noch Sinn und Genugtuung verschafft werden ("Ich sag' mir immer: Du bist ein tugendhafter Mensch ...")
Trotz der Ahnung eines Zusammenhangs zwischen Moral und gesellschaftlichen Zuständen will Woyzeck beides keineswegs kritisieren. Er erkennt die Gegebenheiten an und entschuldigt nur sein Unvermögen, ihnen zu entsprechen."
(Meier, A.: Georg Büchners "Woyzeck". München 1980, S. 44ff.)

II.

Moral hat man, wenn man die 'göttlich' gesetzten Ordnungen und Regeln im gesellschaftlichen Umgang (Geschlechtsverkehr und Kinder nur in der Ehe, nicht hetzen, Hut, vornehm reden) formal einhält. Tut man das, dann ist man ein "tugendhafter Mensch". Um das zu erreichen, muß man Triebverzicht üben und seine sinnlichen Bedürfnisse ("Fleisch und Blut", innere Natur) unterdrücken. Diese Selbstdisziplinierung (und damit die Aufrechterhaltung der eigenen Privilegien und Normen) wird zum einzigen Lebensinhalt: "Wie soll ich die Zeit rumkriegen? Ich sag mir immer: Du bist ein tugendhafter Mensch ..."
Um in diesem Sinne tugendhaft zu sein, braucht man Geld, materiellen Reichtum. Hat man diesen nicht, besteht kein Grund, die eigenen sinnlichen Bedürfnisse ("Fleisch und Blut") zu unterdrücken. Der Selbstzwang bringt nichts ein, deshalb "kommt einem so die Natur".

Arbeitsaufträge

1. Lest die 5. Szene (Rasier-Szene) durch und streicht die Stellen an, die nach eurer Meinung zur Klärung der Begriffe Moral/Tugend/Natur beitragen!

2. Lest die Deutung Meiers (s.o. I.), klärt, was ihr nicht richtig versteht und bezieht - soweit möglich - Position!

3. Lest nun das, was ich (in II.) über die Bedeutung der Begriffe Moral/Tugend und Natur für Hauptmann und Woyzeck geschrieben habe. Ändert den Text, wo ihr anderer Meinung seid!

4. Untersucht und erprobt, wie die Szene gespielt werden müßte, damit - bezogen auf Moral und Natur -
   a) Woyzeck stark /der Hauptmann schwach wirkt
   b) Der Hauptmann stark /Woyzeck schwach wirkt
   c) Der Hauptmann äußerlich stark und innerlich schwach /Woyzeck äußerlich schwach und innerlich stark wirkt.

Moral/Tugend und Natur in der Beziehung zwischen Hauptmann und Woyzeck

Folgende Haltungen wurden erarbeitet:

a) Woyzeck vertritt seine "Natur" selbstbewußt und in seiner Körperhaltung: sie ist das, was einer, der kein Geld hat und keine Rolle spielt, als Kapital besitzt. Aus dieser Haltung heraus kann er die an Äußerlichkeiten (Hut, Anglais, Uhr) hängende Moral ironisch in Frage stellen. Der Hauptmann hat Angst, weil ihn die Haltung Woyzecks an seine unterdrückten sinnlichen Bedürfnisse erinnert, die zu disziplinieren ein wesentlicher Inhalt seines Daseins ist.

b) Der Hauptmann spielt seine moralische Überlegenheit aus und verachtet Woyzeck, weil er nicht in der Lage ist, seine "Natur" zu beherrschen. Woyzeck hat ein schlechtes Gewissen und ist ängstlich bemüht, sich zu rechtfertigen.

c) Der Hauptmann gibt sich souverän, weil er die Brüchigkeit seiner Position und seine Anfälligkeit sinnlichen Bedürfnissen und Phantasien gegenüber kennt. Woyzeck dagegen gibt sich anpasserisch, weil er die Angst des Hauptmanns kennt und befürchtet, daß dieser zu wüten anfängt, wenn ihm die Maske abgenommen wird (was für ihn materiell von Nachteil sein könnte).

SZENISCHE INTERPRETATION DER HANDLUNG

0. Einfühlung in die Rollenfiguren

Nachdem im ersten Teil der szenischen Interpretation der kollektive Lebenszusammenhang und Haltungen der Menschen, um die es in diesem Drama geht, erarbeitet worden sind, stehen im folgenden das Dramengeschehen und die Haltungen, Aktionen und Interaktionen der einzelnen Figuren in diesem im Mittelpunkt. Dabei wird das Geschehen weniger von außen phantasiert und szenisch gedeutet als aus der Perspektive der Figuren. Jeder Teilnehmer übernimmt eine Rolle, fühlt sich in diese ein und handelt in den vorgegebenen Situationen aus dieser Rolle heraus. Ist er an Szenen nicht beteiligt, nimmt er zu dem Geschehen aus der Perspektive seiner Figur Stellung.

<u>Verteilung der Rollen:</u>

Je nach Anzahl der Teilnehmer können unterschiedliche Rollen für die Interpretation fest besetzt werden:

Bei wenigen Teilnehmern werden folgende Rollen besetzt: Woyzeck, Marie, Tambourmajor, Margreth, Andres, Hauptmann und Doktor. Diese Figuren repräsentieren verschiedene soziale Schichten, die im Stück aufeinandertreffen.

Ist die Teilnehmerzahl groß, sollten auch am Rande auftauchende Figuren übernommen werden: Kinder, Käthe, Großmutter, Jude usw. Sie erweitern und differenzieren das Spektrum der Personen, die das Volk repräsentieren: das soziale Geschehen kann vielschichtiger reflektiert werden.

Soll das Verhaltensspektrum einzelner Figuren (etwa das von Woyzeck) intensiver untersucht werden, können diese mehrfach besetzt werden.
Der Spielleiter charakterisiert noch einmal kurz die Figuren und fordert die Teilnehmer auf, sich für eine Rolle zu entscheiden.

Sind die Rollen verteilt, bekommt jede(r) zu der Figur, die er/sie übernommen hat
- einen Rollentext, der Informationen über den historischen Hintergrund der Figur, ihre Sozialisation und ihre Lebens- und Arbeitssituation enthält (vgl. S. 60)
- Szenen aus dem Drama, in denen die Figur agiert
- Fragen zur Einfühlung, die helfen sollen bei der Entwicklung von Vorstellungen über die äußere und innere Haltung der Figur (vgl. S. 58).

Die Teilnehmer lesen für sich die Texte und schreiben anschließend - sich am Leitfaden der Einfühlungsfragen orientierend - eine Selbstdar-

stellung ihrer Figur. Dabei schreiben sie - um die Identifikation mit
der Figur zu intensivieren - den Text in der ersten Person (Ich-Form).
Wird auf eine feste Rollenverteilung verzichtet, so sollten zumindest
Selbstdarstellungen für die Figuren geschrieben werden. Die Teilnehmer
fühlen sich dann aufgrund dieser Selbstdarstellungen immer wieder neu
in einzelne Figuren ein und erproben deren Haltungen.

Erarbeitung einer inneren Haltung für die Figuren

Die Teilnehmer entwickeln aufgrund von historischen Informationen und
Szenen, in denen die Figur agiert, eine Vorstellung von der äußeren und
inneren Haltung einer Dramenfigur.
Dabei sollen sie im einzelnen
- Rollentexten und Dramenszenen Informationen über eine Figur entnehmen,
- sich aufgrund dieser Informationen in die Figur hineinversetzen und
  aus der Perspektive und in Identifikation mit ihr - durch Fragen an-
  geleitet - eine Selbstdarstellung der Figur schreiben.

Fragen zur Einfühlung

Wie alt bist du? Hast du eine Familie und wer gehört dazu? Was bist du von
Beruf oder wie verdienst du dir deinen Lebensunterhalt? Wie ist deine materielle Lage? Was kannst du dir leisten, was nicht? Welcher gesellschaftlichen Schicht gehörst du an? Was weißt du über deine Geschichte?

Wie siehst du aus? Wie bist du gekleidet? Welche Frisur hast du? Welche
körperlichen Eigenheiten hast du? Wie ist deine Körperhaltung? Welche Bewegungen und Gesten sind typisch für dich? Wie redest du? Welche Formulierungen, welche Tonfälle sind typisch für dich?

Wie schätzt du deinen Alltag ein? Wie deine Arbeit, wie deine Freizeit?
Was erwartest du von dir, was von den Menschen, mit denen du umgehst?
Was willst du erreichen? Wie wünschst du dir dein Leben? Welche Menschen
und welche Dinge sind dir wichtig? Warum?
Wie ist dein Selbstwertgefühl? Wie nimmst du dich wahr und was halten an-
dere Menschen von dir?
Wie ist deine Gefühlslage und dein Temperament? In welchen Situationen
fühlst du dich wohl? In welchen nicht?
Was ist deine Lieblingstätigkeit?

GEORG BÜCHNER, "WOYZECK" – Textstellen zur EINFÜHLUNG in die Rollen
(Szenenangaben nach der Lese- und Bühnenfassung)

- WOYZECK: 1 (Freies Feld), 2 (Die Stadt), 3 (Buden. Lichter. Volk), 5 (Der Hauptmann. Woyzeck), 8 (Beim Doktor)

- ANDRES: 1 (Freies Feld), 10 (Die Wachtstube), 13 (Nacht), 17 (Kaserne)

- UNTEROFFIZIER: 3 (Buden. Lichter. Volk)

- TAMBOURMAJOR: 2 (Die Stadt), 3 (Buden. Lichter. Volk), 6 (Kammer), 14 (Wirtshaus)

- HAUPTMANN: 5 (Der Hauptmann. Woyzeck), 9 (Straße)

- DOKTOR: 8 (Beim Doktor), 9 (Straße), 18 (Der Hof des Doktors)

- DER JUDE: 15 (Kramladen)

- MARIE: 2 (Die Stadt), 3 (Buden. Lichter. Volk), 4 (Kammer), 16 (Kammer)

- MARGRETH: 2 (Die Stadt)

- GROSSMUTTER: 19 (Marie mit Mädchen vor der Haustür)

- KINDER: 19 (Marie mit Mädchen vor der Haustür)

- KARL, DER NARR: 16 (Kammer), 22 (Das Wirtshaus), 27 (Der Idiot. Das Kind. Woyzeck)

- WIRT: 11 (Wirtshaus), 15 (Wirtshaus)

- KÄTHE: 22 (Das Wirtshaus)

- HANDWERKSBURSCHEN: 11 (Wirtshaus)

- AUSRUFER: [Budenbesitzer]   3 (Buden. Lichter. Volk)

- MARKTSCHREIER: 3 (Buden. Lichter. Volk)

- ALTER MANN: 3 (Buden. Lichter. Volk)

WOYZECK

Du bist Woyzeck, ein Stadtsoldat. Du wohnst in der Kaserne. Es ist üblich, daß sich zwei Soldaten ein Bett teilen müssen, dein Bettnachbar ist Andres. Du bist mit Marie zusammen, die mit eurem Kind im Armenhaus der Stadt lebt. Du gibst ihr etwas Geld zum Leben. Wenn es dir der Hauptmann erlaubt, verdienst du dir etwas zu deinem Sold mit Gelegenheitsarbeiten dazu. Mit Andres gehst du z.B. Stecken schneiden oder du rasierst den Hauptmann. Du stehst als Wehrmann und Füselier auf der untersten Stufe der militärischen Rangordnung.

"Was aber war ein Stadtsoldat? Und wie wurde man Stadtsoldat? Der Stadtsoldat stand in der gesellschaftlichen Anerkennung an unterster Stelle, noch unter dem Tagelöhner. Ein Paria, vergleichbar dem Totengräber, Büttel, Kloakenreiniger usw. Die Stadtsoldaten waren freiwillige, in einem niederen Sold stehende Soldaten, also keine gezogenen oder verpflichteten. Ihre Funktion war am wenigsten eine kriegerische, vielmehr eine einschüchternde. Eine Truppe, die für jede Schmutzarbeit gut war. Sowohl zur Niederschlagung etwaiger Unruhen wie zur Erledigung aller Arbeit, denen sich das ethische Empfinden der sonstigen Stadtbewohner entgegenstellte. Eine Abgestumpftheit und Verrohung des Gefühls, also eine Hemmungslosigkeit bei der Ausübung jeder verlangten Tätigkeit, war das wesentliche Befähigungsmerkmal des Stadtsoldaten. Der überaus niedrige Sold hing zusammen mit dem Charakter der Arbeit. Es war eine reine Gelegenheitsarbeit ohne Kontinuität, bei der man ab und an hart zupacken mußte, bei der man sich aber nicht kaputt machte, also ein idealer Job für diejenigen, die man die Arbeitsscheuen und Drückeberger nannte. Stadtsoldaten wurden diejenigen, die längst aus allen sozial geordneten Schichten ausgestoßen waren, also die große Zahl derer, die zum Strandgut der Gesellschaft gehörten, die sich in den Elendsquartieren der Stadt sammelten und zwischen Alkohol, Verbrechen, Prostitution, Krankheit, Bettelei und Gelegenheitsarbeit zu überleben suchten. Die unmittelbaren Ursachen für das einstmalige Eintauchen in diese Schicht, wie Mißernte und Viehsterben, die das Leben auf bäuerlichem Boden unmöglich machten, Arbeitslosigkeit durch Schließung oder Mechanisierung von Fabriken, die Auswirkungen von Gefängnisstrafen, Invalidität, die erwerbsunfähig macht, Zerstörung der Familie durch Krieg oder andere Unglücksfälle liegen meist weit zurück. Sie sind eine Vergangenheit, die als blasser Schatten hinter dem Bild der neuen Existenzform Alkoholismus, Brutalität, Gleichgültigkeit, Bildungslosigkeit verschwinden." (zitiert nach Langhoff, 1980, S. 42)

"Woyzeck zieht ein Papier hervor. Friedrich Johann Franz Woyzeck, Wehrmann, Füsilier im 2. Regiment, 2. Bataillon, 4. Compagnie, geb. Mariä Verkündigung, ich bin heut alt 30 Jahr, 7 Monat und 12 Tage."
(Woyzeck: Kaserne, 17)

ROLLENTEXT

ANDRES

Du bist Andres, ein Stadtsoldat. Du wohnst in der Kaserne. Es ist üblich, daß sich zwei Soldaten ein Bett teilen müssen, dein Bettnachbar ist Woyzeck. Wenn es dir der Hauptmann erlaubt, verdienst du dir etwas Geld mit Gelegenheitsarbeiten dazu. Mit Woyzeck gehst du z. B. Stecken schneiden zum Körbeflechten. Du stehst als Wehrmann und Füselier auf der untersten Stufe der militärischen Rangordnung.

"Was aber war ein Stadtsoldat? Und wie wurde man Stadtsoldat? Der Stadtsoldat stand in der gesellschaftlichen Anerkennung an unterster Stelle, noch unter dem Tagelöhner. Ein Paria, vergleichbar dem Totengräber, Büttel, Kloakenreiniger usw. Die Stadtsoldaten waren freiwillige, in einem niederen Sold stehende Soldaten, also keine gezogenen oder verpflichteten. Ihre Funktion war am wenigsten eine kriegerische, vielmehr eine einschüchternde. Eine Truppe, die für jede Schmutzarbeit gut war. Sowohl zur Niederschlagung etwaiger Unruhen wie zur Erledigung aller Arbeit, denen sich das ethische Empfinden der sonstigen Stadtbewohner entgegenstellte. Eine Abgestumpftheit und Verrohung des Gefühls, also eine Hemmungslosigkeit bei der Ausübung jeder verlangten Tätigkeit, war das wesentliche Befähigungsmerkmal des Stadtsoldaten. Der überaus niedrige Sold hing zusammen mit dem Charakter der Arbeit. Es war eine reine Gelegenheitsarbeit ohne Kontinuität, bei der man ab und an hart zupacken mußte, bei der man sich aber nicht kaputt machte, also ein idealer Job für diejenigen, die man die Arbeitsscheuen und Drückeberger nannte. Stadtsoldaten wurden diejenigen, die längst aus allen sozial geordneten Schichten ausgestoßen waren, also die große Zahl derer, die zum Strandgut der Gesellschaft gehörten, die sich in den Elendsquartieren der Stadt sammelten und zwischen Alkohol, Verbrechen, Prostitution, Krankheit, Bettelei und Gelegenheitsarbeit zu überleben suchten. Die unmittelbaren Ursachen für das einstmalige Eintauchen in diese Schicht, wie Mißernte und Viehsterben, die das Leben auf bäuerlichem Boden unmöglich machten, Arbeitslosigkeit durch Schließung oder Mechanisierung von Fabriken, die Auswirkungen von Gefängnisstrafen, Invalidität, die erwerbsunfähig macht, Zerstörung der Familie durch Krieg oder andere Unglücksfälle liegen meist weit zurück. Sie sind eine Vergangenheit, die als blasser Schatten hinter dem Bild der neuen Existenzform Alkoholismus, Brutalität, Gleichgültigkeit, Bildungslosigkeit verschwinden." (zitiert nach Langhoff, 1980, S. 42)

Frankfurter Stadtsoldaten, um 1830/40
Abb. aus: Georg Büchner. Leben, Werk, Zeit, S. 68

ROLLENTEXT

UNTEROFFIZIER

Du bist Unteroffizier in der kleinen Garnisonsstadt und hast dich freiwillig zum Militär gemeldet. Vom einfachen Soldaten, der nur zu gehorchen hat, hast du dich in deiner sechsjährigen Dienstzeit zum Unteroffizier hochgearbeitet. Dazu waren Anpassung, eine tadellose Haltung, Pflichteifer und Loyalität zum Großherzog notwendig. Dein Rang ist der höchste, den ein Soldat aus den Unterschichten im hessischen Militär erreichen kann, denn die Offiziers- und Hauptmannsposten teilen die Adeligen unter sich auf. Du bist für die Ausbildung der Rekruten verantwortlich, die in jedem Frühjahr eingezogen werden. Die meisten kommen aus der Unterschicht (die Söhne der Wohlhabenden können sich vom Militärdienst freikaufen), können weder lesen noch schreiben und haben nie etwas von Disziplin, Ordnung und Sauberkeit gehört. Doch du kannst Prügelstrafen verhängen und hast den ungeordneten Haufen nach einer Weile erzogen. Wenn du nicht auf dem Exerzierplatz bist, teilst du die Wach- und Arbeitsdienste ein, beaufsichtigst die Waffen- und Gerätepflege und unterrichtest die Soldaten. Du mußt die Mannschaft ständig kontrollieren: besonders wichtig sind Pünktlichkeit, Ehrerbietung vor den Vorgesetzten und eine ordentliche Uniform. Wenn du die Soldaten beim Glückspiel oder Trinken erwischst, kannst du Arreststrafen verhängen. Obwohl du Unteroffizier bist, ist dein Sold so gering, daß du das geforderte Mindesteinkommen für eine Heiratserlaubnis nicht aufbringen könntest. Wie die einfachen Soldaten wohnst du in der engen, heruntergekommenen Kaserne. Allerdings hast du ein eigenes Bett und mußt dir nicht, wie sie, eine Schlafstelle zu zweit teilen. Der Alltag in der Armee ist monoton, langweilig und schlecht bezahlt.

Großherzoglich Hessen - Darmstädtische Truppen, um 1830
Abb. aus: Georg Büchner. Revolutionär, Dichter, Wissenschaftler, S. 57 *

*Georg Büchner. Revolutionär, Dichter, Wissenschaftler (1813 - 1837). Katalog herausgegeben von der Georg Büchner Gesellschaft (Marburg) Stroemfeld Verlag/Roter Stern, Basel/Frankfurt/M. 1987

ROLLENTEXT

TAMBOURMAJOR

Du bist Tambourmajor des Regiments, das in der kleinen Garnisonsstadt stationiert ist. Du bist kein Offizier und stehst in der militärischen Rangordnung nicht viel höher als Woyzeck, dein Rang ist fast ebenso schäbig wie seiner. Aber du trägst eine prächtige Uniform und siehst den Offizieren zumindest äußerlich ähnlich. Bei den Paraden marschierst du ganz vorn an der Spitze des Regiments und repräsentierst die glanzvolle Seite des Militärs, die die Bevölkerung beeindrucken soll. Deinen Aufstieg verdankst du deinem Körper, denn nach dem Beispiel der "Langen Kerls" der preußischen Armee werden auch hier in Hessen hünenhafte Männer für die Paraden ausgesucht. Du bist stolz auf deine Männlichkeit, deine Kraft und deinen Körper, den du der Armee verkaufst. Du bist ein Hochgekommener und stammst aus der Welt, in der Marie und Woyzeck leben. Ihr Milieu zieht dich immer noch an, dort kennst du dich aus, du sprichst die gleiche Sprache wie die armen Leute. Nur hier findest du Anerkennung und Bewunderung, denn deine glänzende, imposante Uniform wirkt faszinierend gegenüber der Armseligkeit in den Elendquartieren der Stadt.

Dein Körper ist dein Kapital, auf das du stolz bist. Deine Erscheinung fasziniert vor allem die Frauen. Wirst du von Männern in Frage gestellt, etwa außerhalb des Dienstes im Wirtshaus, dann versuchst du dir Anerkennung durch Aggressivität und Gewalttätigkeit zu erzwingen. Auf der Straße und im Wirtshaus kennst du dich aus. Du warst, bevor du dich zum Militär gemeldet hast, selbst lange arbeitslos. Jetzt hast du es, zumindest nach außen hin, geschafft. In der Kaserne mußt du allerdings, wenn du nicht mit dem Musikkorps üben mußt, den gleichen Drill über dich ergehen lassen wie jeder einfache Soldat.

HAUPTMANN

Du bist Hauptmann, adeliger Herkunft, und repräsentierst die Militärgewalt des großherzoglichen Landesherrn in der kleinen hessischen Garnisonsstadt. Seit dem Wiener Kongreß sind die Fürsten in den deutschen Kleinstaaten zu den alten Verhältnissen zurückgekehrt: Regiert wird ohne Volk. Die Funktion des Militärs besteht darin, soziale Aufstände niederzuschlagen und die Privilegien der kleinen Schicht der Begüterten (adelige Großgrundbesitzer, besitzendes Bürgertum, wie Kaufleute, Handelsherrn und Verleger sowie loyale Staatsbeamte) zu sichern. In den letzten Jahren häufen sich Brotkrawalle, Tumulte und aufrührerische Protestversammlungen, bei denen die Fensterscheiben der Reichen zu Bruch gehen. Dann werden die Straßen militärisch gesäubert, denn die drei Stadtgendarmen - höchst unzulänglich mit Säbeln bewaffnet - sind ohnehin mit der Verfolgung der üblichen Delikte der Unterschichten beschäftigt: Bettelei, Diebstahl, Forst- und Jagdfrevel.
In ruhigen Zeiten ist nicht viel zu tun. Du hast die Disziplin der Truppe mit militärischen Übungen aufrechtzuerhalten, Kaserne und Zeughaus - in dem die Waffen lagern - müssen bewacht werden, ab und zu wird eine repräsentative Parade des Regiments vorgeführt. Exerzieren läßt du die Soldaten draußen vor der Stadt, wo der Magistrat nach langem Hin und Her einen großen freien Platz bereitgestellt hat. Obwohl die Garnison ein beachtlicher Wirtschaftsfaktor für die Kleinstadt ist, bekritteln die Bürger den hohen Militäretat und den Lebensstandard der meist adeligen Offiziere, denn die Armee versorgt die überzähligen adeligen Söhne mit standesgemäßen Stellen. Du wohnst nicht in der engen, heruntergekommenen Kaserne, sondern hast dich im besseren Viertel der Stadt bei einer ehrbaren Handwerkerwitwe eingemietet. Die Nähe zur Vorstadt, wo die Unterschichten hausen, wäre dir unangenehm. Das Aussehen, die lumpigen Kleider, die Gebärden, die lärmende Gossensprache und die gewöhnlichen Vergnügungen der armen Leute findest du abstoßend. Das Rohe und Vulgäre hast du aus deinem Leben verbannt. Du zügelst deine Gefühle und übst Selbstkontrolle.

Du bist Woyzecks Vorgesetzter, kannst über ihn verfügen. Gelegentlich erlaubst du ihm, sich durch kleine Dienstleistungen (Rasieren, Stecken schneiden) etwas hinzuzuverdienen.

DOCTOR

Du bist Arzt, Wissenschaftler und Hochschullehrer. Als Experimentalwissenschaftler bist du auf die Ernährungsforschung spezialisiert, die gegenwärtig - schon aus wirtschaftlichen Gründen - hoch im Kurs steht. Du untersuchst die Wirkung einseitiger Ernährung auf den menschlichen Körper und die Psyche, vor allem die Wirkung von Erbsen. Im Hintergrund stehen Überlegungen, die teure Fleischkost in der Armee durch Hülsenfrüchte zu ersetzen. Da auf dem Gebiete der Experimentalwissenschaft in den letzten Jahren große Fortschritte gemacht wurden, stehst du in Konkurrenz zu anderen Wissenschaftlern und mußt dich durch außerordentliche Experimente und Erfolge hervortun, wenn du als Wissenschaftler, aber auch als Hochschullehrer materiell abgesichert sein willst. Da du als Hochschullehrer von den Studenten bezahlt wirst, mußt du dich darüber hinaus bemühen, diese durch anschauliche und attraktive Vorlesungen für dein Fachgebiet zu interessieren. Das alles erfordert von dir Arbeit, Selbstdisziplin, wissenschaftliche Exaktheit und systematisches Denken. Da du das besitzt und im übrigen davon überzeugt bist, daß die Natur (und der Körper) des Menschen durch den Geist und den Willen beherrscht wird, geht es dir in deinen Experimenten darum, diese Theorie zu verifizieren. Zu diesem Zwecke hast du Woyzeck, einen mittellosen Stadtsoldaten, gegen Bezahlung vertraglich verpflichtet, sich über einen längeren Zeitraum ausschließlich mit Erbsen zu ernähren und dir während dieser Zeit als Forschungsobjekt und Datenlieferant zur Vefügung zu stehen. Es empört dich als Wissenschaftler, daß Woyzeck immer wieder vertragsbrüchig wird und z.B. auf die Straße pißt, statt den Urin bei dir abzuliefern (er behauptet ganz "unwissenschaftlich", er könne die Natur nicht beherrschen). Sonst aber macht er als Forschungsprojekt keine Schwierigkeiten: er zeigt die erwarteten Symptome und geht seiner gewohnten Arbeit nach und steht dir hin und wieder als Anschauungsobjekt für deine Vorlesungen zur Verfügung.
Im Gegenteil: da er hin und wieder Anzeichen einer partiellen Geistesverwirrung zeigt, gibt er dir die Möglichkeit, neue Experimente mit ihm zu machen, die deine Reputation vergrößern; entsprechend honorierst du seine "Anfälle" durch eine finanzielle Zulage.

Anatomievorlesung, um 1835
Abb. aus: Georg Büchner. Revolutionär, Dichter, Wissenschaftler, S. 155

"In Vorlesung"
Abb. aus: Georg Büchner. Leben, Werk, Zeit, S. 123

ROLLENTEXT

DER JUDE

ZUR RECHTLICHEN LAGE DER JUDEN IM GROSSHERZOGTUM HESSEN UM 1830

Im Hessischen Landtag wurde seit 1832 ein Gesetz - eingebracht von bürgerlich-liberalen Abgeordneten - zur Erteilung der staatsbürgerlichen Rechte für die hessischen Juden diskutiert. Bisher galten Vorschriften für die Berufsausübung, Ausschluß von Beamten- und Offiziersstellen, Eheverbot zwischen Juden und Christen, Ehebeschränkungen, Mitspracheverbot in den kommunalen Volksvertretungen und der Zwang, "Schutzgelder" für die Aufenthaltsgenehmigung zu zahlen. Hauptzweck des Gesetzes sollte sein, die Juden durch das "erhebende Gefühl der bürgerlichen Gleichheit zu bessern und zu veredeln".

Adelige Standesherren blockierten den Gesetzentwurf, weil sie auf ihrem Privileg, von 'ihren Juden' weiterhin Schutzgelder erheben zu können, bestanden. Zumindest wollten sie Entschädigungen für den Verlust dieser Einnahmequellen. Auch bürgerlichen Abgeordneten war der Gleichstellungsversuch suspekt. Man zeigte sich bereit, "den achtungswürdigen Juden ... gleiche Rechte einzuräumen, nicht jedoch den 'Schacherjuden'", diese müßten erst 'Fortschritte' in der bürgerlichen Erziehung machen, um Staatsbürger werden zu können.

Trotz der Vorbehalte trat das Gesetz 1833 in Kraft - mit einer Ausnahme: die jüdischen Nothändler (Hausierer, Kleinhändler) blieben ausgeschlossen.*

Du betreibst einen Kramladen in der kleinen Garnisonsstadt. Deine Kunden sind die armen Leute, die sich bei dir für ein paar Groschen mit allem versorgen, was über ihre täglichen Lebensbedürfnisse hinausgeht. Sie kaufen bei dir abgelegte alte Kleidung, ihren Hausrat und billigen Tand. Hier in Hessen leben die meisten Juden auf den Dörfern und in den Kleinstädten. Auf dem Land ziehen viele als Hausierer über die Bauerndörfer oder arbeiten als Metzger und Viehhändler, die häufig gleichzeitig als Geldverleiher tätig sind. Sie vergeben kleine Kredite, denn sie gehören zu den wenigen, die Bargeld besitzen: Juden dürfen ihr Geld nicht in Grundbesitz anlegen. Bis vor einigen Jahren mußtet ihr Geld für die Aufenthaltsgenehmigung in Hessen bezahlen. Denn, wenn das "Schutzgeld" an die Stadtkasse bzw. den adligen Grundherrn bezahlt war, hattet ihr das Recht erworben, auf eine bestimmte Zeit in Hessen bleiben zu dürfen. Ihr wurdet dann zu "Schutzjuden".

*Vgl.: Neunhundert Jahre Geschichte der Juden in Hessen. Beiträge zum politischen, wirtschaftlichen und kulturellen Leben. Hrsg. Kommission für die Geschichte der Juden in Hessen, Wiesbaden 1983. darin: Wolf-Arno Kropat: Die Emanzipation der Juden in Kurhessen und in Nassau im 19. Jahrhundert.

ROLLENTEXT

MARIE

Du heißt Marie und bist mit dem Stadtsoldaten Woyzeck zusammen. Du hast ein Kind von ihm. Frauen, die sich mit Soldaten einlassen, bewegen sich - in den Augen der ehrbaren Bürger der Stadt - am Rande der Prostitution. Für sie bist du eine "Soldatenhure". Du lebst im Armenhaus der Stadt in einer kleinen Kammer, deren Mobiliar aus einem Bett mit Strohsack, einer Decke und einer Waschschüssel besteht. Die Kammer teilst du dir mit deinem Sohn. Woyzeck gibt dir etwas Geld zum Leben, das er von seinem niedrigen Sold als Stadtsoldat und Pfenniglöhnen für Gelegenheitsarbeiten (Stecken schneiden, Rasieren des Hauptmanns) abzweigt. Wenn Woyzeck dich verlassen würde, könntest du ihn nicht verklagen, denn die Regierung verbietet ledigen Müttern, auf Eheversprechen oder auf Alimentenzahlungen gegen Soldaten vor Gericht zu ziehen. Heiraten könnt ihr sowieso nicht, denn die Ehegesetze sind drastisch verschärft worden: Woyzeck müßte dem Magistrat der Stadt schriftlich nachweisen, daß er eine Familie ernähren kann - doch dazu reicht sein Sold ohnehin nicht, denn er steht auf der niedrigsten Stufe der militärischen Rangordnung. Auf diese Weise spart die Stadtverwaltung nebenbei auch die Pension, auf die du als Soldatenwitwe Anspruch hättest. Wenn Woyzeck dir kein Geld zustecken würde, könnte dich die Armenhausleitung, die der bürgerliche Stiftungsverein zur Kontrolle der "Arbeitsscheuen und Drückeberger" eingesetzt hat, zur Arbeit im benachbarten Arbeitshaus zwingen: Spinnen, Nähen, Flicken oder Hilfsarbeiten im Auftrag größerer Betriebe für einen Hungerlohn, dessen größter Teil an die Stadtarmenkasse abgeführt werden muß. Die meisten Insassen des Armenhauses sind Frauen, nur ein paar Männer leben hier: durch Mißernten oder Viehsterben verschuldete Bauern, heruntergekommene Handwerksburschen, alte Landstreicher oder Invalide. Hauptsächlich landen Frauen im Armenhaus - der Großteil ist zwischen 15 und 30 Jahren alt: arme Schwangere, die keinen Ort haben, um ihr Kind zur Welt zu bringen, Witwen verarmter Kleinhandwerker, sitzengelassene verheiratete Frauen, arbeitslose Heimarbeiterinnen, Waisenmädchen und Frauen mit unehelichen Kindern. Dazu kommen noch aufgegriffene Bettlerinnen, alte Prostituierte, Landstreicherinnen und alte Weiber, die zu alt und krank sind, um auf den (verbotenen) Bettel auf die Straße zu gehen. Das Armenhaus ist überfüllt, es ist sehr eng und so findet das Leben auf der Straße statt.

ROLLENTEXT

MARGRETH

Du bist Margreth und wohnst gleich neben Marie im Armenhaus der Stadt in einer kleinen Kammer, deren Mobiliar aus einem Bett mit Strohsack, einer Decke und einer Waschschüssel besteht. Du warst verheiratet, dein Mann - ein Schneider - hat dich verlassen, als er keine Anstellung mehr gefunden hat. Du hast deinem Mann den Haushalt geführt. Jetzt hilfst du beim Doktor aus: du reinigst seine Wohnung. Wenn du diese Arbeit nicht hättest, könnte dich die Armenhausleitung, die der bürgerliche Stiftungsverein zur Kontrolle der "Arbeitsscheuen und Drückeberger" eingesetzt hat, zur Arbeit im benachbarten Armenhaus zwingen: Spinnen, Nähen, Flicken oder Hilfsarbeiten im Auftrag größerer Betriebe für einen Hungerlohn, dessen größter Teil an die Stadtarmenkasse abgeführt werden muß. Die meisten Insassen des Armenhauses sind Frauen, nur ein paar Männer leben hier: durch Mißernten oder Viehsterben verschuldete Bauern, heruntergekommene Handwerksburschen, alte Landstreicher oder Invaliden. Hauptsächlich landen Frauen im Armenhaus - der Großteil ist zwischen 15 und 30 Jahren alt: arme Schwangere, die keinen Ort haben, um ihr Kind zur Welt zu bringen, Witwen verarmter Kleinhandwerker, sitzengelassene verheiratete Frauen, arbeitslose Heimarbeiterinnen, Waisenmädchen und Frauen mit unehelichen Kindern. Dazu kommen noch aufgegriffene Bettlerinnen, alte Prostituierte, Landstreicherinnen und alte Weiber, die zu alt und krank sind, um auf den (verbotenen) Bettel auf die Straße zu gehen.
Das Armenhaus ist überfüllt, es ist sehr eng und so findet das Leben auf der Straße statt.

ROLLENTEXT

KINDER

Du wohnst und lebst im Armenhaus mit vielen anderen Kindern und Erwachsenen, meist Frauen, zusammen. Deine Mutter lebt auch da, deinen Vater kennst du nicht bzw. du siehst ihn nur manchmal, wenn er mal vorbeikommt. Da du mit vielen Menschen in den engen Räumen zusammensein oder besser zusammenschlafen mußt, hörst und siehst du alles, was diese reden und tun.
Du bist noch nicht alt genug, um größere Arbeiten zu übernehmen, deshalb wirst du von den Erwachsenen kaum beachtet. So treibst du dich mit den anderen Kindern auf der Straße herum, spielst dort, erbettelst dir hier und dort etwas zu essen, übernimmst auch schon mal Handlangerdienste. Da ihr kein Geld habt, um Kleider und Schuhe zu kaufen, läufst du mit abgerissenen, zusammengeflickten Kleidern und barfuß herum.

KARL, DER NARR

* "Le factotum ... un peut idiot ... Unser Karll", um 1830
  "'Karll' darf als ein Vorbild für die Figur des gleichnamigen Narren im 'Woyzeck' gelten; Büchner kannte ihn als Hausdiener des Straßburger Studienstifts (...)."
  Abb. und Text aus: Georg Büchner. Leben, Werk, Zeit, S. 244

HANDWERKSBURSCHEN

Du bist Handwerkergeselle und wohnst im Wirtshaus, wo du billige Unterkunft erhältst. Nachts werden Tische und Stühle beiseite geräumt und Stroh auf dem Boden aufgeschüttet, das oft von Ungeziefer wimmelt. Deinen Besitz trägst du eingenäht in deiner Wanderjacke, denn im Wirtshaus wird häufig gestohlen. Früher wanderten die Handwerkergesellen, um bei möglichst vielen Meistern weiterzulernen, bevor sie selbst Meister werden konnten. Heute ist das Wandern kein Durchgangsstadium mehr: du bist auf der Straße, weil du arbeitslos bist und hoffst, wenigstens für eine kurze Zeit eingestellt zu werden. Oft dauert es Wochen, bis du Arbeit findest. In der Zwischenzeit mußt du um Schlafgeld und Brot betteln. Manche haben sich inzwischen allein aufs Betteln verlegt, auch wenn sie es noch als alten Handwerksburschenbrauch - das "Fechten" - bezeichnen. Sparen und Vorsorgen für die Zukunft lohnen sich nicht mehr. Wenn du etwas verdient hast, setzt du dein Geld sofort um - meist im Wirtshaus für Branntwein. Die Meister bezahlen heute nicht mehr nach festen Zeitlöhnen, sondern lassen dich im Stücklohn arbeiten, der nach Sommer- und Winterlohn und leichter und harter Arbeit berechnet wird. Die Handwerkerlöhne sinken seit Jahren. Dein Geld reicht gerade, um dich allein durchzubringen. Heiraten oder eine eigene Werkstatt aufzumachen kannst du dir nicht leisten, außerdem ist vor kurzer Zeit eine Meistersperre für die Massengewerke (Schuster, Schneider, Zimmermann, Tischler u.a.) erlassen worden. Im Wirtshaus werden Erfahrungen unter den Handwerkern ausgetauscht, manchmal hört man, in welcher Stadt Arbeit zu finden ist, aber auch andere Neuigkeiten werden hier verbreitet: von Handwerkern, die gerade aus der Schweiz zurückgekehrt sind, hast du von den neuen Handwerkervereinen gehört, die als Geheimorganisationen gegründet worden sind. Sie haben zwar nur wenig Mitglieder, die revolutionäre Schriften aus Frankreich lesen und aufrührerische Lieder und Reden kennen, werden aber von der Obrigkeit streng verfolgt. Trotzdem werden Flugblätter über die Grenze geschmuggelt und Lieder auswendig gelernt, die überall verbreitet werden, denn die Handwerker kommen viel herum. Sie gelten als Agitatoren und Unruhestifter, weil sie von Ort zu Ort ziehen, in den Wirtshäusern herumlungern, manchmal randalieren, wenn sie betrunken sind oder große Reden führen und Freiheitslieder singen, die sie auf der Wanderschaft aufgeschnappt haben.

Ländliche Wirtshausszene, 1835
Abb. aus: Georg Büchner. Leben, Werk, Zeit, S. 65

ROLLENTEXT

AUSRUFER / MARKTSCHREIER

Als Ausrufer und Marktschreier gehörst du zu den Schaustellern, die zu Beginn des 19. Jahrhunderts Teil der großen Masse der Arbeitslosen sind, die sich auf der Straße ihr Geld verdienen mußten. Dabei stehst du als Nichtseßhafter immer in der Gefahr, von der Straße weggefangen zu werden und ins Arbeitshaus gesteckt zu werden. Dein Publikum besteht aus den Ärmsten der Armen, denen du ein paar Pfennige abluchsen mußt. Dafür mußt du ihnen etwas bieten: Tricks, Flitter, Sensationen, die du häufig mit Nachrichten und kritischen Stellungnahmen zu Zeiterscheinungen anreicherst. Die Schausteller gelten z. T. als lebendige Zeitungen, denn sie kommen viel im Land herum. Dabei mußt du, um nicht angreifbar und wegen revolutionärer Umtriebe verhaftet zu werden, Darstellungsweisen wählen, die mehrdeutig sind. Die Schausteller müssen ihr Publikum informieren, faszinieren und zum Lachen bringen.

Marktschreier, um 1831/32
Abb. aus: Georg Büchner. Leben, Werk, Zeit, S. 244

ROLLENTEXT

DER ALTE MANN

Du stammst aus der Gegend westlich von Butzbach. Hier in Oberhessen ist die Armut so groß, daß ganze Dorfgemeinden nach Amerika ausgewandert sind. Der Boden ist steinig und unfruchtbar, Arbeit gibt es nur im Weinbau oder bei den Mineralwasserquellen. Die Handwerksmeister haben wenig Gesellen, meist werkeln sie allein vor sich hin und können kaum ihre Familie ernähren. Früher haben viele in Heimarbeit grobe Tücher, Teppiche und Wollwaren hergestellt - doch seit dem Aufkommen einzelner Fabriken in Deutschland und der Konkurrenz durch billige englische Massenware sinken die Löhne unter das Existenzminimum. Viele arme Leute, die ihr Stückchen Land behalten haben, führen ein Vagabundenleben: sie schlagen sich als Straßenkehrer in Paris, Fliegenwedelverkäufer, Sänger, Drehorgel- und Harmonikaspieler, Gaukler und Tänzer durch und überwintern zuhause, wenn die Jahrmarktsaison vorbei ist. Junge Mädchen aus den Dörfern bei Butzbach werden an englische und amerikanische Bordelle "vermietet" oder gehen als Tanzmädchen mit den Musikanten. Du bist in die Fremde nach Amerika gegangen, um mit der Musik, nach der das Mädchen in den Wirtshäusern und Tanzlokalen nach der Musik oder mit den Gästen tanzen mußte, dein Geld zu verdienen. Das Tanzmädchen, mit dem du in Amerika gute Geschäfte gemacht hast, mußte über die schlechte Musik hinwegtäuschen. Du bist aus Amerika zurückgekehrt und versuchst nun auf deutschen Jahrmärkten dein Glück.

ROLLENTEXT

WIRT

Du betreibst eine Fußherberge, in der nur Reisende absteigen, die nicht Pferd und Wagen haben. Diese Wirtshäuser dürfen keine Speisen verabreichen. Hier fließt reichlich Bier und Branntwein und hier wird am Sonntag getanzt. Im Wirtshaus treffen sich die Armen des Städtchens und die Wandergesellen.*

* Abb. S. 7o

BILDER UND TEXTE ZUM SOZIAL-HISTORISCHEN KONTEXT*

*Informationen zum (möglichen) historischen Lebenszusammenhang der Dramenfiguren sind der hier angegebenen Literatur entnommen.

ABEL, W. (Hrsg.): Handwerksgeschichte in neuer Sicht. Göttinger Beiträge zur Wirtschafts- und Sozialgeschichte, Band I, Göttingen 1978;
darin: Handwerkereinkommen in Deutschland vom ausgehenden 18. bis zur Mitte des 19. Jahrhunderts.
Und: Die Einführung der Gewerbefreiheit und ihre Auswirkungen auf das Handwerk in Deutschland.

AUBIN, H./ZORN, W.: Handbuch der deutschen Wirtschafts- und Sozialgeschichte, Band 2, Stuttgart: Klett, 1976;
darin: Sozialgeschichte 1800-1850 (a) Nationales System, Judenemanzipation; (b) Arbeits- und Berufssystem).

BERGMANN, K. (Hrsg.): Schwarze Reportagen. Aus dem Leben der untersten Schichten vor 1914: Huren, Vagabunden, Lumpen. Reinbek: Rowohlt, 1984;
darin: Die Lage der Wandergesellen, Perthes, C. Th./ Das gewöhnliche Treiben reisender Handwerksgesellen, Vocke, C./Die Hurdy-Gurdy-Girls, Kayser, W.

BOSE, G./BRINKMANN, E.: Circus. Geschichte und Ästhetik einer niederen Kunst. Berlin: Wagenbach, 1978;
darin: Komödianten/Schausteller/Künstler/Fahrende.

BÜCHNER, G./WEIDIG, L.: Der Hessische Landbote. Texte, Briefe, Prozeßakten. Kommentiert von Hans Magnus ENZENSBERGER. Frankfurt/Main: Insel, 1974;
darin: Der Hessische Landbote (1. und 2. Ausgabe) und: Politischer Kontext 1834.

DEMANDT, K.: Geschichte des Landes Hessen. Kassel: Bärenreiter, 1972;
darin: Kap. XI. Die Umgestaltung und der Neubau Hessens.

ELIAS, N.: Über den Prozeß der Zivilisation. Band. 2, Frankfurt/Main: Suhrkamp, 8. Aufl. 1982;
darin: Entwurf zu einer Theorie der Zivilisation: IV. Die Verhöflichung der Krieger.

ENGELHARDT, U. (Hrsg.): Handwerker in der Industrialisierung. Lage, Kultur und Politik vom späten 18. bis ins frühe 20. Jahrhundert. Stuttgart: Klett-Cotta, 1984;
darin: Vom Gesellenkampf zum sozialen Protest und: Quantitative und qualitative Aspekte von Handwerkereinkommen in nordwestdeutschen Städten von der Mitte des 18. Jh. bis zur Mitte des 19. Jh.

ERSCH-GRUBER: Allgemeine Enzyklopädie der Wissenschaften und der Künste. Leipzig 1820;
darin: Artikel "Arme"

FISCHER, W.: Armut in der Geschichte. Göttingen: Vandenhoeck, 1982.

HAASIS, H.-G.: Spuren der Besiegten (2). Von den Erhebungen gegen den Absolutismus bis zu den republikanischen Freischärlern 1848/49. Reinbek: Rowohlt, 1984;
darin: 100. Der deutsche Arbeiterverein "Löwenfels" in Mühlhausen/Elsaß (1835/36).

KOPEČNY, A.: Fahrende und Vagabunden. Ihre Geschichte, Überlebenskünste, Zeichen und Straßen. Berlin: Wagenbach, 1980.

LANGHOFF, M.: Zu Büchners "Woyzeck" - Sehnsucht nach einem Theater des Asozialen. In: Schauspielhaus Bochum (Hrsg.): Marie - Woyzeck. Szenen von Büchner (Programmheft) Bochum: 1980.

MAYER, H.: Georg Büchner und seine Zeit. Frankfurt/Main: Suhrkamp, 1972
   darin: Hessische Zustände.

MEIER, A.: Georg Büchner: "Woyzeck". München: UTB, 1980;
   darin: Woyzeck und Doctor (S. 47ff.), Hauptmann und Doctor, Woyzeck
   (S. 51ff.) und: Vorwort zum 2. Gutachten des Hofrats Dr. Clarus.

BORNSCHEUER, L. (Hrsg.): Georg Büchner, Woyzeck. Erläuterungen und Dokumente. Stuttgart: Reclam (8117), 1972.

BÜCHNER, G.: Werke und Briefe. (dtv-Ausgabe), nach der historisch-kritischen Ausgabe von Werner R. LEHMANN. München: dtv, 3. Aufl. 1981;
   darin: Einleitung zum 2. Gutachten des Hofrats Dr. Clarus und:
   1. Gutachten des Hofrats Dr. Clarus.

MÜLLER, R.-A. (Hrsg.): Aufbruch ins Industriezeitalter. Aufsätze zur Wirtschafts- und Sozialgeschichte Bayerns von 1750 bis 1850. München: Oldenbourg, 1985.
   darin: Augsburg als Garnison und Festung in der 1. Hälfte des 19. Jahrhunderts.

SACHSSE, C./TENNSTEDT, F. (Hrsg.): Bettler, Gauner und Proleten. Armut und Armenfürsorge in der deutschen Geschichte. Ein Bild-Lesebuch. Reinbek: Rowohlt, 1983.

SCHAUBÜHNE am Halleschen Ufer (jetzt: Lehniner Platz) (Hrsg.): Georg Büchner "Woyzeck". (Programmheft) Berlin: 1981;
   darin: Regimentstambour (Abb. aus: Großherzoglich Hessisches Militär.
   herausgegeben von Johann Velten, Karlsruhe um 1830).

SAAL, C. Th. B.: Wanderbuch für junge Handwerker oder populäre Belehrungen.
   Reprint der Originalausgabe 1842 nach dem Exemplar der Zentralbibliothek der deutschen Klassik, Weimar. Leipzig: 1982. Ausgabe für den Prisma Verlag, Gütersloh.

SCHUBERT, E.: Arme Leute, Bettler und Gauner im Franken des 18. Jahrhunderts. Neustadt a.d. Aisch: Kommisionsverlag Degener u. Co., 1983.

WALTE, W.A.: Dieser Stat Armenhaus zum Behten und Arbeyten. Geschichte des Armenhauses zu Bremen 1698-1866. herausgegeben von Peter GALPERIN, Frankfurt/Main: Umwelt und Medizin, 1979.

AUSSTELLUNGSKATALOGE:

GEORG BÜCHNER. Leben, Werk, Zeit. Ausstellung zum 150. Jahrestag des "Hessischen Landboten".
Katalog bearbeitet von Thomas Michael Mayer. Marburg: Jonas Verlag, 1985.

GEORG BÜCHNER. Revolutionär, Dichter, Wissenschaftler. 1813 - 1837.
Hrsg.: Georg Büchner Gesellschaft (Marburg). Basel/Frankfurt/M.: Stroemfeld/ Roter Stern, 1987.

SELBSTDARSTELLUNGEN

Marie

Ich heiße Marie und bin 19 Jahre alt. Ich habe fünf Schwestern, die sind alle jünger als ich. Der Vater lebt nicht mehr, drei Brüder sind fortgegangen, die Mutter lebt in der Stadt ganz in der Nähe (Armenspital), der Großvater auch. Zwei Schwestern arbeiten als Mägde, eine ist verheiratet mit einem Kesselflicker. Ich wasche für die Leute, da bekomme ich zuweilen etwas zu essen und etwas Geld, auch mal was geschenkt, sonst gibt mir der Woyzeck oder auch mal die Schwestern was, wenn sie es haben, meistens einmal ein Tuch oder Zeug für das Kind. Es geht schon irgendwie; mal gibt es auch ein gutes Essen mit 'ner Wurst, oder sogar ein paar!
Und wenn es etwas zu sehen gibt, in der Stadt, wenn die Schauspieler kommen und Buden da sind, dann kauft der Woyzeck auch schon mal einen Leckerbissen oder etwas Buntes für das Kind. Naja, es kommt halt, wie es kommt - was wir so brauchen ist schon da. Wir sind halt arme Leut'.
Meine Mutter kommt aus dem Dorf. Sie war dort Magd beim Bauern. Manchmal erzählt sie noch von dem guten Essen dort.
Der Vater, ja, der ist schon lange tot, er hustete viel. Als er noch in der Grube arbeitete, kam er oft nicht nach Hause oder auch oft betrunken, dann schlug er die Mutter und schalt sie eine Schlampe, wenn sie die Küche nicht sauber hielt von Unrat. Die Kleinen waren halt alle in der Küche, denn in der Kammer war halt nur Platz für die Lager. Dann lag er lange in der Kammer und die Mutter weinte oft und sie ging auch zu den Leuten, sie wusch dort und brachte uns das Essen mit.
Wie ich halt aussehe ... bin halt ein Weibsbild. Schlechter als die feine Leut' ihre Töchter sicher nicht, auch wenn ich kein Geschmeide trag.
Ich gehe, wie die Leut hier halt so geh'n, wie die Weibsbilder halt, hab' einen Rock aus einem großen Tuch, eine Bluse, ein Tuch für den Weg in die Stadt und ein Paar Schuh' für den Kirchgang und das Tanzfest. Ja, und die Schürzen für die Arbeit. Ich flecht' mein Haar, so stört's nicht bei der Arbeit. Ich würd's schon gern frisieren, so wie die vornehmen Damen es jetzt tragen, aber das geht halt nicht, da ist ja das Kind und die Arbeit, und der Woyzeck sieht das nicht gern' wegen der Leut'. Ich bin halt ein Weibsbild, üppig, sehr sinnlich, etwas grob, etwas frivol, lieb und auch stolz, manchmal naiv und unsicher. Ich halt' mich aufrecht, so sagte die Mutter immer: Ein Mädel muß aufrecht gehen, darf aber nicht zu stolz sein, denn das sehen die Leut' nicht gern, da kommt ihnen der Neid, wenn sie nicht mehr so viel Kraft haben wie ein junges Ding! Ich bin halt so, ein Weibsbild, das arbeiten tut und dann ist da halt noch das Kind, das will auch mal ein wenig in den Arm genommen werden. Ich bin spontan, sinnlich, ohne jedes Wissen über mein Tun. Ich sag' dann was, wenn es Not tut, daß ich was sage, wenn einer was zu mir sagt. Wir reden nicht viel; wohl mit dem Kind, aber ich sing' ihm lieber was vor. Laut oder ganz leis', je nachdem! Aber ohne "Zwischentöne".

Ich arbeite viel bei den Leuten, muß das Kind versorgen und für Woyzeck kochen. Ich arbeite halt und denke nicht darüber nach, denke mir dabei 'was Schönes aus: Tanzen gehen, einmal reich sein, schöne Kleider tragen, in der Kutsche spazierenfahren. Freizeit - naja, da ist halt der Abend, wenn der Woyzeck kommt. Dann ißt er und nimmt mich in die Arme und dann kommt er schon über uns, der Schlaf. Woyzeck ist halt oft müd'. Sonntags bummeln wir in der Stadt, manchmal gehen wir auch in den Wald oder an den See oder wir sitzen in der Sonne vor dem Haus mit dem Kind.
Ich wünsch' mir, daß die Menschen lieb sind und nicht so grob. Daß sie unsereins in Ruhe lassen und daß man sich verlassen kann auf sie.
Ich wünsch' mir eine Wohnung mit einer Stube mit einem Kanapee und einer Uhr, die die Stunden schlägt und ein Bett für das Kind, damit es später auf dem Stroh nicht mehr frieren muß. Und dann wünsch' ich mir Schuhe für das Kind und einen richtigen Kaffeetopf, so einen wie die gnädige Familie hat. Ich wünsch' mir auch, nicht mehr waschen zu müssen für die Leut', schöne Kleider für das Tanzfest - und halt, daß der Woyzeck nicht immer so müde heimkommt, daß er mal lacht und fröhlich mit dem Kind ist und eine richtige Hochzeit.

Margreth

Ich bin 29 Jahre alt, habe keine Familie, bin alleinstehend, arbeite als Putzfrau u.a. beim Doktor und habe keinen Beruf. Ich habe wenig Geld, aber zum nötigsten reicht's, da ich sonst niemanden versorgen muß. Mein Mann hat mich verlassen, ohne mir irgendeinen Rückhalt zu hinterlassen. Als alleinstehende Frau konnte ich meinen kleinbürgerlichen Haushalt nicht halten und bin in ein Armenhaus gezogen. Ich gehöre nun zwar zur unteren gesellschaftlichen Schicht, jedoch verstößt mein Lebenswandel nicht gegen die sittlichen Normen. Ich bin eine honette Person.

Ich sehe den Umständen entsprechend aus, trage einfache Kleidung, einen langen, grauen Rock, eine Bluse, ein Schultertuch. Ich versuche die Kleidung ordentlich zu halten, jedoch sieht man ihr an, daß sie verschlissen ist. Meine Haare habe ich zu einem Knoten zusammengebunden. Meine Körperhaltung ist schlaff, nachlässig. Ich putze ja beim Doktor. Der ist pingelig. Das ganze Gerät, was da rumliegt, will er geputzt haben. Ich mach's. Ich habe noch andere Stellen. Ich arbeite, um leben zu können. Für mich alleine reicht das Geld für Lebensmittel, für Miete im Armenhaus. Viel mehr kann ich mir nicht leisten. Ich will meine Arbeit ordentlich machen.
Ich erwarte, daß man mir abnimmt, daß ich nicht durch eigenes Verschulden im Armenviertel gelandet bin.
Manchmal wünschte ich mir, ein Mann würde sich wieder für mich interessieren. Ich halte mich für besser als z.B. die Marie, die ein uneheliches Kind hat.
Nachdem mein Mann mich verlassen hat, habe ich keinen Kontakt mehr zu anderen Männern gehabt. Ich werde nicht geliebt von den anderen im Viertel. Ich fühle mich wohl, wenn ich aus dem Fenster gucken und im Wohnviertel des Doktors spazieren gehe.

Tambourmajor

Ich heiße Robert und bin 25 Jahre alt. Ich bin ledig. Mein Vater ist im Krieg gegen die Franzosen unter Napoleon gefallen, meine Mutter lebt in einem kleinen Dorf auf dem Land. Ich bin Tambourmajor im ersten Garderegiment des Prinzen von Hessen. Mein Wehrsold ist zwar nicht sehr groß, aber durch den Umgang mit den höheren Offizieren und Bekanntschaften zu einigen vornehmen Damen steh' ich mich ganz gut. Die Kleidung stellt mir die Regimentskasse, einen guten Schluck im Wirtshaus kann ich mir allemal leisten oder ich werde dort von meinem Hauptmann eingeladen. Am Sonntag bekomme ich zur Uniform noch den großen Federbusch und die weißen Handschuh', dann fehlt mir zu meinem Glück gar nichts mehr.
Mein Vater war Bauer, bevor er unter Napoleon in den Krieg mußte. Bis ich selber Soldat wurde, hab' ich auf dem Feld arbeiten müssen, um die Schulden zu bezahlen, die mein Vater bei seinem Herrn hatte.
Ich habe eine besondere Uniform an mit langen schwarzen Lederstiefeln, weißer Hose, einen blauen Rock mit weißen Aufschlägen, goldenen Schulterschnüren und einem Säbel. Am Sonntag bekomme ich zu meinem Dreispitz noch Federbusch und weiße Handschuhe.
Ich bin groß, kräftig, gerade wie ein Baum, habe pechschwarzes Haar und einen Bart wie unser König. Der ... sagt mir: "Mensch, das ist ein Kerl." Wenn wir aus dem Städtchen ins Feld marschieren, salutier' ich immer zu den Bürgertöchtern hinauf und streiche mir den Bart.
Ich red' wie mei Mutter mir's beigebracht hat, halt ein derben Spaß tu ich schon und beim Raufen mit den gemeinen Kerls geht's schon mal mit mir durch.
Mein Dienst ist hart - von morgens 6 bis spät um 5. Dann noch das Herrichten der Uniform und das Putzen von Lederzeug, der Säbel muß poliert werden. Abends gehe ich gerne zum Wirtshaus oder mache ein Spiel mit den höheren Offizieren. Am Sonntag gehe ich gerne zum Markt und abends zum Tanz.
Die Weiber mögen mich leiden und haben Respekt vor mir. Manch einer ist auch neidisch auf mich deshalb.
Die höheren Offiziere erkennen mich allerdings nicht sehr an, wie ich's möcht' und betrügen beim Spiel mit höherem Umsatz als ich zahlen kann. Ich möchte später zum Unteroffizier oder gar Hauptmann avancieren. Einen richtigen Krieg möchte ich noch erleben. Später möcht' ich mal eine Frau wie die Marie heiraten, nur aus einer besseren Familie sollte sie sein und einen Besitz und Kinder möchte ich mir anschaffen.
Am wichtigsten ist mir das Militär, meine Uniform und unser hochwohlgeborener Prinz, für den ich selbst sterben wollte.

Ich bin stolz auf meinen Habitus, auf mein Regiment und meine Uniform und den Kerl, der es mit mir aufnimmt, möchte ich sehen.
Die Frauen sind mir auch teufelsgut und gesund bin ich und Branntwein ist mein Leben, denn Branntwein gibt Courage.

Andres

Ich bin 40 Jahre alt, unverheiratet - ledig, ohne Anhang. Ich bin Stadtsoldat - Füsilier.
Lage: So lala, paar Mark Sold, besser als nichts, langt gerade für's Bier, ist zu wenig.
Lebensstandard: Ich hab' ein Bett über dem Kopf - Kaserne ist meine Heimat. Es reicht für einen Menschen. Wenn nicht, dann singe ich. Meine Uniform ist neben der Pfeife und dem Eßgeschirr mein ganzer Besitz. Geerbt habe ich nichts. Meine Eltern kenne ich nicht.
Schicht: Eigentlich bin ich Zimmermannsgeselle, hatte dann aber einen Arbeitsunfall (Beinbruch) und wurde dann arbeitslos.
Geschichte: Seitdem bin ich Füsilier. Man sagt nichts Gutes über uns, aber Bettler sind wir nicht. Von Soldatenehre möchte ich aber auch nicht sprechen, daß ich die habe, war meine letzte Chance. An meine Eltern kann ich mich nicht erinnern, ich war im Findelhaus, dann bei einem Meister durch Vermittlung des Pastors.
Aussehen: 1,80 m groß, humpele wegen schlecht verheiltem Beinbruch, gucke ein bißchen leidend - hab's an der Leber, bin etwas mager.
Kleidung: Uniform, etwas geflickt; Frisur: versuche Haare zurückzukämmen, soweit das geht; Haltung: leicht gebückt; Bewegung/Gesten: fahrig, müde, abgespannt; Sprache: locker, Mundart, Redewendungen, Liedtexte; Alltag: hab' mich eingefunden, mal dies - mal das, besser so als betteln; Freizeit: nach Zapfenstreich, Kneipe, wollte Instrument lernen, ging aber nicht; Arbeit: da muß man öfters ran, Laufereien, Festnahmen und so, ich muß durchhalten, sonst werd' ich arbeitslos; Wünsche: wenn ich alt werde, möchte ich 'ne Schlafstelle für alte Tage finden - vielleicht beim Wirt; will besser essen und trinken können; Selbstwert: Ich bin o.k.; Andere: sind nicht gut zu mir - nur ein paar Kameraden; Gefühlslage/Temperament: ausgeglichen, humorvoll; Wohlfühlen: nur nach Feierabend, nicht im Dienst; Lieblingstätigkeit: Trinken, ab und zu mal Singen.

Woyzeck

Ich bin 30 Jahre alt, nicht verheiratet, habe aber ein Kind, einen Jungen, mit der Marie. Als Stadtsoldat verdiene ich wenig, manchmal kann ich mir was dazuverdienen beim Hauptmann oder beim Doktor. Meinen Vater habe ich nie gekannt. Meine Mutter hatte 9 Kinder, sie war froh, als ich wegging und mich mit allen möglichen Arbeiten durchschlug. Seit ich die Marie hab', bin ich jetzt hier in dieser Stadt. Die Leute halten nicht viel von mir, die vornehmen sowieso nicht. Dabei habe ich manchmal wirklich tolle Ideen. Die Marie möchte ich ja wohl heiraten, daß sie ganz zu Hause bleiben kann und für den Jungen und noch ein paar Kinder sorgen kann.

Eigentlich sehe ich ganz stattlich aus. Ich bin mittelgroß, gerade gewachsen und würde als Unteroffizier eine gute Figur machen. Meine schäbige Stadtsoldatenuniform beeindruckt die Leute nicht gerade. Wenn ich dagegen den Tambourmajor sehe!
Der Doktor redet oft sehr gelehrte Sachen, die ich nicht richtig verstehe. Dabei mache ich mir auch so meine Gedanken über die Natur, das, was in der Erde ist, ja, ich meine manchmal, ich sehe Dinge, die die gescheiten Leute gar nicht sehen. Aber wenn ich etwas erklären will, dann weiß ich nicht recht, was ich sagen soll, und dann lachen die Leute auch doch nur und hören mir gar nicht zu.
Aber wenn die Leute mich wenigstens in Ruhe ließen, mich und meine Marie. Mehr will ich ja gar nicht, als meinen Frieden haben und ab und zu mal in der Stadt sein können, um mal einen Schoppen Wein zu trinken.

Unteroffizier

Mitte zwanzig, keine Familie, Berufssoldat, Sold mager, aber hab' mein Auskommen, wenn auch nicht großartig.
Meine Uhr ist mein Prunkstück, wohlfeil gekauft. Mit jungen Jahren in die Armee, nicht ganz ohne Bildung. Zähle zum unteren Bürgertum, bin groß, habe langes Haar (Perücke), sehe verschlagen aus, bin schlank, habe aber Ansatz zur Molligkeit. Meine Gesten sind zackig, aber auch etwas großtuerisch -

überlegen, spreche leichten Dialekt. Frauen bewundere ich, zeige Höhergestellten Aufmerksamkeit, ahme Bürgertum nach - will höher gestellt sein und bin dienstbeflissen.

Doktor

Ich bin Arzt, vor allem der Universitätslehrer. Ich bin 38 Jahre alt, bin nicht verheiratet. Ich bin Mitglied der oberen Schicht, ja, stehe unter den Honorativen ganz an der Spitze. Ich habe meinen Beruf gewählt, weil ich gerne Wissenschaftler werden wollte. Wissenschaftler zu sein, das heißt für mich unter Ausschaltung von subjektiven Gefühlsregungen vor allem empirisch zu forschen. Ich meine, wir stehen erst am Anfang einer ungeheuren Entwicklung. Mein Fachgebiet, die Medizin, ist doch jahrhundertelang beeinflußt und gestaltet von unwissenschaftlichen und gefühlsmäßig orientierten Leuten. Ich denke hier an die vielen Kräuterweiber oder die Zahnklempner. Wir stehen am Anfang einer ungeheuren Entwicklung, allerdings muß man als Wissenschaftler auch bescheiden sein, man muß klein anfangen, sich bekleiden mit den notwendigsten Grundlagen. Schon als Kind liebte ich es, Frösche, Mäuse und Vögel zu sezieren, die Reaktionen zu testen, wie solche Lebewesen reagieren, wenn ihr Nervensystem beeinflußt wird, wenn Gliedmaßen amputiert werden. Ich habe als Kind dabei schon schöne Erfolge erzeugen können. Z.Z. überprüfe ich die endohyperphysischen Auswirkungen von gelben Erbsen auf den Kreislauf. Ich habe da einen Soldaten, an dem ich die Auswirkungen überprüfe. Meinen Studenten konnte ich schon sehr deutliche Erfolge vorführen. Wenn nur diese Menschen aus anderen Schichten mehr Disziplin hätten; dieser Woyzeck, so heißt er, hat mir durch sein unkontrolliertes Verhalten schon manches gewonnene Ergebnis verunsichert.

Meine Arbeit ist wichtig. Ich bin auf dem richtigen Weg. Meine Lieblingstätigkeit ist die Forschung. Darin gehe ich auf!
Ich bin, wie gesagt, 38 Jahre alt, seit 10 Jahren Universitätsprofessor. Ich bin groß, zäh, ausdauernd und habe kurze Haare (oder heißt das Arme?). Ich bin es gewohnt, aufrecht und zielstrebig zu sein, das ist mir auch anzusehen. Dabei bin ich durchaus auch in der Lage, humorvoll zu sein.
Manchmal ist allerdings der Umgang mit den einfachen Menschen nur zu leisten, wenn man eine gewisse Portion Humor mitgebracht hat. Ich bin es gewohnt, logisch - zusammenhängend zu artikulieren. Auch schwierigste erkenntnistheoretische Probleme vermag ich meinen Studenten zu verdeutlichen. Ich kann aber auch mit einfachen Menschen umgehen, übe dem Volk aufs Maul zu schauen???

Jude

Ich bin ungefähr 65 Jahre alt und habe keine Familie. Ich habe einen kleinen Laden, betreibe Handel und leihe den Leuten Geld, nehme Pfänder, verkaufe diese, wenn die Schuldner nicht zahlen können. Meine materielle Lage ist gut, besser als die meiner Kunden, aber man sieht's nicht. Ich lebe einfach, in einem kleinen, baufälligen Häuschen, hinter der Geschäftsstube ist eine dürftig möbilierte Wohnstube, oben ein Speicher, vom Gärtchen hinter dem Haus gelangt man in den Keller. Ich kann mir viel leisten, tu's aber selten und wenn, dann häng' ich's nicht ans Fenster.
Von meinen Eltern weiß ich nichts. Aufgewachsen bin ich in einem kleinen Dorf an der Weichsel bei Onkel Lewin. Den haben sie eines Tages aus dem Dorf gejagt. Er hatte Vieh geklaut, haben sie gesagt - und dann haben sie die Hunde auf ihn gehetzt. Ich nix wie weg und mit Zigeunern herum. Gemerkt, daß in Garnisonsstadt kann man manchen gute Geschäfte, na, sieht man ja. Also hier geblieben.
Ich bin schlank, ca. 1,70 m, habe freundliches Gesicht mit Falten. Ich weiß nicht welche sind von Sorgen und welche sind von Schmunzeln. Ich habe langes Tuchmantel und Wollmütze, schulterlanges, glattes, drahtiges graubraunes Haar. Wie sagt man: schlacksig? Es kommt drauf an, meist bin ich langsam, kann aber schnell, wenn nötig. Was da ist F, T. könnt ihr hören, wenn habt ihr Ohren gewaschen.
Mein Beruf ist scheen, aber nicht einfach. Kommt sich immer was vor. Für Geschäftsmann wie mich gibt sich kein Unterschied zwischen Arbeit und Freizeit. Was soll ich denn schon erreichen wollen. Leben hier ist gut - so wie is'. Menschen sind wie sie sind, können nichts dafür, muß man nur sehen, wie kommt man klar. Alle sind wichtig. Gäb' keine armen Leute, könnt' ich nicht leihen, gäb' keine Offiziere, keine Doktors, keine

Ehrenmenschen, könnt' ich nicht Klamotten kriegen, gäb' keine Bauern, könnt' ich nicht so billig leben. Muß man nur sehen, daß man immer genug weiß über alle - muß man nur Geschäfte machen - besonders bei Bürger und Handwerker - wo man kennt viel, viel mehr als anderen, wenn man überleben wollen, viel, viel Wahrheit muß man wissen, wenn man überleben will.
Abends mach' ich Fenster zu, rauch' Pfeife, trinke Wein aus großen Keller und dann nachdenken.

Der Ausrufer

Ich heiße Jakob und bin 31 Jahre alt, wenn ich richtig gerechnet habe. Mit der Schule war das nicht so, da bin ich gar nicht dringewesen, ich hab' eben arbeiten müssen. Eine Familie hab' ich nicht in dem Sinne, nur noch meine Mutter. Sie lebt weit fort von hier, in der Nähe von Frankfurt. Aber ich habe wohl ein paar Kinder, etwas Freud' will der Mensch ja auch haben. Die Kinder sehe ich alle paar Jahre mal, ich bin ja viel auf Achse. Was ich arbeite? Ich bin Ausrufer, und wo ich etwas verdienen kann, da bin ich gleich da. Ein paar geschickte Hände hab' ich wohl. Geld besitze ich nicht, ich bin froh, wenn ich genug zu essen habe. Wenn ich den Händlern mal ein paar Heller abgeluchst habe, dann geh' ich mal ins Wirtshaus. Da geht das Geld dann drauf.
Ich bin froh, daß ich ab und zu noch ein paar Taler verdiene, aber arm bin ich. Das ist nun mal so.
Meine Mutter lebt in der Nähe von Frankfurt, mein Vater ist tot.
Ich bin groß und habe breite Schultern, ich stehe eben meinen Mann. Ich habe eine braune Hose und ein gestreiftes Hemd.

Käthe

Ich heiße Käthe und bin Ende 20. So genau zähle ich die Jahre nicht. Von zu Hause bin ich lange fort - die hatten genug Mäuler zu stopfen. Zuerst war ich im Haushalt, jetzt arbeite ich im Wirtshaus, alles, was so anfällt. Aber hauptsächlich bediene ich die Leute und sorge dafür, daß sie auch schon mal ein Glas mehr trinken.
Hier im Wirtshaus habe ich mein Auskommen - und wenn ich wirklich mal mehr Geld brauche, habe ich genügend Angebote von den Herren ... Schließlich sehe ich ganz passabel aus - aufrechte Gestalt und gut proportioniert. Allerdings weiß ich mich auch zu wehren gegen die Männer. Da habe ich immer ein paar passende Bemerkungen parat. Ich rede, wie mir der Schnabel gewachsen ist, außerdem mag ich Verse.
Vom Leben erwarte ich nicht viel - auch nicht von den Menschen. Ich war immer auf mich allein gestellt, und das wird wohl auch so bleiben. Zwar kommen die Männer gern, um mir ihr Herz auszuschütten, aber heiraten wird mich wohl keiner. Falls wirklich mal einer auf die Idee kommen sollte, würde ich nicht nein sagen. Aber ich bin wohl nicht zur Hausfrau geboren. Ich brauche Leben um mich herum - Lärm - und auch mal ein paar derbe Späße. Am liebsten probiere ich Hüte, so groß wie Wagenräder an.

Der Narr

Ich weiß gar nicht, wann ich geboren bin. Ich habe keine Familie. Mein Beruf - oder besser meine Berufung - ist Narr. Ich helfe mal hier und mal da, kriege genug zu essen, und Kleidung und einen Schlafplatz habe ich auch immer. Im Sommer schlafe ich draußen. Mehr brauche ich nicht. Als Gelegenheitsarbeiter gehöre ich wohl zur Arbeiterschicht, aber eigentlich fühle ich mich keiner Schicht zugehörig. Ich treibe mich bei allen 'rum. So ist auch meine Geschichte. Ich bin schon viel 'rumgekommen, habe viel erlebt, gehört und gesehen.
Wie ich aussehe? Naja, ich bin nicht sehr groß, dünn. Am liebsten habe ich meine alte beulige Cordjeans an und das karierte Hemd. Im Winter trage ich dann den Mantel, der eigentlich ein bißchen zu groß ist. Ach ja, ohne meinen Hut geht's nicht. Die Haare da drunter waren mal braun, jetzt sind sie schon ein bißchen grau und lockig. Ich habe gerne die Hände in den Taschen und schlendere herum oder stehe bei den Menschen. Märchen mag ich gerne und daraus sage ich auch gerne Stellen her. Viel rede ich eigentlich nicht.
Wie schon gesagt, ich gehe gerne rum, auf dem Markt, auf den Feldern, gehe zu den Leuten in die Häuser und sitze bei ihnen. Arbeit oder Freizeit gibt's da nicht.
Ich möchte die Menschen kennenlernen, und das geht ganz gut in meinem Leben. So, wie es jetzt ist, kann es ruhig bleiben.

Ich bin manchmal ein bißchen einsam und weiß nicht, wo ich hingehöre - die Kinder, die hab' ich gerne, die hören mich und verstehen mich. Mit denen kann ich reden. Den Vögeln höre ich auch gerne zu und dem Wasser und dem Wind. Ich bin gern draußen vor der Stadt, allein, aber ich brauch' auch die Stadt und die Menschen.

Wichtig sind mir die Leute, mit denen ich zu tun habe und die akzeptieren mich so wie ich bin. Die haben mich gerne bei sich und hören sich auch an, was ich sage - obwohl ich glaube, daß sie mich oft gar nicht richtig hören. Das ist schade, aber anders als ich's kann, möchte ich es nicht sagen.

Erarbeitung äußerer Haltungen für die Figuren

Die Teilnehmer sollen sich - ausgehend von der Selbstdarstellung - handelnd eine äußere Haltung für ihre Figur erarbeiten.
Dabei sollen sie im einzelnen
- sich für ihre Figur charakteristische Kleidungsstücke aussuchen und anziehen
- für ihre Figur typische Körperhaltungen - Geh-, Sitz- und Stehhaltungen erarbeiten
- sich eine für ihre Figur charakteristische Sprechhaltung erarbeiten
- sich eine für ihre Figur angemessene Haltung bei einer für sie charakteristischen Tätigkeit erarbeiten.

- Der Spielleiter fordert die Teilnehmer auf, sich aus einer Reihe von Kleidungsstücken diejenigen auszusuchen und anzuziehen, die nach ihrer Meinung zu ihrer Figur paßt. Stehen Zeit und Schminke zur Verfügung, können sie sich auch schminken.

- Haben sich alle angekleidet, fordert sie der Spielleiter auf, sich im Raum zu bewegen und nach einer für ihre Figur typischen Gehweise zu suchen. Haben sie eine Gehweise gefunden, sollen sie sich überlegen, wo in welcher Situation sie sich gerade bewegen und welche Gedanken der Figur gerade durch den Kopf gehen könnten.
Anschließend setzen sich alle in einen Halbkreis. Nacheinander stellen die Spieler die Gehhaltungen ihrer Figur vor, indem sie vor der Gruppe eine kurze Strecke entsprechend gehen und dann in der Ich-Form einen Gedanken aussprechen, der ihrer Figur dabei gerade durch den Kopf gehen könnte. In entsprechender Weise erarbeiten und präsentieren die Teilnehmer anschließend Steh- und Sitzhaltungen ihrer Figuren.

- Jede(r) wählt sich aus den Szenen, in denen seine/ihre Figur agiert, eine für sie charakteristische Äußerung und überlegt sich, in welcher Situation und mit welcher Körperhaltung sie zu wem gesprochen wird.

Dann sucht er/sie sich im Raum einen Ort und experimentiert laut sprechend so lange mit dem Satz, bis er/sie eine Sprechhaltung gefunden hat, die er/sie für angemessen hält.
Nacheinander präsentieren anschließend die Teilnehmer ihre Sprechhaltung. Die Beobachter/Zuhörer sagen jeweils, welche Intentionen und Gefühle sie hinter der Haltung vermuten.

- Die Teilnehmer bekommen den Auftrag, sich eine Situation zu überlegen, in der ihre Figur eine für sie charakteristische Tätigkeit ausführt. Nacheinander werden diese Situationen vorgeführt. Dabei baut der/die Spieler(in) zunächst den Ort auf, begibt sich dann in die Situation und führt die Tätigkeit aus. In einem kurzen Gespräch mit dem Spielleiter spricht er/sie aus der Rolle heraus über die Situation, seine/ihre Gedanken und Gefühle.

Woyzeck

W.: Ich sitze hier draußen auf dem Feld. Es ist schön hier. Manchmal höre ich Stimmen, die mich etwas ängstigen. Wenn ich dem Doktor davon erzähle, lacht er mich aus.
SL: Ist der Doktor klug?
W.: Der erzählt immer so viele schlaue Sachen, aber irgendwie denke ich, daß ich mehr weiß. Ich weiß z.B., daß die Erde atmet.
SL: Bist du zufrieden mit deinem Leben?
W.: Ich hab' ja Marie und den Jungen, verdiene aber nicht viel. Die Leute achten nicht auf mich. Ich sehe nicht so gut aus wie der Doktor. Der Hauptmann steckt mir manchmal etwas zu. Das geb' ich dann der Marie.
SL: Magst du sie?
W.: Ja, sehr. Ich will sie auch heiraten. In letzter Zeit ist es etwas komisch zwischen uns. Im Wirtshaus hab' ich sie neulich mit dem Tambourmajor gesehen. Der lachte so komisch.
SL: Bist du neidisch?
W.: Ja.
SL: Und ansonsten bist zu zufrieden mit dem Leben?
W.: Es wäre gut, wenn ich Marie heiraten, mit ihr einen Hausstand gründen könnte. Dann könnten wir vielleicht noch ein paar Kinder mehr haben, um die sie sich dann kümmern könnte.

Tambourmajor

R.: Ja, ich bin der Tamourmajor. Nächste Woche kriege ich neue Pailletten. Gerade putze ich meine Stiefel sauber.
SL.: Was macht man denn so als Tambourmajor?
T.: Na, ein Gewehr brauche ich nicht zu tragen. Ich habe nur einen Säbel und gehe immer vorne weg.
SL.: Und Frauen?
T.: Das läuft schon, die kommen schon von

selber, die melden sich schon. Dafür
brauch' ich nichts zu machen.
SL.: Die Leute gucken dich doch sicher immer an, wenn du marschierst - geht's dir dabei gut, wenn dich Frauen angucken?
T. : Ja, aber ich nehm ja nicht jede. Ich will was für später - Marie gefällt mir ganz gut. Sie hat ein Kind.
SL.: Findest du sie äußerlich toll? Flirtest du gerne mit ihr?
T. : Ja.
SL.: Ist die nicht mit dem Woyzeck zusammen?
T. : Ja, aber das ist ja kein richtiger Mann. Und wenn der was will, dann kriegt der eins auf's Maul von mir.

Andres:

"Ich bin Stadtsoldat, Füselier. Bei mir gibt es nicht viel zu erzählen. Ich kriege meine Befehle und mache das, was man mir sagt. Ich versuche irgendwie, meinen Dienst herumzukriegen. Die Kaserne ist meine Heimat."
SL.: Macht dir deine Arbeit Spaß?
A. : Naja, ich kann's aushalten.
SL.: Was macht dir denn Spaß?
A. : Na, Zocken - Saufen.
SL.: Was machst du denn sonst noch gerne?
A. : Ich singe ganz gerne.
SL.: Auch in der Kaserne?
A. : Da hört mir keiner zu.
SL.: Du bist doch mit dem Woyzeck auf einer Bude, nicht wahr?
A. : Den kenne ich noch nicht so. Der ist jünger als ich. Der soll mich nachts pennen lassen. Ich brauche meinen Schlaf. Ja, Schlafen ist meine Lieblingsbeschäftigung.
SL.: Und Frauen?
A. : Da bin ich langsam drüber weg. Das läßt mich ziemlich kalt.

Unteroffizier

U. : Meine Lieblingsbeschäftigung ist die Wachablösung. Ich gebe Kommandos und das macht mir Spaß, weil ich da zeigen kann, wer ich bin. Ich hab's ja schließlich auch schon zu etwas gebracht.
SL.: Bei der Wachablösung - mußt du da auch durch die Stadt?
U. : Ja, ein Stück.
SL.: Und Frauen?
U. : Ja, die gucken mir dann zu. Die Margreth find' ich ganz gut. Die hat so tolle Augen, und Augen sind für mich das Wichtigste.
SL.: Hast du sie denn schon mal außerhalb

deines Dienstes getroffen?
U. : Das ist meine Privatangelegenheit.
SL.: Gehst du denn manchmal aus?
U. : Ja, manchmal in die Kneipe - aber nicht sehr oft.
SL.: Aber du findest Frauen gut, nicht wahr?
U. : Ja, ich habe auch ein Auge dafür. Ich weiß, wer die Richtigen sind. Ich helf' dem Tambourmajor dabei. Eine Hand wäscht die andere.

Marie

SL.: Wo bist du denn gerade?
M. : Ich war gerade einkaufen, habe bei der gnädigen Frau gewaschen und kümmere mich jetzt um mein Kind.
SL.: Von wem ist denn das Kind?
M. : Von Woyzeck. Der ist gut. Ich mag ihn. Er gibt mir manchmal Geld.
SL.: Magst du ihn?
M. : Der ist meistens immer so müde, aber irgendwie ist er auch ein guter Kerl. Andere Männer sind nicht so müde.
SL.: Welche denn?
M. : Die Soldaten.
SL.: Wo trifft man die denn?
M. : Im Wirtshaus oder auf der Straße.
SL.: Wie gehst du denn dann, wenn du sie siehst - zeig' doch mal.

(M. zeigt, wie sie geht.)
SL.: Von wem träumst du denn?
M. : Vom Tambourmajor. Aber ich muß aufpassen, weil manche neidisch auf mich sind - Margreth z.B.. Man wirft mir oft vor, ich sei nicht anständig. Es ist schwer, wenn einem so die Natur kommt.
SL.: Kommt das oft vor?
M. : Ja.
SL.: Und was sagt Woyzeck dazu?
M. : Der macht mir manchmal Angst. Der guckt dann immer so komisch, aber man ist ja schließlich nur einmal jung.

Margreth

M. : Ja, ich putze beim Doktor und kann davon leben.
SL.: Wo wohnst du denn?
M. : Im Armenhaus. Da habe ich aber nicht immer gewohnt. Früher habe ich besser gewohnt, war verheiratet. Mein Mann hat gesoffen, ist bei der Arbeit rausgeflogen - wir hatten bald kein Geld mehr und mußten ins Armenhaus. Mein Mann ist dann abgehauen, und jetzt putze ich eben beim Doktor.
SL.: Hast du Freunde?
M. : Ich bin eine anständige Person.
SL.: Freundinnen?

M. : In dem Viertel, in dem ich wohne, nicht.
SL.: Und Marie?
M. : Ach, meine Nachbarin. Die hat ein uneheliches Kind. Ich bin ein anständiger Mensch, aber diese Marie - wie sie den Männern immer hinterherguckt.
SL.: Und du?
M. : Na, ich guck' sie mir an, aber mehr auch nicht.
SL.: Willst du noch einmal heiraten?
M. : Nein, nicht noch mal. Ich will keine Männer mehr.
SL.: Und Freundinnen willst du auch nicht?
M. : Nein.
SL.: Hättest du gern ein Kind?
M. : 'n Gör' - was soll ich denn damit anfangen? Ich bin doch nicht verheiratet - und guck' dir die Scheiße mit der Marie doch mal an.
SL.: Aber ein bißchen verbittert bist du auch. Wovon träumst du denn?
M. : Naja, den Tambourmajor find' ich schon ganz gut - aber diese Marie - die zieht den Tambourmajor ja fast schon aus mit den Augen.

Hauptmann

H. : Meine Aufgabe ist die Leitung der Garnison. Viel weiter komme ich wohl auch nicht. Ich beobachte, wie das Leben seinen Lauf nimmt, und meine Lieblingstätigkeit ist, über das Leben nachzudenken. Ich wäre gerne ein Philosoph.
SL.: Hast du manchmal Langeweile?
H. : Ja, irgendwie schon.
SL.: Wie geht es dir denn finanziell?
H. : Gut. Ich kann mir den Woyzeck leisten und habe auch ein Dienstmädchen.
SL.: Und Frauen?
H. : Ich muß auf meine Ehre achten. Ich darf nicht einfach ein uneheliches Kind in die Welt setzen.
SL.: Hast du denn etwas mit Frauen zu tun? Bist zu verheiratet?
H. : Ja, meine Frau wohnt auch hier.
SL.: Und die anderen Frauen hier im Ort?
H. : Na, ich kann doch nicht jedem Rock hinterhersteigen.
SL.: Was halten Sie denn vom Doktor?
H. : Naja.
SL.: Hier gibt es wenig gute Gesellschaft, was?
H. : Ja.
SL.: Deshalb bist du auch so melancholisch?
H. : Ja.
SL.: Aber du fühlst dich ganz gut dabei - Melancholie ist doch etwas Schönes, nicht?
H. : Ja.

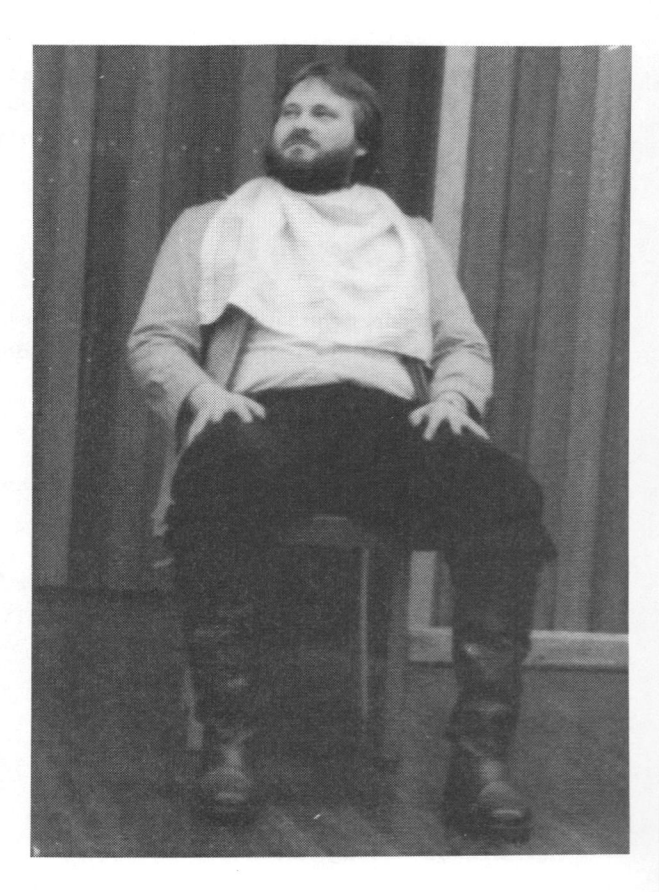

Doktor

D. : Ich bin Doktor, aber eigentlich bin ich Wissenschaftler. Die Leute hier am Ort denken schwierige Sachen. Woyzeck dient mir zur Wissenschaft.

SL.: Welche Wissenschaft betreibst du denn?

D. : Ich finde, man muß von unten anfangen. Das mit den Kräuterhexen ist ja doch nur Gefühlsduselei. Ich bin mehr für das Empirische. Früher habe ich Frösche seziert und dabei bin ich auch geblieben. Die Physiologie der Sinnesorgane ist mir wichtig.

SL.: Und heute arbeitest du mit Menschen?

D. : Ja, natürlich, wofür soll die Medizin denn sonst dasein?

SL.: Was machen Sie denn?

D. : Ich messe den Zusammenhang zwischen Erbsenverbrauch und dem Anstieg der Harnsäure. Wenn dieser verdammte Woyzeck nicht ständig seiner Natur nachgeben würde! Heute hat er wieder vor eine Wand gepißt. Ich hab's gesehen. Das bringt meine Werte durcheinander.

SL.: Haben Sie Kontakte zu anderen Menschen hier am Ort?

D. : Ich forsche.

SL.: Und sonst?

D. : Hier gibt es genug Menschenmaterial.

SL.: Wie geht es Ihnen finanziell?

D. : Es könnte mehr sein. Die Wissenschaft müßte schneller vorankommen. Wir Wissenschaftler können uns mit Subjektivität nicht auseinandersetzen. Ich bin objektiv und Realist.

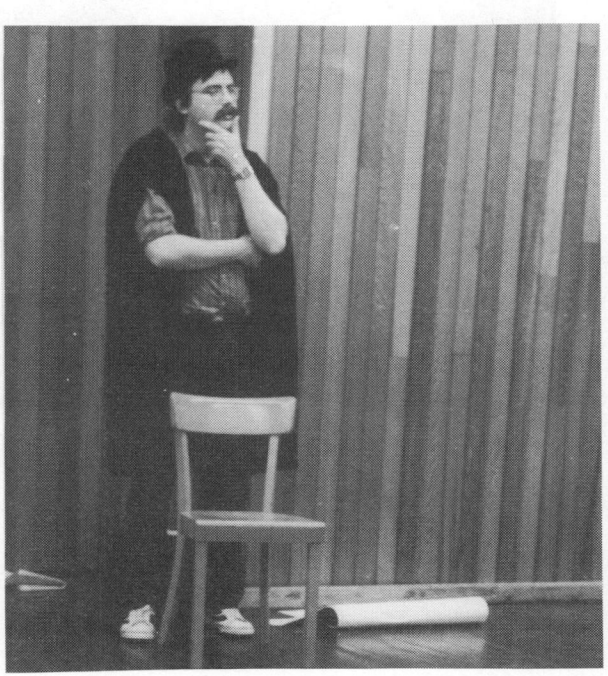

Handwerksbursche

H. : Ich bin hier hängengeblieben. Lieber wäre ich weitergezogen. Am liebsten sitze ich im Wirtshaus und trinke Branntwein. Dabei wird einem so warm ums Herz.

SL.: Woher nimmst du denn das Geld dafür?

H. : Bei den Soldaten gibt es manchmal etwas zu arbeiten. Der Wirt steckt mir auch manchmal etwas zu. Die Welt ist ganz schön, aber irgendwie geht alles so schnell vorbei. Das mag der Wirt, wenn ich das singe, nicht so gerne hören. Er findet das revolutionär. Wenn ich betrunken bin, steige ich manchmal auf den Tisch in der Wirtsstube und dann fühle ich mich so wie früher.

SL.: Das mag der Wirt nicht gerne?

H. : Der schmeißt mich dann meistens raus, und die Soldaten helfen ihm dabei.

SL.: Kennst du den Woyzeck?

H. : Ja, der nimmt immer alles so schwer.

Jude

J. : Wem gehört dieses Mantel? Gibst du mir? Ich habe kleines Laden. Leute sind arm,

haben kein Geld. Gib' mir Mantel, dann bist du gutes Mensch.
SL.: Hast du Freunde?
J. : Das ist schwierig. Die Leute denken, sie kriegen nur schlechtes Ware.
SL.: Was kostet dieser Mantel?
J. : Was gibst du?
SL.: 50
J. : Zu wenig.
SL.: Gehst du manchmal in die Kneipe?
J. : Nein, sitzen lieber im Keller ganz allein - Fläschchen Wein, nachdenken, ist sich gut.
SL.: Und die Leute hier?
J. : Sind sich gute Leute, aber die nicht wollen mit mir und ich nicht wollen mit ihnen.

Der Wirt

W. : Ich bin 45 Jahre alt und habe Frau und Kinder.
SL.: Wie läuft denn das Geschäft?
W. : Naja, man lebt so, viel Geld haben wir nicht. Ich hätte gerne eine kleine Herberge, wo die Leute hinkommen können. Meine Frau macht hier das Essen. Ich prödele hier im Haus herum, und ab und zu kommt ein Gast.
SL.: Interessieren dich die Leute, die herkommen?
W. : Ich beobachte das Ganze hier. Ich würd' denen gerne mal manchmal 'was sagen.
SL.: Mußt du manchmal auch Leute rausschmeißen?
W. : Ja, die Soldaten, wenn sie die Mädchen anmachen. Manchmal wird hier auch getanzt.

Käthe

K. : Ich bin schon länger in diesem Ort und arbeite hier im Wirtshaus. Ich bewirte die Leute hier und sorge für Stimmung.
SL.: Wen magst du denn hier?
K. : Die Handwerksburschen. Die Soldaten finde ich nicht so nett. Leider kommen aber nur die Soldaten ins Wirtshaus.
SL.: Wann flirtest du denn mit den Handwerksburschen?
K. : Wenn's der Wirt nicht sieht.

Großmutter

G. strickt.
G. : Ja, wir einfachen Leut' haben's schwer hier. Früher hatten wir einen Bauernhof.
SL.: Wie lange sind sie denn schon hier?
G. : Ich hab' die Jahre nicht gezählt - 50 Jahre vielleicht.
SL.: Und? Wie ist das Leben hier so?
G. : Ach, ich frage nicht viel danach.
SL.: Wollen sie denn etwas ändern?
G. : Was soll ich ändern? Die Kinder - ja - die können noch etwas ändern - auswandern z.B. - nach Amerika, aber ich bin dafür zu alt.
SL.: Was macht ihnen denn Spaß?
G. : Wenn die Kinder kommen, dann erzähle ich ihnen etwas, erzähle ihnen, wie mir zumute ist. Meine Geschichten klingen wie Märchen. Na - und dann laufen die Kinder wieder munter davon, und das finde ich gut.

Kinder

SL.: Na, wie alt seid ihr denn?
K1 : Ich bin sieben.
K2 : Und ich bin acht.

SL. zu Kind 1: Was macht deine Mama denn?
K1 : Das darf ich nicht sagen. Die gehen immer so. (Zeigt, wie die Soldaten gehen.) Die geben mir immer was, und das soll ich dann meiner Mama geben.
SL.: Und was macht ihr sonst mit den Soldaten?
K. : Manchmal stellen wir ihnen ein Bein.
SL zu Kind 2: Und was macht deine Mutter?
K2 : Die ist zu Hause. Mein Vater ist Flickschuster.
SL.: Magst du deinen Vater?
K2 : Wenn er nicht betrunken ist.
SL.: Geht ihr zur Schule?
K. : Nein. Wenn hier nichts los ist, fragen wir Marie, ob sie etwas mit uns macht. Die Großmutter erzählt uns manchmal tolle Geschichten, und dann müssen wir immer weinen.
SL.: Ist das gut - weinen?
K. : Ja, irgendwie ist das schön.
SL.: Na, dann geht mal wieder spielen.

Narr

N. : Hallo.
SL.: Hallo, was ist denn los?
N. : Setz' dich mal hin.
     (SL. setzt sich)
N. : Ist das nicht schön hier?
SL.: Was?
N. : Ich sitze hier und höre den Vögeln zu - dem Fluß - und dem Wind. Die Leute hier nennen mich Narr. Was heißt das?
SL.: Wer bist du?
N. : Ich bin ich. Ich gehör' hier hin.
SL.: Warum nennen die Leute dich Narr?
N. : Weil sie nicht hören, was ich sage - vielleicht wollen sie ja auch nicht hören. Ich bin viel herumgekommen, ich habe viel gehört. Ich mag die Menschen, aber sie hören mir nicht zu.
SL.: Die Kinder magst du gern, nicht?
N. : Ja, die verstehen auch, aber sagen nichts. Die hören mir zu.
SL.: Bist du zufrieden?
N. : Ist das so wichtig, daß ich zufrieden bin?

Ausrufer und Marktschreier

A. : Kommen Sie, kommen Sie, kommen Sie in unsere Vorstellung. Mensch, ist das anstrengend. Meine Stimme ist schon ganz im Eimer.
    (SL. fragt M.:)
SL.: Was ist denn los? Bist du müd'?
M. : Ja - und wie - das ist alles so anstrengend, und obendrein verdient man damit nicht viel.
SL.: Machst du das denn schon lange?
M. : Nach dem Krieg - 74/75 hatte ich eine Verletzung am Bein. Ich war mal Bäcker,

und ich hab' mir gedacht - Marktschreier. Ich hab' zwei Kinder, und meine Frau verdient noch 'n Zubrot bei die feinen Herren. Naja, wir sind halt arm und haben's nicht so mit der Moral.
SL.: Wie findest du denn eure Vorstellung?
M. : Naja - die ist nicht gerade die neueste von der Welt. Man muß sie halt gut verpacken.
A. : Naja, wir haben halt nicht viel - kein Geld, so wie die Reichen, und ab und zu verjagen sie uns - die Soldaten.
SL.: Die Leute mögen euch?
A. : Was sollen sie denn anders machen? Die müssen sich ja auch mal freuen.

1. Freies Feld. Die Stadt in der Ferne (1)

Woyzeck und Andres schneiden für den Hauptmann Stecken. Woyzeck hört Stimmen, hat Visionen, vermutet die Freimaurer am Werk. Die Szene kann in unterschiedlicher Weise gedeutet werden.
- Woyzeck hat Wahnvorstellungen, vermutet überall in der Natur Stimmen; fühlt sich verfolgt. Andres kümmert sich zunächst nicht darum, läßt sich aber zunehmend von Woyzecks Visionen anstecken und bekommt Angst.
- Woyzeck macht Andres Angst und hat Erfolg damit.

Die Teilnehmer sollen in der Auseinandersetzung mit der Szene erkennen, daß Woyzecks Visionen nicht notwendig Ausdruck von Wahnvorstellungen sein müssen, sondern daß sie auch von Woyzeck erfunden sein können, um Andres Angst zu machen.
Dabei sollen sie im einzelnen
- sich aufgrund der Lektüre eine Vorstellung von der Szene und den Haltungen und Handlungen der Figuren in dieser Situation machen
- sich unterschiedliche Darstellungen der Szene ansehen, und aufgrund einer Interpretation entscheiden, welche ihnen plausibler erscheint.

• Die Teilnehmer, die die Rolle Woyzecks und Andres übernommen haben, lesen sich die Szene noch einmal durch und überlegen sich, was sie in dieser Situation wo mit welchen Intentionen und Gefühlen tun und wie ihre Beziehung zur jeweils anderen Person ist. Dabei bekommt der Woyzeck-Spieler die Vorgabe, sich zu überlegen

 - wie er sich in der Situation verhalten würde, wenn er tatsächlich von Wahnvorstellungen getrieben würde
 - wie er sich verhalten würde, wenn er mit seinen Äußerungen Andres Angst einjagen wollte.

Die übrigen Teilnehmer lesen sich die Szene durch und überlegen sich aus ihren Rollen heraus, wie sie sich die Szene vorstellen und wie sie sie bewerten.

- Der Woyzeck-Spieler baut den Handlungsort auf, schildert die Situation. Dann begeben sich ·Woyzeck· und ·Andres· an den Ort, an dem sie zu Beginn der Szene "Stecken schneiden" und "arbeiten". Der Spielleiter führt nacheinander mit ihnen ein kurzes Gespräch über ihre Tätigkeit und über das, was sie gerade beschäftigt. Der Woyzeck-Spieler vertritt dabei die "Wahn"-Haltung. Dann wird die Szene durchgespielt. Im Anschluß an das Spiel sagen Woyzeck und Andres, wie es ihnen nach der Szene geht.

- Während die Beobachter sich aufschreiben, wie sie aus ihrer Rollenperspektive zu dem Verhalten der beiden Personen stehen, bereiten sich die beiden Spieler auf das zweite Spiel der Szene vor: Woyzeck will in dieser Version Andres Angst einjagen.

- Die Szene wird anschließend wie oben durchgespielt. Nach dem Spiel nehmen die Beobachter aus der Perspektive ihrer Rolle Stellung. Dabei sagen sie, welche der beiden von Woyzeck gezeigten Haltungen ihrer Meinung nach zutreffender ist und warum.

Woyzeck macht Andres Angst:

Andres ist ängstlich, von Woyzeck abhängig, verhält sich wie ein Kind. Das reizt Woyzeck, ihn zu ärgern: er jagt ihm mit seinem Verhalten und seinen Worten Angst ein und freut sich über die Wirkung. Diese Deutung des Verhaltens von Woyzek - er täuscht nur vor, daß er die Freimaurer hört, um Andres Angst zu machen - weist über die Szene hinaus: Woyzek simuliert Wahnsinn, um Mitleid zu erregen oder als "Fall" interessanter zu wirken und damit vom Doktor "Zulage" zu bekommen ...

2. Die Stadt (2)

Die Teilnehmer sollen in der Auseinandersetzung mit der Szene ihre Haltung gegenüber Marie, Margreth, dem Tambourmajor und Woyzeck klären.
Dabei sollen sie im einzelnen
- die Szene lesen und die Handlungen der Figuren aus der Perspektive ihrer Rolle begründen
- sich in die Situation einfühlen, der eigenen Rolle entsprechend handeln und anschließend aus der Rolle heraus über das erlebte Geschehen sprechen (Marie, Margreth, Tambourmajor, Woyzeck)
- aus der Rollenperspektive heraus das Verhalten von Marie, Margreth, Tambourmajor und Woyzeck bewerten (die übrigen Teilnehmer).

> Die Teilnehmer bekommen den Auftrag, die Szene "Stadt" zu lesen und aus der Perspektive ihrer Rolle heraus die Handlungen zu begründen, die die Figuren in der Szene ausführen.

<u>Marie steht am Fenster</u>
- weil ich dem Bub was Schönes, Buntes zeigen will. Ich seh' auch gern, wenn die stolzen Soldaten vorbeiziehen. Der Bub könnte auch mal so ein Tambourmajor werden und vorangehen mit dem Federbusch! (MARIE)
- weil sie Eindruck schinden will (MARGRETH)
- weil sie einen Kerl wie mich sehen will, womöglich mit mir anbändeln (TAMBOURMAJOR)
- weil sie - ein tolles Weibsbild - uns zuschauen will und geil auf die Kerle ist (UNTEROFFIZIER)
- weil sie den Zapfenstreich sehen will und von den Männern angeguckt werden will (AUSRUFER)
- weil willig, sich einzulassen als alleinstehende Frau mit Kind (JUDE).

Der Tambourmajor grüßt,
- weil er mich halt gern ansieht. Will er mich kennenlernen? Mag er mich? (MARIE)
- weil er sie immer grüßt (MARGRETH)
- weil die Marie ein Prachtweib ist, schon allein die Augen. Vielleicht läßt sich was machen? (TAMBOURMAJOR)
- weil er sie gerade gesehen hat, scharf auf das Frauenzimmer ist und sich einbildet, daß er mit jeder kann (UNTEROFFIZIER)
- weil Marie ihm ständig hinterherguckt und er sie daher kennt (AUSRUFER)
- weil will Marie Zeichen geben, daß heute Ausgang hat (JUDE)

Margreth sagt: "Ihre Augen glänzen ja so",
- weil sie neidisch ist und ihre Augen schon so trüb sind, weil sie immer auf die Leute achtet (MARIE)
- weil ich finde, daß Marie besser in der Kammer bleiben sollte. Ihr steht nicht zu, nach den Soldaten zu gucken (MARGRETH)
- weil ihre Augen wirklich glänzen, wenn sie mich sieht (TAMBOURMAJOR)
- weil sie meint, daß Marie Feuer gefangen hat (UNTEROFFIZIER)
- weil sie Zeichen nicht durchschaut (JUDE)

Marie schlägt das Fenster zu,
- weil mich Margreth verletzt hat, denn was ich tu, ist nicht recht wegen Woyzeck. Oh, wär' doch Woyzeck wie der Tambourmajor (MARIE)
- weil sie nicht haben kann, daß man ihr sagt, wie es ist (MARGRETH)
- weil sie stolz ist und sich nicht beleidigen läßt (TAMBOURMAJOR)
- weil sie nur den Tambourmajor sehen wollte und sie der Rest nicht interessiert (UNTEROFFIZIER)
- weil sie traurig darüber ist, daß der Tambourmajor vorbeigeht und sie mit ihm zusammensein möchte (AUSRUFER)
- weil sie sich ertappt fühlt, vermutet, daß Margreth sie durchschaut (JUDE).

Es klopft am Fenster,
- weil Woyzeck vorbeikommt (MARIE)
- weil Woyzeck versucht, von Marie einen Blick zu bekommen (TAMBOURMAJOR)
- weil: Ha, der Woyzeck (UNTEROFFIZIER)
- weil normalerweise Zeit ist, daß Marie am Fenster steht. (JUDE).

Woyzeck spricht geheimnisvoll,
- weil er Angst davor hat, daß ihn jemand hört; denn alle lachen über ihn, er hat auch Angst vor seiner Stimme! (MARIE)
- weil der nicht richtig im Kopf ist: was der immer alles so tut! (MARGRETH)
- weil er nicht richtig im Kopf ist (UNTEROFFIZIER)
- weil er wegen der Experimente des Doktors verwirrt ist (AUSRUFER)
- weil ist arm Schwein. Will sich vielleicht ein bißchen interessant machen (JUDE).

Marie sagt: "Was bist du still, Bub",
- weil der Junge eben noch so fröhlich war. Seit der Woyzeck da ist, ist die Stimmung hin. Auch der Junge merkt's. Das ist schade, er kann ja nichts dafür (MARIE)
- weil sie denkt, daß der Bub auch mal so wird wie der Woyzeck (UNTEROFFIZIER)
- weil sie Sorgen hat, schlecht Gewissen angesichts Ruhe des Kindes nach Anblick des Vaters (JUDE).

- Die Spieler überlegen sich kurz, was sie mit welchen Intentionen in dieser Szene tun.
  Der Spielleiter baut inzwischen den Ort (Straße) auf.
- Der Spielleiter fordert die Spieler auf, sich dorthin zu begeben, wo sie sich zu Beginn der Szene aufhalten. Dann spricht er nacheinander mit ihnen über die Situation, in der sie sich in ihrer Rolle befinden.

- Die Szene wird durchgespielt. Nach dem Spiel sagen die Spieler aus ihrer Rolle heraus, wie es ihnen jetzt geht.

- Die Beobachter sagen, wie sie aus ihrer Rollenperspektive das Verhalten von Marie, Margreth, Tambourmajor und Woyzeck bewerten.

3. Buden. Lichter. Volk (3)

Die Teilnehmer sollen sich klarmachen, welche Bedeutung der Jahrmarkt für die einzelnen Figuren hat.
Dabei sollen sie im einzelnen
- sich aufgrund ihrer Selbstdarstellung und der Lektüre der Jahrmarktszene für ihre Figur eine Einstellung zum Jahrmarktgeschehen erarbeiten
- erkennen, was die Figuren auf dem Jahrmarkt tun und wie sie sich dort bewegen
- erfahren, was die Figuren auf dem Jahrmarkt wahrnehmen und erleben.

- Alle bekommen den Auftrag, sich noch einmal die Selbstdarstellung ihrer Figur und die Jahrmarktszenen durchzulesen und sich zu überlegen, welche Einstellung ihre Figur zum Jahrmarkt hat und was sie dort tun könnten.
Inzwischen arrangiert der Spielleiter den Ort, an dem der Jahrmarkt stattfinden könnte.

- Nacheinander begeben sich die ·Figuren· einzeln oder zusammen mit anderen auf den Jahrmarkt: zuerst die Schausteller, dann die Leute aus dem Volk, zum Schluß die Personen aus den gehobenen sozialen Schichten. Die einzelnen ·Figuren· bewegen sich dabei so, wie es für sie typisch ist. In kurzen Gesprächen mit dem Spielleiter sagen sie dabei, was ihnen der Jahrmarkt bedeutet und was sie dort tun.

<u>Hauptmann</u>

Das hab' ich mir gedacht. Das ist ein Gehetz und ein Treiben hier. Der Pöbel soll sich dort unterhalten, ich aber nicht. Ich bin ein guter Mensch.
SL.: Und Frauen?
H. : Ich möchte mich nicht in Versuchung führen.
SL.: Haben Sie denn keine Langeweile?
H. : Die ist immer noch besser als der Jahrmarkt hier.

<u>Margreth</u>

Sie geht im Raum herum, guckt, geht ganz schnell wieder weg.
SL.: Gehst du schon wieder?
M. : Ja, ich wollte nur mal gucken. Es ist Sonntagnachmittag - das langweilt mich hier alles.

Zuerst "traten" der alte Mann und das Kind auf, der alte Mann war nicht sehr gesprächig. Er stellte die Frage nach dem Sinn des Jahrmarktes: "Was soll das alles hier?"

Ausrufer

"Ich will mein Geld hier verdienen. Ich mache das schon sehr lange, und die Arbeit nervt mich ziemlich. Die Leute, die in die Bude kommen, verdienen mehr als ich. Ich möchte wohl gerne so sein wie der Tambourmajor."

Doktor

SL.: Was machen Sie denn hier?
D. : Er darf nicht mehr als fünfzig Kilo wiegen - so einen großen, schlanken brauche ich. Vielleicht der Offizier - ach nein, der ist zu teuer.

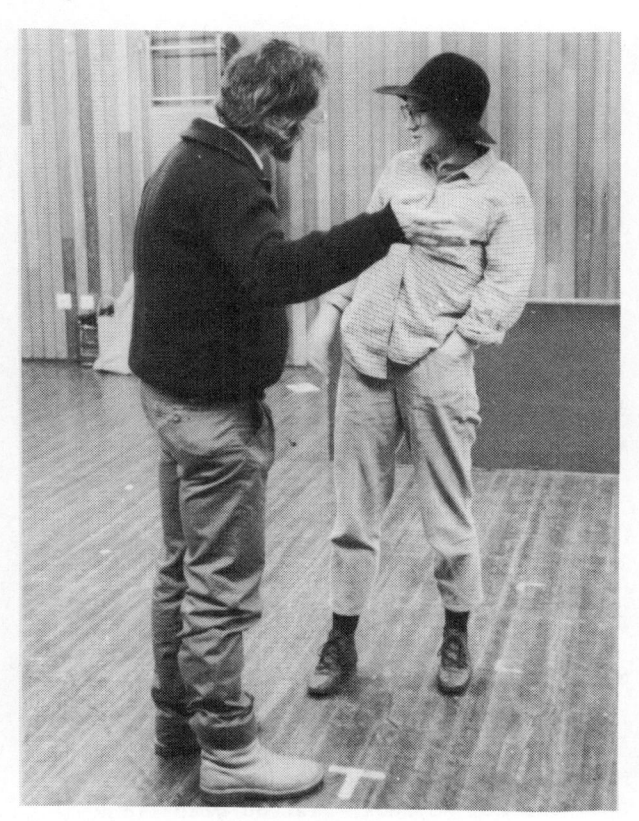

Narr

Ich gehe gern' auf den Jahrmarkt. Ich gucke mir das alles an.

Kinder

SL.: Was macht ihr denn hier?
K. : Affen gucken - und da vorne ist eine Frau ohne Unterleib.
SL.: Dürft ihr denn hier zugucken?
K. : Och, wir schmuggeln uns rein.
SL.: Findet ihr das denn schön hier?
K. : Ja, ganz toll?
SL.: Erlaubt eure Mama euch das denn?
K. : Ja.

Woyzeck/Marie

M. : Hier ist es schön. (Marie strahlt den Tambourmajor an, schiebt mit Woyzeck über den Platz)
Komm, Woyzeck, laß uns etwas Branntwein trinken.
SL.: (zu Marie) Wo guckst du denn gerade hin?
M. : Ach, ich gucke mir die Leute hier an. Ich interessiere mich für die Soldaten.
SL.: Gefällt dir das hier mit Woyzeck?
M. : Ja, er hat Zeit heute.
SL.: Und du, Woyzeck, bist du glücklich?
W. : Ja, es ist schön hier. Ich kann mich hier mit Marie mal vor allen Leuten zeigen.
SL.: Gefällt es dir hier auf dem Jahrmarkt?
W. : Ach, der interessiert mich eigentlich nicht so - naja - der Affe da ist ganz gut. Der kann Marie ja mal was zeigen.

Käthe

Ich bin auch gerne hier. Ich dachte eigentlich, ich könnte den Gesellen hier treffen.
SL.: Bist du jetzt enttäuscht?
K. : Ja, aber vielleicht kommt er ja auch noch.

Jude (sieht aus, als suche er jemanden)

SL.: Wen siehst du denn jetzt gerade?
J. : Die Frau vom Doktor. Der Jahrmarkt ist sehr wichtig für mich, meine Lebensexistenz. Wenn du willst Geschäfte machen mit Menschen, mußt immer wissen, was Leute tun. Polizei ist nichts für uns.

Unteroffizier

U. : Wir wollen uns amüsieren - saufen und die neuesten Nachrichten aus der Provinz hören und uns schöne Frauen angucken.

T. : Naja, mal abwarten, vielleicht ergibt sich ja eine Gelegenheit.

- Alle vergegenwärtigen sich noch einmal kurz den Verlauf der Szene "Buden, Lichter, Volk". Dann sagen sie nacheinander aus ihrer Rolle heraus, was sie auf dem Jahrmarkt erlebt haben und was sie besonders beeindruckt hat.

4. Der Hauptmann. Woyzeck (5)

Die Teilnehmer sollen sich in der Auseinandersetzung mit der Rasierszene Klarheit darüber verschaffen, wie Woyzeck und der Hauptmann von den Figuren des Dramas wahrgenommen und bewertet werden.

Dabei sollen sie im einzelnen

- aufgrund einer Lektüre der Szene eine Position zum Verhalten von Woyzeck und dem Hauptmann erarbeiten.
- sich in die Situation einfühlen und diese mit einer bestimmten Einstellung spielen (Woyzeck, Hauptmann)
- an bestimmten Stellen der Szene das Geschehen aus der eigenen Rollenperspektive kommentieren (Beobachter)
- aus der Rollenperspektive heraus erläutern oder zeigen, wie sich Woyzeck gegenüber dem Hauptmann verhalten sollte.

- Die Teilnehmer lesen die Szene und notieren sich, wie sie aus ihrer Rolle heraus das Verhalten von Woyzeck und des Hauptmanns beurteilen. Die Spieler des Hauptmanns und Woyzecks überlegen sich, was ihre Figuren in der Szene mit welchen Intentionen tun und sagen.

- Die Spieler begeben sich an den Ort, wo ihre Figuren sich zu Beginn der Szene befinden und sagen kurz, was sie gleich tun werden und warum. Dann spielen sie die Szene.
  Die Beobachter rufen an Stellen, wo sie zu dem Verhalten ·Woyzecks· bzw. des ·Hauptmanns Stellung nehmen wollen, "Stop". Die Spieler erstarren dann in ihren Positionen und der Stop-Rufer kommentiert das Verhalten der Figuren aus der Perspektive seiner Figur.

- Nach Abschluß des Spiels sagen zunächst ·Woyzeck· und der ·Hauptmann·, wie sie die Situation erlebt haben. Im Anschluß daran sagen die Beobachter aus ihrer Rolle heraus, wie sich Woyzeck ihrer Meinung nach in der Szene dem Hauptmann gegenüber hätte verhalten sollen. Steht genügend Zeit zur Verfügung, können sie auch im Standbild zeigen, wie sich Woyzeck an einer bestimmten Stelle hätte verhalten sollen.

5. Kammer (4)

In der Szene sitzt Marie zuhause in ihrer Kammer, hängt sich Ohrringe an und beguckt sich im Spiegel. Zwischendurch spricht sie mit dem Kind. In fast allen Deutungen des Dramas wird davon ausgegangen, daß Marie die Ohrringe vom Tambourmajor erhalten hat. Das schlechte Gewissen, das sie Woyzeck gegenüber hat, der sie mit den Ohrringen erwischt, deutet darauf hin. Die Szene charakterisiert Marie, zeigt ihre Träume, aber auch ihren tristen Alltag mit dem Kind.

Die Teilnehmer sollen in der Auseinandersetzung mit der Szene erfahren, wie die unterschiedlichen Figuren im Drama Marie, ihr Verhalten und ihre Wünsche bewerten und Woyzecks Verhalten ihr gegenüber einschätzen.
Dabei sollen sie im einzelnen
- die Szene lesen, sich überlegen, woher Marie die Ohrringe hat und ihr Verhalten aus ihrer Rollenperspektive bewerten
- sich in die Situation einfühlen und die Szene nach eigenen Intentionen durchspielen
- das Spiel an Stellen, an denen sie die Gedanken der Figuren interes-

sieren, unterbrechen und die Figuren nach (ihren) wirklichen Gedanken und Gefühlen fragen
- das Verhalten Maries und Woyzecks Reaktion bewerten.

- Die Teilnehmer lesen die Szene und überlegen sich aus der Perspektive ihrer Figur, woher Marie die Ohrringe haben könnte, wie sie mit diesen umgeht und wie sie Marie wahrnehmen.
  ·Marie· und ·Woyzeck· überlegen sich, was sie vor dieser Szene getan haben (·Marie· überlegt sich, woher sie die Ohrringe hat).

- ·Marie· baut ihre ·Kammer· auf und begibt sich an ihren Ort und "bespiegelt" sich. Der Spielleiter führt mit ihr ein kurzes Gespräch über ihre Stimmung, die Ohrringe und woher sie diese hat.

- ·Marie· spielt den ersten Teil der Szene. Die Beobachter unterbrechen sie durch Stop-Rufe und fragen sie, warum sie etwas Bestimmtes tut oder sagt.

- Der Spielleiter spricht mit ·Woyzeck· über das, was er gerade gemacht hat und was er bei Marie will.

- Der zweite Teil der Szene wird gespielt. Auch hier unterbrechen Beobachter das Spiel und fragen nach den Gedanken und Gefühlen ·Maries· oder ·Woyzecks·.
  Zum Schluß sagen ·Marie· und ·Woyzeck·, was sie erlebt haben und wie es ihnen jetzt geht.

- Nacheinander äußern sich die Beobachter aus ihrer Rollenperspektive über das Verhalten von Marie und Woyzeck.

6. Kammer (6)

In der Szene treffen Marie und der Tambourmajor aufeinander. Sie gilt in der Regel als Beleg dafür, daß sich Marie dem Tambourmajor hingibt. Eine genaue Untersuchung der Szene aber zeigt, daß das Verhaltensspektrum der Figuren - vor allem Maries - relativ groß ist.

Die Teilnehmer sollen in der szenischen Interpretation der Szene erfahren, daß sich Marie sehr unterschiedlich dem Tambourmajor gegenüber verhalten kann.

Dabei sollen sie im einzelnen
- durch das Experimentieren mit dem Text unterschiedliche Bedeutungsebenen des Textes entdecken
- Sprechhaltungen erproben, die Marie dem Tambourmajor gegenüber einnehmen könnte (auch aus der eigenen Rollenperspektive)
- Körperhaltungen erarbeiten, mit denen Marie in dieser Szene dem Tambourmajor begegnen könnte (auch aus der Rollenperspektive möglich).

- Die Teilnehmer sitzen im Kreis. Zunächst liest jede(r) die Szene für sich und versucht, sich eine Vorstellung von der Situation zu machen.

- Der Text wird reihum gelesen: jede(r) liest nur einen Satz, auch die Namen der Figuren und die Szenenanweisungen werden mitgelesen. Den jeweiligen Sprechern bleibt es überlassen, ob sie ihren Sätzen einen besonderen Gestus (z.B. schmeichelnd, drohend, wütend, angebend) geben oder nicht. Der Text wird mehrmals gelesen.

- Figurennamen und Regieanweisungen werden von einem "Erzähler" gelesen. Die anderen Teilnehmer lesen wie in 2. den Text reihum, wobei sie sich bemühen, ihre Sätze mit einem bestimmten Gestus zu sprechen. Dabei soll soweit wie möglich auf den Gestus des vorherigen Sprechers "geantwortet" werden.

- In die Mitte des Kreises werden zwei Stühle gestellt: auf dem einen sollen die Marie-Sprecher/-innen, auf dem anderen die Tamboursprecher/-innen Platz nehmen. Der Text wird mit verteilten Rollen gelesen, wobei der jeweilige Sprecher auf dem entsprechenden Stuhl Platz nimmt und nach einer Äußerung - es wird jeweils nur eine zusammenhängende Redesequenz gesprochen - diesen wieder verläßt. Der Äußerung soll ein deutlich wahrnehmbarer Gestus gegeben werden. Namen und Regieanweisungen werden von einem "Erzähler" gelesen, der seitlich sitzt.

- Alle Teilnehmer überlegen sich, welche Haltungen sie als Marie dem Tambourmajor bzw. als Tambourmajor Marie gegenüber in dieser Situation ausprobieren möchten. Nacheinander versuchen dann immer zwei die Haltung, die sie sich vorgenommen haben, im Dialog zu zeigen und durchzuhalten. Sie sitzen sich dabei auf den Stühlen gegenüber und sprechen die ganze Szene. Die Regieanweisungen werden vom "Erzähler" gesprochen. Nach jedem Dialog versuchen zunächst die Zuhörer, die Sprechhaltungen zu identifizieren, bevor die Sprecher ihre Intentionen erläutern.

Bei einem Interpretationsversuch mit Studenten/tinnen wurden folgende Haltungen erarbeitet:

a) Marie bleibt gegenüber dem Tambourmajor souverän. Sie ist eigentlich an seiner Person uninteressiert und läßt ihn deshalb auflaufen.
Der Tambourmajor spricht leise, zurückgenommen, versucht sich auf Marie einzustellen. Er versucht, sie zu verführen, will dabei aber zarte Mittel verwenden.

b) Der Tambourmajor kommt sich groß vor und spielt sich laut, polternd und temperamentvoll auf.
Marie behandelt ihn, eigentlich desinteressiert, ruhig, überlegen, fast abweisend und läßt ihn damit ins Leere laufen ("Was will der überhaupt hier?")

c) Der Tambourmajor ist von sich überzeugt, fühlt sich groß, schön und verführerisch und weiß auch, daß er ankommt.
Marie findet ihn gut und will ihn haben und beruhigt ihn deshalb: "Du brauchst dich nicht so aufzuspielen, es ist doch klar: wir kommen zusammen ...

- Der Tambourmajor-Spieler nimmt die Körperhaltung ein, die nach seiner Meinung der Tambourmajor zeigt, wenn er Marie mit "Wild Tier" anspricht. Nacheinander gehen die anderen Teilnehmer zu ihm hin und entgegnen ihm mit dem Satz "Rühr mich an!" so, wie sie glauben, daß Marie reagiert. Dabei versuchen sie eine entsprechende Körperhaltung zu finden. Die Teilnehmer können auch die Haltung zeigen, die nach Meinung ihrer Figur Marie in dieser Situation dem Tambourmajor gegenüber einnimmt.

Bei einem Spielversuch mit Lehrern/innen wurden folgende Körperhaltungen für Marie gezeigt:

- Marie wirkte distanziert, kühl, gleichgültig und zum Schluß etwas resignativ. Das Angeben des Tamourmajors stieß sie immer mehr ab. Sie hatte Angst vor einer Berührung.

- Marie war herausfordernd, wirkte "genervt" von der Angeberei des Tambourmajors. Sie wurde zunehmend wütender, weil sie entdeckte, daß es dem Tambourmajor mehr um seine Eitelkeit ging als um sie.
Der Spieler sagte, er sei wütend darüber gewesen, daß er sich dem naturhaften Zwang nicht entziehen konnte. Einerseits wollte er angerührt werden, andererseits machte ihn das aber auch wütend.

- Marie bekommt gegen Ende der Szene Angst vor dem Tambourmajor. Der Sprachgestus im Satz "Rühr mich an." wurde folgendermaßen verstanden: "Erzähl nicht immer, wie gut du bist, sondern rühr mich endlich an." Gegen Ende nahm der Spieler diese Herausforderung aber wieder zurück. Der Spieler meinte, Marie habe Selbstbewußtsein, komme aber mit ihrer Rolle nicht ganz klar. Einerseits provoziere sie den Tambourmajor, andererseits wolle sie aber gar nichts vom Tambourmajor. Der Gestus im Satz "Rühr mich an." sollte eher bedeuten: "Rühr mich nicht an."

- Marie ist naiv, sich ihrer Hübschheit bewußt, will aber eine ehrbare Frau sein. Sie spielt mit dem Feuer, wirkt dabei überlegen.

- Marie weiß genau, was sie will: Sie möchte den Tambourmajor genießen, möchte dabei aber als eigene Person akzeptiert werden. Die Spielerin sagte, daß sie den Tambourmajor vernaschen wollte, allerdings den Eindruck bekommen habe, daß er sich mit ihr schmücken wolle. Das wollte sie ihm "austreiben".

- Marie wirkt resignativ, läßt alles über sich ergehen: "Wenn es schon mit dem Teufel zugeht, warum soll ich mich dann nicht auch auf das Böse einlassen? Es ist doch sowieso alles egal."

- Marie läßt sich auf den Tambourmajor ein. Sie ist weich und anschmiegsam, stößt beim Sprechen des Satzes "Rühr mich an." einen Seufzer aus, der als sinnliche Aufforderung verstanden wurde.

Der Spieler dazu: "Marie lernt in der Szene, daß es etwas kostet, wenn man jemanden zum Renommieren haben will. Deshalb muß sie den Wünschen des Tambourmajors entsprechen."

Marie agiert kühl, distanziert, intellektuell - ein selbstbewußter Kühlschrank, "eine Frau", die den "Gockel" Tambourmajor vorführt, jenseits aller Gefühle und Gebärden der Zuwendung. Marie ruht in sich, macht den Tambourmajor zur lächerlichen Figur.

- Die Szene wird nach einer kurzen öffentlichen Einfühlung von den Spielern der Marie und des Tambourmajors durchgespielt. Die Haltung des Tambourmajors wird fixiert, d.h., der Spieler wird aufgefordert, die Haltung, die er im Spiel gezeigt hat, auch bei den folgenden Spieldurchläufen beizubehalten. Die übrigen Teilnehmer überlegen sich, mit welcher Haltung sie als Marie dem Tambourmajor in dieser Szene begegnen wollen. Nacheinander wird die Szene mit wechselnden Marie-Spielern (auch hier ist es möglich, die Perspektive der Rollenfigur einzubringen) mehrmals durchgespielt.
Nach jedem Durchgang sagen die Beobachter, welche Haltung Marie gezeigt hat.

- Aufgrund der Spielversuche werden die Haltungen beschrieben und zusammengestellt, die Marie in der "Kammer"-Szene dem Tambourmajor gegenüber einnehmen könnte.

<u>Mögliche Haltungen Maries gegenüber dem Tambourmajor in Szene 6 ("Kammer"), zusammengestellt nach Aussagen von Studentinnen und Studenten.</u>

1. Marie ist fasziniert von der Erscheinung des Tambourmajors und stolz, daß er sie "vor allen Weibern" gewählt hat. Sie durchschaut sein Auftreten, reagiert darauf spöttisch, spielt aber mit, indem sie kokettiert, sich etwas ziert, Versteck spielt.

2. Marie und der Tambourmajor verstehen sich gut, sind voneinander begeistert, flirten gutgelaunt, leicht spöttisch miteinander. Marie geht allerdings sein direktes Auftreten zu schnell, sie will nicht gleich mit ihm schlafen, sondern etwas von ihm haben. Deshalb wehrt sie ab, droht ihm: "Rühr mich an" (dann gibt's Ärger) ...

3. Marie ist stolz darauf, daß sie vom Tambourmajor beachtet wird, dabei hat sie verdrängt, was er eigentlich von ihr will - nämlich mit ihr schlafen. Als er das anspricht, will sie das nicht richtig wahrhaben. Sie wehrt - mit schlechtem Gewissen - heftig ab, obwohl und gerade weil sie weiß, daß das dazu gehört.

4. Marie ist zwar stolz, daß der Tambourmajor sie gewählt hat, hat aber Hemmschwellen zu überwinden. Sie fühlt sich von seinem Gebaren abgestoßen, gehemmt und macht einen Rückzieher. Sie wehrt den Tambourmajor ab und rechtfertigt sich dann vor sich selbst: "Es ist alles eins".

5. Marie ist stolz, daß der Tambourmajor zu ihr gekommen ist. Sein großspuriges Auftreten verstimmt sie aber, v.a. als er davon spricht, daß sie eine "Zucht von

Tambourmajors anlegen" sollten. Sie fühlt sich mißbraucht, weil sie nicht um der "Zucht von Tambourmajors", sondern um ihrer selbst willen geliebt werden will. Gereizt weist sie ihn zurück. "Rühr mich an!", dann kannst du was erleben ...

6. Marie fühlt sich hin und hergetrieben zwischen Bewunderung und Skrupel, sich auf ihn einzulassen, da sie ja mit Woyzeck lebt. Wegen dieser Skrupel und Unsicherheit fordert sie den Tambourmajor auf, ihr zu helfen: "Rühr mich an!".

7. Marie führt den Tambourmajor ironisch vor: "Zeig dich doch mal, du Held." Der Tambourmajor kapiert das nicht, spielt sich auf, sie läßt ihn spöttisch auflaufen. Als er konkret zur Sache gehen will, weist sie ihn massiv ab.

8. Marie ist begeistert, daß sie es geschafft hat, diesen Mann für sich zu gewinnen. Zwar findet sie sein Verhalten leicht überzogen und wehrt sich gegen seinen Besitzanspruch, doch braucht sie ihn, um öffentlich etwas darzustellen; deshalb nimmt sie das sexuelle Verhältnis in Kauf.

9. Marie will mit dem Tambourmajor, der sie körperlich reizt, schlafen. Sie will ihn als Mann, nicht als Statussymbol mit Flitter und dem anderen Brimborium, sie will den "Mann", nicht den "Kerl". Sie fühlt sich ihm überlegen, nimmt ihn wie ein Kind, das sich aufspielt. Sein Hinweis auf die "Zucht von Tambourmajors" stößt sie ab.

7. Wie Marie Woyzeck sieht

Woyzeck begegnet Marie in den bisher erarbeiteten Szenen immer nur flüchtig: er kommt vorbei ("Stadt"), begleitet Marie auf den Jahrmarkt, überrascht sie in ihrem Zimmer mit Ohrringen. Woyzeck kommt und eilt davon. Wie nimmt Marie ihn wahr? Wie deutet sie sein Verhalten? Was bedeutet er ihr? Will man diese Fragen beantworten, muß man sich auf die Perspektive Maries einlassen, sich in ihre Lage versetzen und in den Szenen, in denen sie Woyzeck begegnet (2, 4, 7, 16, 20), nach Aussagen suchen, die Aufschlüsse über ihre Haltung ihm gegenüber geben können.

Die Teilnehmer sollen sich aufgrund der Lektüre der Szenen, in denen Marie Woyzeck begegnet, eine Vorstellung von der inneren Haltung Maries gegenüber Woyzeck machen.

Dabei sollen sie im einzelnen
- in den Szenen nach Aussagen suchen, die Hinweise auf Maries Verhältnis zu Woyzeck geben
- sich klarmachen, wie sie - aus der Perspektive ihrer Rolle - Marie und ihr Verhalten dem Tambourmajor und Woyzeck gegenüber einschätzen
- einen Rollentext aus der Perspektive von Marie über ihr Verhältnis zu Woyzeck schreiben.

- Alle lesen die Szenen, die Aufschluß über Maries Einstellung zu Woyzeck geben können, und streichen sich die entsprechenden Stellen an.

- Jede(r) überlegt sich, wie er/sie - evtl. aus der Perspektive der eigenen Figur heraus - Marie in ihrem Verhalten dem Tambourmajor und Woyzeck gegenüber bewertet und schreibt sich das auf.

- Jede(r) schreibt einen Rollentext aus der Perspektive Maries zum Thema "Wie ich Woyzeck sehe".

(1)

Also, manchmal verstehe ich diesen Mann nicht. Er hat ja so oft fast nur seine Arbeit im Sinn. Selten hat er Zeit für mich. Ich mag ihn ja ganz gern, würde mal wieder gern einen ganzen Tag mit ihm zusammen sein. Eben ist er wieder so schnell fortgegangen: Arbeiten, immer müssen wir armen Leute arbeiten. Eben hat er so was Komisches erzählt. Ich glaube, er hat Angst vor irgendwas. Hoffentlich wird er nicht noch verrückt! Dieser Tambourmajor hat mehr Zeit für mich. Er macht mir immer so nette Komplimente. Der hat es gut - seine Stellung ist gesichert. Er ist wenigstens nicht arm. Ja, ich finde den ganz gut, obwohl - ich kann nicht gerade sagen, daß ich ihn liebe. Gestern, als er mir die Ohrringe geschenkt hat, bekam ich danach ein schlechtes Gewissen, die Dinger überhaupt angenommen zu haben. Ich muß aufpassen, daß Franz sie nicht sieht, aber - naja - ich kann ihm ja immer noch erzählen, daß ich sie gefunden habe.
Verflixt! Ich hätte achtsamer sein müssen. Die Ohrringe sind ihm natürlich gleich aufgefallen. Wie eifersüchtig er war! Er hat mir heute seinen Lohn gebracht - aufrichtig ist er ja, der Franz. Er sorgt für unser Kind und mich. Eigentlich müßte ich mich jetzt ja schämen wegen der Ohrringe. Aber irgendwie bin ich zu stolz, ihm das zu zeigen. Eigentlich kann er mir ja auch gar nichts nachweisen, und außerdem sind wir ja auch nicht verheiratet. Er spricht in letzter Zeit immer so wirres Zeug. Ich versteh' ihn manchmal gar nicht. Franz war gestern und heute nicht hier. Gerade fühle ich mich unwohl. Ich kann ihn doch nicht so einfach betrügen. Nachher tut er sich noch etwas an. Ich will ihn um Verzeihung bitten, habe aber Angst davor, daß er mich schlägt und eine Hure nennt. Ja, ich hab richtig Angst vor Franz."

(2)

"Ich weiß nicht recht, was mit Woyzeck los ist. Er redet oft wirr und zusammenhangslos. Auf der anderen Seite habe ich ein schlechtes Gewissen, wenn ich ihn betrüge, weil ich weiß, daß er mir treu ist. Ich habe Angst vor ihm. Ich will mich aber durch ihn nicht in meinem Lebensglück einschränken lassen.

Ich rechne damit, für meine Taten eines Tages büßen zu müssen, ja, ich muß mein Verhalten selbst verurteilen."

(3)

Marie spricht in Gedanken mit ihrem Sohn:
"Weißt Du, daß ich mir in letzter Zeit immer mehr Gedanken um Deinen Vater mache? Heute nachmittag kam er kurz vorbei, kam nicht mal herein, lugte nur kurz durchs Fenster. "Muß zum Verles" hat er gesagt, aber er war so merkwürdig dabei. Er hat vor irgendetwas Angst, aber ich versteh ihn einfach nicht. Ich hatte Dich auf dem Schoß, aber er hat Dich gar nicht gesehen. Dabei war er doch immer so stolz auf Dich, daß Du, mein Kind, auch seines bist, unser Kind, das, was mich an ihn bindet. Weißt Du, eigentlich hab ich ihn gern, Deinen Vater. Es ist nicht immer so, daß Männer zu ihren Kindern stehen - bei Frauen wie ich eine bin. Auf der anderen Seite - was hat er schon außer uns beiden - und eigentlich, wenn Du nicht wärst, ich hätte schon gute Chancen, auch bei anderen Männern. Der Tambourmajor z.B., hast Du den heute gesehen? Ist das nicht ein Kerl von Mann? Ich glaub, dem könnte ich vielleicht sogar gefallen, aber wer nimmt schon so eine wie mich und das Kind noch dazu?
Nein, weißt Du, Bub, dein Vater, der Franz ist schon ein lieber Mensch - treu und zuverlässig ... Man soll nicht nach den Sternen greifen. Aber ich hab Angst um ihn in letzter Zeit. Er weiß nicht, was er will. Ich versteh ihn nicht mehr.

Was hab ich Dir gesagt? Bei dem Tambourmajor hätte ich Chancen. Dein Vater und ich waren heut auf dem Jahrmarkt - schön war's. Richtig lebendig. In der einen Bude ist's dann passiert. Der Ausrufer hat nach einer Uhr aus dem Publikum verlangt und der Unteroffizier, weißt Du, der Tambourmajor war mit dem Unteroffizier aus dem Regiment zusammen in der Vorführung. Ich hab vorher schon gemerkt, wie die beiden mich gemustert haben und sich über mich unterhielten ... Ja, also der Unteroffizier hat seine Uhr hochgehoben, und ich bin nach vorne geklettert, damit ich besser sehen kann, ob der Esel auch wirklich die Zeit lesen kann und da kein Trick dabei ist und komm neben dem Tambourmajor zu stehen und der zwinkert mich an und macht eine Bemerkung, und wie ich zurück will, finde ich da zwei goldene Ohrringe vor meinen Füßen. Ich konnte schwören, die sind von dem - wie der geguckt hat ... Ich muß mich gleich noch mal anschaun damit. Sie stehn mir gut - ich hatt' noch nie so was Schönes. Wir armen Leute können uns so was nicht leisten ...

Dein Vater war hier, eben; jetzt hab ich wieder ein schlechtes Gewissen. Er hat die Ohrringe gesehen, wollt' wissen, woher sie sind. Ich habe gesagt, ich hab sie gefunden, stimmt ja auch eigentlich. Aber er hat es nicht geglaubt ... hat Dich ganz liebevoll angesehen, heut, daß wir armen Leute viel arbeiten müssen, hat er gesagt und Haushaltsgeld dagelassen. Ein feiner Mensch ist er und hat auch nicht wirr geredet heute - aber, trotzdem, ich muß immer an den Tambourmajor denken. Ich weiß, es ist nicht recht wegen dem Franz, aber gegen seine Gedanken kann man doch nichts machen.

Bub, hoffentlich hast Du mal mehr Glück als Dein Vater - siehst besser aus und brauchst nicht allen Dreck für alle Leute zu machen."

(4)

"Ich habe den Franz Pfingsten vor zwei Jahren auf dem Jahrmarkt kennengelernt. Wir haben miteinander getanzt, sind dann zusammen geblieben; ich war froh, daß ich nicht mehr allein war, obwohl wir uns viel zu wenig sehen. Er ist verständnisvoll, zuverlässig und sorgt für mich und das Kind. Ohne ihn würden wir nicht zu Rande kommen. Leider muß er so viel arbeiten, daß wir nur wenig Zeit füreinander haben: abends kommt er immer zum Essen, auf dem Weg zur Arbeit schaut er manchmal kurz vorbei. Wir gehen auch mal ins Wirtshaus oder auf den Jahrmarkt; das ist dann immer sehr aufregend. Aber meist bleibt uns wenig Zeit, weil er in die Kaserne zurück muß, wo er schläft. Ich bin - leider - viel allein mit dem Kind. Er liebt sein Kind sehr, wenn er auch oft traurig darüber ist, daß er ihm kein besseres Leben bieten kann. Was mir Sorge macht und mir manchmal auch Furcht einjagt, ist, daß er oft so komische Gedanken im Kopf hat: er redet von Freimaurern und anderen Sachen, die hinter ihm her seien. Er ist dann immer ganz vergeistert und wie abwesend, so daß er noch nicht mal sein Kind ansieht. In letzter Zeit hat das zugenommen, ich bekomme das auch zu spüren. Immer seltener nimmt er mich in den Arm, wo ich doch auch meine Wünsche habe. Na ja, da konnte ich dann dem Tambourmajor nicht widerstehen, aber das hat nichts mit uns zu tun. Er hat wirklich keinen Grund, eifersüchtig zu sein, bei dem Mann. Na ja, ganz wohl ist mir dabei auch nicht zumute, und das war schon ein bißchen leichtsinnig, aber das ändert doch nichts. Wenn er mal direkt was sagen würde, aber er redet immer nur so wirres Zeug wie im Fieber, deutet nur an, daß er das mit dem Tambourmajor weiß. Er schnüffelt hinter mir her, macht blöde Bemerkungen: ich bin doch keine Hure! Das mit dem Major, das war doch nur einmal. Dann muß er sich mehr um mich kümmern.

Ich brauche Franz. Wenn er nicht kommt, werde ich unruhig. Ich habe dann Angst, daß er etwas gegen mich hat, mich nicht mehr mag. Dann mache ich mir Vorwürfe, bekomme ein schlechtes Gewissen, glaube, daß ich mich versündigt habe, obwohl das doch nichts war. Ich kann einfach nicht allein sein."

- Die Texte werden nacheinander von den Schreibern gelesen (vorgelesen). Gemeinsam wird in der Gruppe darüber gesprochen, welche innere Haltung Marie in den Texten Woyzeck gegenüber zeigt.

- Die Teilnehmerin, die die Rolle der Marie übernommen hat, sagt, welcher der Texte ihrer Haltung gegenüber Woyzeck am meisten entspricht und warum.

1) Marie liebt Franz, ist aber unzufrieden mit der gemeinsamen Lebenssituation und kann sein Verhalten nur schlecht einschätzen. Sie nimmt die Komplimente und Ohrringe des Tambourmajors entgegen, hat aber ein schlechtes Gewissen. Sie hat Angst, daß Woyzeck sie verprügelt und sie Hure nennt ...

2) Marie hat ein schlechtes Gewissen und Angst gegenüber Woyzeck, will sich aber von diesem nicht einschränken lassen und ihr eigenes Leben leben. Sie will sein, wie sie ist und auch die Verantwortung und die Folgen für das tragen, was sie gemacht hat ...

3) Marie hält Woyzeck für einen anständigen, zuverlässigen Mann und Vater, würde allerdings weggehen, wenn sie das Kind nicht hätte. Sie geht auf das Angebot des Tambourmajors ein (sie muß immer an ihn denken), redet aber dem Sohn ein, daß sein Vater ein "feiner Mensch" sei ...

4) Marie liebt Woyzeck und braucht ihn, weil er für ihren Lebensunterhalt sorgt und sie nicht allein sein kann. Weil Woyzeck sich nur wenig um ihre Bedürfnisse kümmern kann, läßt sie sich einmal auf den Tambourmajor ein, mißt dem aber keine Bedeutung zu und kann deshalb Woyzecks Aufregung nicht verstehen ...

Statt eines Rollentextes können auch Rollenmonologe der Marie erarbeitet werden:

- Die Teilnehmer überlegen sich, wie sie sich als Marie über Woyzeck und ihr Verhältnis zu ihm äußern würden.

- Nacheinander setzen sich die Teilnehmer auf einen Stuhl vor die Gruppe und sprechen in der Ich-Form als Marie über Woyzeck und die Beziehung zu ihm. Die Beobachter können Fragen stellen, die aus der Rollenperspektive beantwortet werden müssen.
  Nach jedem Rollenmonolog sprechen die Beobachter über die Haltung, die diese Marie Woyzeck gegenüber einnimmt.

- Zum Schluß stellt die Marie-Spielerin ihre Haltung Woyzeck gegenüber vor.

8. Auf der Gasse (7)

Maries Auftreten Woyzeck gegenüber

Woyzeck ist mißtrauisch geworden. Er hat gehört, daß Marie ein Verhältnis mit dem Tambourmajor eingegangen ist. Auf der Gasse stellt er Marie zur Rede. Die Offenheit des Ortes und des Dialogs macht unterschiedliche Deutungen der Szene möglich: Woyzecks Frage zum Beispiel: "Hat er da gestanden, so, so?" kann sowohl auf einen Ort (Straße, Kammer, Jahrmarkt) als auch auf eine bestimmte Körperhaltung bezogen werden. Woyzecks Äußerungen können von Marie unterschiedlich gedeutet werden - je nachdem, welche Haltung sie ihm gegenüber einnimmt.

Die Teilnehmer sollen erfahren, welchen Einfluß unterschiedliche Einstellungen Maries Woyzeck und dem Tambourmajor gegenüber auf die szenische Interpretation der Szene "Auf der Gasse" haben.
Dabei sollen sie im einzelnen

- entscheiden, welche Einstellung Maries sie in ihrer Konsequenz für die Szene mit Woyzeck untersuchen wollen

- überlegen, welche der möglichen Haltungen Maries dem Tambourmajor gegenüber zu diesen Einstellungen passen
- die Szene in der Gesamtgruppe vorspielen und von den Beobachtern interpretieren lassen.

• Die Teilnehmer bekommen vier mögliche Einstellungen Maries in zugespitzter Form vorgelegt. Es werden vier Gruppen gebildet, die jeweils eine Einstellung in eine äußere Haltung umsetzen sollen.
Die Einstellung Maries:

1) "Ich habe die Ohrringe gefunden und fand das toll. Ich habe Angst, daß Franz mich erwischt und mich verdächtigt und körperlich bestraft ..."

2) "Naja, ich habe mich zwar auf den Tambourmajor eingelassen, aber das hat keine Bedeutung für unser Verhältnis. Der soll sich nur nicht so aufregen ..."

3) "Das mit dem Tambourmajor, das ist meine Sache, das geht den nichts an. Ich will das und werde das auch alleine verantworten ..."

4) "Es hat Spaß gemacht mit dem Tambourmajor. Ich fand es toll, daß der mich genommen hat. Der Franz soll sich nicht so aufregen ..."

• Die Gruppen lesen sich noch einmal die erarbeiteten Haltungen Maries dem Tambourmajor gegenüber durch und überlegen sich, welche zu ihrer Einstellung gegenüber Woyzeck passen könnte. Dann wird die Szene "Auf der Gasse" mehrmals hintereinander gespielt, wobei Marie von unterschiedlichen Spielern/-innen mit der vorgegebenen Intention gespielt wird. Die Gruppe entscheidet sich für die Variante, bei der Maries Einstellung am besten auch äußerlich sichtbar wird.

Gruppe 1: Marie hat Angst vor körperlicher Strafe

Woyzeck dringt hart, laut, bestimmend und autoritär auf Marie ein; seine Bewegungen und Gesten beherrschen die Situation. Dagegen bleibt Marie zurückgenommen, kleinlaut und ängstlich, sie strahlt sowohl körperlich, aber auch sprachlich kein Selbstbewußtsein, eher Schuldgefühle aus ...

Gruppe 2: Das mit dem Tambourmajor war ohne Bedeutung, Franz braucht sich nicht aufzuregen ...

Marie wirkt eingeschüchtert, niedergeschlagen, zeigt, daß sie ein schlechtes Gewissen hat. Den Kopf gesenkt, redet sie mit gedämpfter Stimme vor sich hin und versucht, Woyzeck klarzumachen, daß man die Situation auch anders interpretieren kann. Woyzeck ist da ganz anderer Meinung: groß, dominierend und mit fester Stimme beharrt er darauf, daß sie sich daneben benommen habe. Zwischen beiden kommt während der ganzen Szene keine Verständigung zustande ...

Gruppe 3: Ich will und werde die Sache mit dem Tambourmajor alleine verantworten ...

Woyzeck regt sich theatralisch auf, brüllt, dringt auf Marie ein. Marie wartet zunächst ab, wird zunehmend sicherer, antwortet schnippisch, spitz, von unten her; als er sich nicht beruhigt, läßt sie ihn schließlich achselzuckend stehen ("Na und?", "Und wenn schon?")

Gruppe 4: Es hat Spaß gemacht mit dem Tambourmajor, Franz soll sich nicht so aufregen ...

Woyzeck ist empört, macht Marie Vorhaltungen, aber Marie bleibt - leicht lächelnd - unerschüttert: mit gleichmütiger, fast monotoner Stimme begegnet sie den Vorwürfen, von sich selbst und dem eigenen Verhalten überzeugt ...

- Die Gruppen spielen ihre Szene vor. Die Teilnehmerin, die während der gesamten szenischen Interpretation die Rolle Maries übernommen hat, sagt dann, mit welcher der Haltungen sie sich am meisten identifizieren kann und warum.

9. Beim Doktor (8)

Die Beziehung Woyzecks zum Doktor ist nicht durch ein unmittelbares Abhängigkeitsverhältnis bestimmt, sondern durch einen Arbeitsvertrag ("Akkord") geregelt. Als Wissenschaftler untersucht der Doktor die Wirkung von Unterernährung bzw. einseitiger Ernährung auf den menschlichen Organismus und den Geisteszustand. Woyzeck steht ihm als Untersuchungsobjekt zur Verfügung. Er wird dafür bezahlt, daß er über einen längeren Zeitraum nur Erbsen zu sich nimmt und dem Doktor den Urin zur Untersuchung zur Verfügung stellt. Woyzeck hat seinen eigenen Körper verkauft, dessen Schwächung oder sogar Zerstörung Bedingung und Ziel des wissenschaftlichen Experiments ist. Gibt er seinen natürlichen Bedürfnissen nach, etwa wenn ihm "die Natur kommt" und er pissen muß, ohne den Urin dem Doktor zur Verfügung zu stellen, dann wird er vertragsbrüchig, zumal der Doktor wissenschaftlich erwiesen zu haben meint, daß der Mensch seine Natur beherrschen kann. Alle Symptome von Erregung und geistiger Verwirrung, wie immer sie zustandekommen mögen, interessieren den Doktor, weil sie seine Hypothesen bestätigen; er honoriert solche Erscheinungen, indem er Woyzeck "Zulage" verspricht.
Die Haltung des Doktors ist auch historisch zu erklären: als Repräsentant des aufsteigenden Bürgertums im frühen 19. Jahrhundert ist er gezwungen, sich als Wissenschaftler in Abgrenzung und Konkurrenz zu anderen darzustellen und nachzuweisen, daß seine Theorie wahr ist. Zu diesem Zweck ist er gezwungen, sich sein Forschungsobjekt zu kaufen und vertraglich zu verpflichten und an diesem nur wahrzunehmen, was seiner Theorie und seinem Stand als Wissenschaftler entspricht; abweichende Erscheinungen werden als unwissenschaftlich abqualifiziert. Diese Haltung macht den Doktor für den Vertragspartner gefährlich und kalkulierbar zugleich. Will Woyzeck den Vertrag erfüllen, und das muß er schon aus materiellen Gründen, und darüber hinaus auch noch "Zulage" bekommen, so muß er nervös, reizbar, unterwürfig, "verrückt" (im Sinne einer "aberratio") sein oder wirken. Er muß dann entweder sich wirklich selbst zerstören und krank werden, oder er muß die Krankheit und die entsprechenden Symptome simulieren. In beiden Fällen muß er nach außen hin eine Haltung vorweisen, die für den Doktor "interessant" ist.
Die Haltung des Doktors seinem wissenschaftlichen "Objekt" gegenüber ist bei aller Überzeichnung der Figur so realistisch, daß Wissenschaftler und Lehrer Anteile dieser Haltung auch heute noch in Forschungs- und Lehrsituationen zeigen.

Die Teilnehmer sollen bei der szenischen Interpretation der "Doktor-Szene" erfahren, in welcher Weise der Doktor als Wissenschaftler Woyzeck zum Forschungsobjekt macht und wie er dabei sein Wahrnehmungsfeld einschränkt. Dabei sollen sie im einzelnen erkennen,

- daß der objektivierende und sezierende Blick des Wissenschaftlers den Menschen zum Objekt macht, das einzig als Datenlieferant wichtig ist
- daß der Doktor als Repräsentant des aufsteigenden Bürgertums seine wissenschaftlichen Fortschritte nur dadurch erringen kann, daß er sich "arme" Menschen kauft und über einen Vertrag an sich bindet
- daß diese Haltung des Doktors zu einer Eingrenzung des Wahrnehmungshorizontes führt, die von den "Opfern" unterlaufen und entlarvt werden kann.

- Alle Teilnehmer lesen die Szene "Beim Doktor" durch und überlegen sich aus ihrer Rollenperspektive heraus, mit welcher der Figuren sie sich in dieser Situation identifizieren können. Der Spieler des Doktors (möglicherweise der Spielleiter, Lehrer/Hochschullehrer) überlegt sich, was er in dieser Szene von Woyzeck will und mit welchen Gefühlen er auf diesen reagiert. Der (die) Woyzeck-Spieler(in) überlegt sich, was er/sie in dieser Situation mit welchen Intentionen tut und sagt.

- Der ·Doktor· baut sich das Arbeitszimmer auf, erläutert, wie es aussieht und begibt sich an die Arbeit. Der Spielleiter tritt hinter ihn und fragt ihn, was er gerade tut.
Der Spielleiter begibt sich zu ·Woyzeck· und fragt ihn, was er beim Doktor will, was der Doktor von ihm erwartet und wie er sich verhalten will.

- Die Szene wird gespielt. Die Beobachter unterbrechen durch Stop-Rufe dort, wo sie wissen wollen, was die Figuren gerade denken und empfinden.

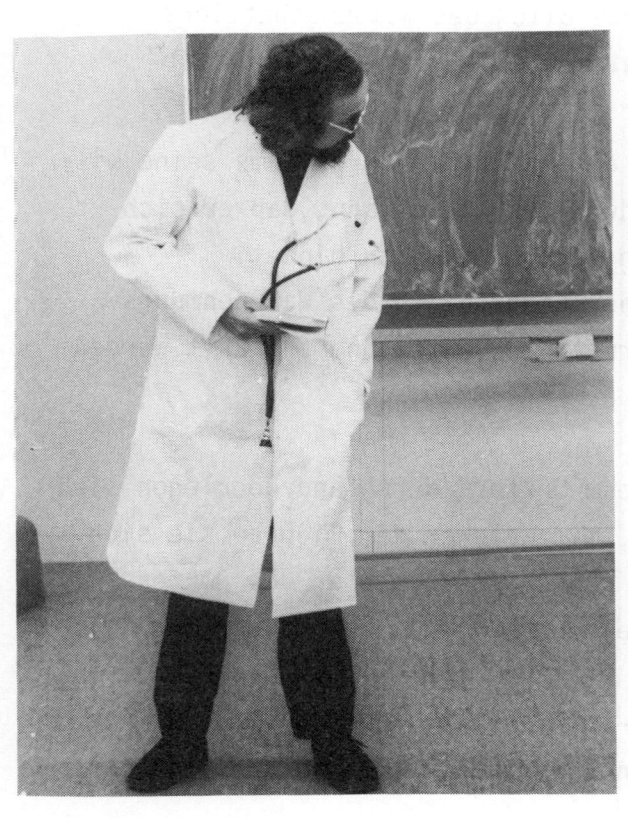

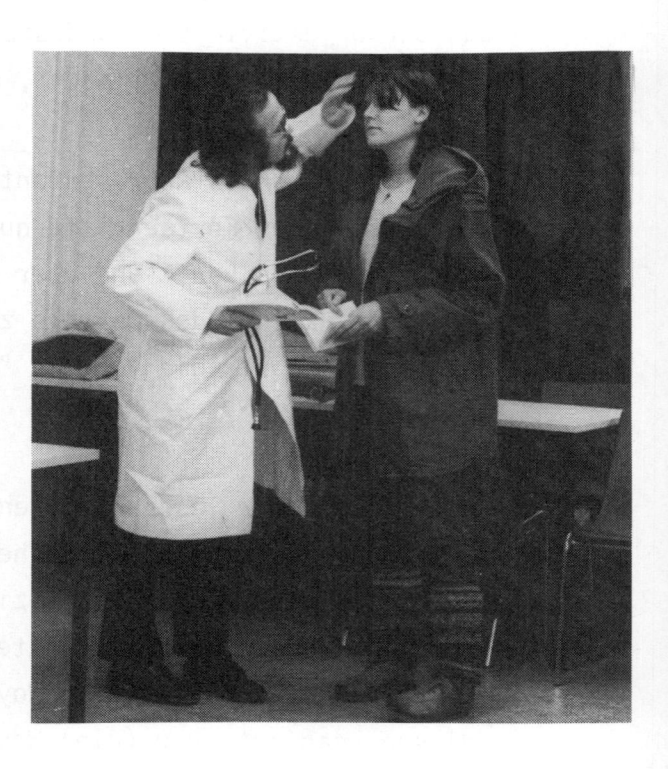

- Nach dem Spiel beschreiben die Beobachter, die sich mit Woyzeck identifiziert haben, die Haltung des Doktors. Die, die sich mit dem Doktor identifiziert haben, beschreiben die Haltung von Woyzeck:

Die Haltung des DOKTORS:

Der Doktor war autoritär, kaltblütig, berechnend, ein nur an seinem Experiment interessierter Wissenschaftler. Menschliche Gefühle und Mitleid seien für ihn "unwissenschaftlich": wo in der Situation menschliche Regungen, Gefühle, ja überhaupt so etwas wie Subjektivität aufzukommen drohten, habe er sich auf kalte, pseudoobjektive Wissenschaftssprache zurückgezogen, hinter der er sich verstecke. Diese Haltung schränke seinen Wahrnehmungsspielraum ein: er nimmt nur wahr, was dem Experiment dient, reduziert sein Gesichtsfeld auf das wissenschaftlich Interessante, ignoriert das Menschliche als "unwissenschaftlich" und redet, als ob er keinen Zuhörer habe. Diese Haltung eröffnet Woyzeck Verhaltensspielräume.

- Diejenigen, die sich mit Woyzeck identifiziert haben, überlegen sich, wie Woyzeck so auftreten kann, daß er seine Identität wahren und/ bzw. den Doktor zur lächerlichen Figur machen kann.

10. Die Beziehung Marie - Woyzeck als soziales Ereignis

Die Szenen "KAMMER", in der Marie dem Tambourmajor gegenübersteht, und die Szene "AUF DER GASSE", in der Woyzeck bei Marie nach Hinweisen auf einen Betrug sucht, stehen in der Lese- und Bühnenfassung des Dramas unmittelbar hintereinander. Was dazwischen geschieht, wie Woyzeck etwas über die Begegnung Maries mit dem Tambourmajor erfährt, warum er mißtrauisch wird usw., das bleibt ausgespart. Hier eröffnet sich den Interpreten ein weites Feld der Spekulation. Hier gibt es aber auch die Möglichkeit, aus der Perspektive der verschiedenen Figuren Vermutungen anstellen zu lassen: Gerüchte, Klatsch - ein beliebtes Gesellschaftsspiel. Die Leerstelle zwischen den beiden Szenen kann aber auch dazu genutzt werden, um das entstehende Mißtrauen zwischen Woyzeck und Marie als Produkt ihrer Beziehungen zu anderen Menschen sozial zu verankern. Das kann geleistet werden, wenn in einer Begegnungskette das Ereignis aus der "KAMMER" über Gespräche verschiedener Figuren in unterschiedlichen Situationen zu einem "sozialen" wird und als solches an Woyzeck vermittelt wird.

Die Teilnehmer sollen über eine mehrperspektivische Auseinandersetzung mit Maries "Ehebruch" erfahren, wie ein privates Ereignis zum gesellschaftlichen werden kann, das die soziale Identität Woyzecks gefährdet.
Dabei sollen sie
- aus ihren Rollen heraus in wechselnden Situationen mit unterschiedlichen Figuren ihr Wissen über die Beziehung Marie - Tambourmajor - Woyzeck interessenbezogen weitergeben
- entdecken, welche Interessen und Haltungen Woyzeck zum Problemfall machen
- erleben, wie aus einem Fehltritt Maries ein gesellschaftliches Ereignis wird, das Woyzecks Selbstbild in Frage stellt.

- Alle Teilnehmer sitzen im Halbkreis. Sie steigen spontan in ihren Rollen in Spielsituationen ein, wenn sie vom SL, der die Begegnungskette steuert, dazu aufgefordert werden. Bevor das Spiel beginnt, bekommen alle noch einmal Gelegenheit, sich zu überlegen, was sie an der Beziehung Marie - Tambourmajor - Woyzeck interessiert und welche Einstellung sie zu den einzelnen Personen haben.

- Der Tambourmajor trifft Marie in ihrer "KAMMER" (6).
Der Ort wird aufgebaut. Die Szene wird noch einmal gespielt.

"KAMMER (6)
Marie. Tambour-Major.

TAMBOUR-MAJOR. Marie!
MARIE *ihn ansehend, mit Ausdruck.* Geh' einmal vor dich hin. - Über die Brust wie ein Rind und ein Bart wie ein Löw - So ist keiner - Ich bin stolz vor allen Weibern.
TAMBOUR-MAJOR. Wenn ich am Sonntag erst den großen Federbusch hab' und die weiße Handschuh, Donnerwetter, Marie, der Prinz sagt immer: Mensch, Er ist ein Kerl.
MARIE *spöttisch* Ach was! *Tritt vor ihn hin.* Mann!
TAMBOUR-MAJOR. Und du bist auch ein Weibsbild. Sapperment, wir wollen eine Zucht von Tambour-Majors anlegen. He? *Er umfaßt sie.*
MARIE *verstimmt.* Laß mich!
TAMBOUR-MAJOR. Wild Tier.
MARIE *heftig.* Rühr mich an!
TAMBOUR-MAJOR. Sieht dir der Teufel aus den Augen?
MARIE. Meintwegen. Es ist Alles eins."

- **Der Spielleiter spricht mit ·Marie·.**

SL.: Marie, der Tambourmajor ist gerade gegangen, wie geht es dir jetzt?
M. : Das war schön.
SL.: Hol dir mal dein Kind und erzähle ihm, wie es dir geht.
M. : Das war schön. Das wirst du auch später mal erleben, wie schön das ist, wenn man sich so nah ist.

- **Der Spielleiter spricht den ·Narren· an.**

SL.: Was nimmst du wahr?
N. : Es geht ihr gut. Das ist wohl eine Prinzessin, die wohl ihren Prinzen bekommen hat.
SL.: Hast du das gesehen?
N. : Nein, aber sie sieht so aus - die Augen, die Stimme, wie sie redet.
SL.: Und Woyzeck?
N. : Es gibt nicht immer komplette Märchen.

- **·Margreth· kommt zu ·Marie·.**

SL.: schaltet Margreth ein: Du hast gesehen, wie der Tambourmajor das Haus von Marie verlassen hat und gehst zu Marie.
Ma.: Na, Frau Nachbarin, ich habe eben den Tambourmajor weggehen sehen.
M. : Was willst du?
Ma.: Na, gucken, wie es dir geht.
M. : Danke.
Ma.: Hat er was dagelassen?
M. : Na sicher - na und?

- **Der Spielleiter spricht mit ·Marie·.**

SL.: Was war denn los?
M. : Sie wollte mich kränken.
SL.: Was denkt Margreth denn jetzt?
M. : Dasselbe, was sie gesagt hat.

- **Der Spielleiter spricht mit ·Margreth·.**

SL.: Was denkst du denn jetzt?
M. : Ich wollte mal gucken. Ich hatte ja den Tambourmajor weggehen sehen.
SL.: Und? Was haben die beiden denn gemacht?
M. : Was weiß ich, was die da machen. Sie hat ja schon ein Kind.
SL.: Und jetzt kriegt sie noch eins?
M. : Sie soll sich nicht einlassen.

- **Die ·Kinder· sprechen mit der ·Großmutter.**

K. : Du, ich hab' eben was gesehen - der Tambourmajor kam bei Marie heraus. Ob die wohl das gleiche machen wie Mama? Ich werd' mal die Großmutter fragen.
K. : Du, Großmutter, die Marie ist doch eigentlich mit dem Woyzeck zusammen.
G. : Ja.
K. : Aber eben war da ein anderer - der Tambourmajor - der geht immer so. Was macht der da?
G. : Ja, der redet mit der Marie. Was sollen sie denn machen?
K. : Der hat so komisch gewinkt. Bei meiner Mama ist auch manchmal einer, und der geht dann immer hinten raus.
G. : Und Woyzeck?
K. : Ist nicht da.
G. : Du meinst, Woyzeck wäre traurig?
K. : Ich fänd es besser, wenn mein Papa zu meiner Mama kommt.

- **Die ·Kinder· besuchen ·Marie·.**

K. : Marie, sing uns doch mal etwas vor. Du hast eben schon so schön gesungen. Freust du dich?
M. : Wieso? Was ist denn? Ja, ich freue mich. Es geht mir gut, aber das gefällt mir nicht, daß ihr mich so fragt.

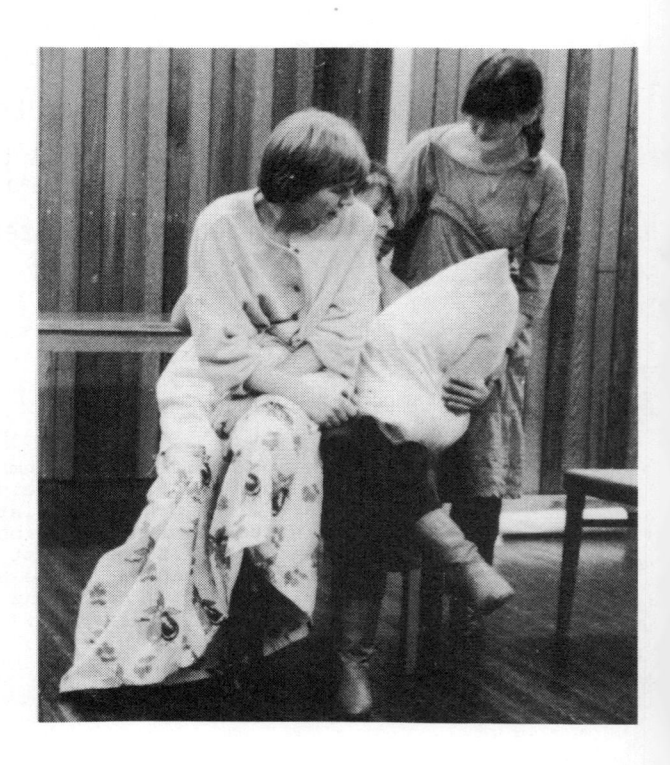

- **Der Spielleiter spricht ·Marie· an.**

SL.: Was ist denn passiert, Marie?
M. : Die Kinder wollten mich ärgern. Das finde ich nicht gut. Die haben so komische Fragen gestellt. Sonst kommen sie immer nur und wollen spielen.

- **Der Spielleiter spricht mit der ·Großmutter·.**

SL.: Großmutter, was wollten die Kinder denn bei dir?
G. : Eines der Kinder hat gesehen, daß der Tambourmajor bei Marie war. Es wollte wissen, was der Tambourmajor bei Marie gemacht hat und ob der Woyzeck nicht mehr zu Marie darf. Gott, Marie, was hat sie schon vom Leben? Ich gönne es ihr. Sie muß wissen, was sie tut. Sie will glücklich sein.

- **Der Spielleiter spricht mit ·Marie·.**

SL.: Was wünscht du dir jetzt?
M. : Eigentlich geht es mir gut. Wenn bloß die Nachbarn nicht wären. Ich möchte ganz weit weg von hier sein und genug zu Essen haben, vielleicht auch noch ein schönes Kleid. Wenn das mit Woyzeck ginge - hach - das wäre schön.
SL.: Genügt dir der Woyzeck?
M. : Nein, so nicht. Woyzeck ist immer so traurig. Manchmal habe ich Angst vor ihm.

- **·Marie· bespiegelt sich, ·Woyzeck· betritt die Kammer (Szene 4 "Kammer").**

- **Der Spielleiter spricht mit ·Marie·.**

SL.: Wie geht es dir jetzt, Marie?
M. : Ganz gut. Woyzeck war recht aufgeräumt. Er ist ein lieber Kerl. Schade, daß er nicht öfter so ist.
SL.: Was ist denn nun mit dem Tambourmajor? Hättest du Woyzeck nicht sagen müssen, daß der Tambourmajor hier war?
M. : Ich möchte eigentlich nicht, daß Woyzeck das merkt.

- **Im Wirtshaus:**

SL. fordert den ·Unteroffizier·, den ·Hauptmann· und ·Käthe· auf, ins Wirtshaus zu gehen und befragt den ·Tambourmajor·:

SL.: Wie geht es dir denn nach dem Abenteuer mit Marie?
T. : Hervorragend!
SL.: War es ein tolles Erlebnis?
T. : Ja, toll.
SL.: Wem erzählst du davon denn gleich?
T. : Meinen Kameraden. Ich habe auch Durst.

T. bestellt sich ein Bier in der Kneipe und setzt sich zum Unteroffizier und Hauptmann.

U. : Na, wie geht's denn?
T. : Gut, es läuft. Ich komme gerade von ihr. Das ist eine Frau. Wenn die Geld hätte ... Da will ich nochmal hin.
U. : Da bist du ja nicht der erste.
T. : Woher weißt du das?
U. : Sie hat doch schon ein Kind.
H. : Jaja, die Moral.
T. : Was will der Woyzeck schon von ihr wollen?
U. : Vor dem würde ich mich in acht nehmen.
K. : Woyzeck ist ein ehrlicher Mensch.

- **·Woyzeck· kommt.**

SL. fordert Woyzeck auf, mal kurz durch das Wirtshaus zu gehen.
W. bestellt sich einen Branntwein.

U. : Hast du keinen Durst, Woyzeck? Paß auf, daß du mit deinen Hörnern auf dem Kopf durch die Tür kommst.
SL.: (an Woyzeck) Was war denn eben los?
W. : Das habe ich nicht verstanden mit den Hörnern. Sagt man nicht, daß einem Hörner wachsen, wenn einer mit der Frau von einem anderen ... Nein, das glaube ich nicht.

SL.: (wendet sich an den Unteroffizier) Die Anspielung eben (Hörner), meinst du, daß der Woyzeck die verstanden hat?
U. : Ich weiß nicht, ob er die kapiert hat.
SL.: (an Hauptmann) Was hältst du denn davon?
H. : Ich halte mich da raus. Das ist mir alles zu hitzig. Ich will doch keinen Hirnschlag bekommen.
SL.: Tut dir der Woyzeck leid?
H. : Nein, er ist ein netter Kerl, aber leid tut er mir nicht.
SL.: Und seine Frau?
H. : Auch nicht.

- **Hauptmann. Doktor (Straße, 9)**

Hauptmann und Doktor treffen sich auf der Straße. Weil sie konkurrierende gesellschaftliche Gruppen repräsentieren (Adel, Bürgertum), kommt es zwischen ihnen zu Sticheleien. Opfer der nicht offen ausgetragenen Aggressionen wird Woyzeck, der gerade vorbeikommt.

"STRASSE (9)

Hauptmann. Doktor. Hauptmann keucht die Straße herunter, hält an, keucht, sieht sich um.

HAUPTMANN. Herr Doktor, die Pferde machen mir ganz Angst; wenn ich denke, daß die armen Bestien zu Fuß gehn müssen. Rennen Sie nicht so. Rudern Sie mit Ihrem Stock nicht so in der Luft. Sie hetzen sich ja hinter dem Tod drein. Ein guter Mensch, der sein gutes Gewissen hat, geht nicht so schnell. Ein guter Mensch. (Er erwischt den Doktor am Rock.) Herr Doktor erlauben Sie, daß ich ein Menschenleben rette, Sie schießen ...
Herr Doktor, ich bin so schwermütig, ich habe so was Schwärmerisches, ich muß immer weinen, wenn ich meinen Rock an der Wand hängen sehe, da hängt er.

DOKTOR. Hm! aufgedunsen, fett, dicker Hals, apoplektische Konstitution. Ja Herr Hauptmann Sie können eine apoplexia cerebralis kriegen, Sie können sie aber vielleicht auch nur auf der einen Seite bekommen, und dann auf der einen gelähmt sein, oder aber Sie können im besten Fall geistig gelähmt werden und nur fort vegetieren, das sind so ohngefähr Ihre Aussichten auf die nächsten vier Wochen. Übrigens kann ich Sie versichern, daß Sie einen von den interessanten Fällen abgeben und wenn Gott will, daß Ihre Zunge zum Teil gelähmt wird, so machen wir die unsterblichsten Experimente.

HAUPTMANN. Herr Doktor erschrecken Sie mich
nicht, es sind schon Leute am Schreck ge-
storben, am bloßen hellen Schreck. - Ich
seh schon die Leute mit den Zitronen in
den Händen, aber sie werden sagen, er war
ein guter Mensch, ein guter Mensch - Teufel
Sargnagel.

"Woyzeck kommt die Straße heruntergerannt.

HAUPTMANN. He Woyzeck, was hetzt Er sich so
an uns vorbei? Bleib Er doch Woyzeck, Er
läuft ja wie ein offnes Rasiermesser durch
die Welt, man schneidt sich an Ihm, Er
läuft als hätt Er ein Regiment Kastrierte
zu rasiern und würd gehenkt über dem letzten Haar von vorm Verschwinden - aber, über
die langen Bärte, was wollt ich doch sagen? Woyzeck - die langen Bärte ...
DOKTOR. Ein langer Bart unter dem Kinn, schon
Plinius spricht davon, man muß es den Soldaten abgewöhnen, du, du ...

HAUPTMANN (fährt fort.) Hä? über die langen
Bärte? Wie ist Woyzeck, hat er noch nicht
ein Haar aus eim Bart in seiner Schüssel gefunden? He, Er versteht mich doch, ein Haar
von einem Menschen, vom Bart eines sapeur,
eines Unteroffizier, eines - eines Tambourmajor ? He Woyzeck? Aber Er hat eine brave
Frau. Geht Ihm nicht wie andern.

DOKTOR (hält ihm den Hut hin.) Was ist das
Herr Hauptmann? Das ist Hohlkopf!
HAUPTMANN (macht eine Falte.) Was ist das
Herr Doktor? Das ist Einfalt.
DOKTOR. Ich empfehle mich, geehrtester Herr
Exerzierzagel.
HAUPTMANN. Gleichfalls, bester Herr Sarg-
nagel."

WOYZECK. Ja wohl! Was wollen Sie sagen Herr
Hauptmann?
HAUPTMANN. Was der Kerl ein Gesicht macht! muß
nun auch nicht in der Suppe sein, aber wenn
Er sich eilt und um die Eck geht, so kann
Er vielleicht noch auf Paar Lippen eins
finden, ein Paar Lippen, Woyzeck, ich habe
auch die Liebe gefühlt, Woyzeck. Kerl Er
ist ja kreideweiß.

WOYZECK. Herr, Hauptmann, ich bin ein arm
Teufel, - und hab sonst nichts auf der Welt
Herr Hauptmann, wenn Sie Spaß machen -
HAUPTMANN. Spaß ich, daß dich Spaß, Kerl!
DOKTOR. Den Puls Woyzeck, den Puls, klein,
hart, hüpfend, unregelmäßig.
WOYZECK. Herr Hauptmann, die Erd ist höllen-
heiß, mir eiskalt! eiskalt, die Hölle ist
kalt, wollen wir wetten. Unmöglich, Mensch!
Mensch! unmöglich.
HAUPTMANN. Kerl, will Er erschossen werden,
will Er ein Paar Kugeln vor den Kopf haben?
Er ersticht mich mit seinen Augen, und ich
mein's gut mit Ihm, weil Er ein guter
Mensch ist Woyzeck, ein guter Mensch.
DOKTOR. Gesichtsmuskeln starr, gespannt, zuweilen hüpfend, Haltung aufgerichtet, gespannt. ...

WOYZECK. Ich geh! Es ist viel möglich. Der
Mensch! es ist viel möglich. Wir habe schön
Wetter Herr Hauptmann. Sehn Sie so ein schön
festen groben Himmel, man könnte Lust bekom-
me, ein Kloben hineinzuschlagen und sich
daran zu hänge, nur wege des Gedanken-
strichels zwischen Ja, und wieder ja - und
nein, Herr, Herr Hauptmann ja und nein?
Ist das Nein am Ja oder das Ja am Nein
Schuld? Ich will drüber nachdenke. (Geht mit
breiten Schritten ab, erst langsam dann im-
mer schneller.)
DOKTOR (schießt ihm nach.) Phänomen, Woyzeck,
Zulage.
HAUPTMANN. Mir wird ganz schwindlig vor den
Menschen, wie schnell, der lange Schlingel
greift aus, es läuft der Schatten von einem
Spinnbein, und der Kurze, - das zuckelt. Der
Lange ist der Blitz und der Kleine der Don-
ner. Haha, hinterdrein. Grotesk! grotesk!"

• ·Käthe· spricht mit ·Woyzeck·.

SL. sagt zu Käthe, sie solle mal mit Woyzeck sprechen.

K.: Woyzeck, willst du ein Bier?
W.: Ja. Weiß der Wirt, daß du mir das Bier schenkst?
K.: Der Wirt ist nicht da.
W.: Hach, das ist gut. Das geht in den Kopf.
K.: Ich glaube, dir geht es nicht so gut, Woyzeck, wegen dieser Experimente. Mußt du denn immer diese Erbsen essen? Kümmerst du dich auch um Marie?
W.: Ja, ich gehe jeden Abend bei ihr vorbei, spiele etwas mit dem Kleinen, gebe ihr Geld und gehe dann zum Appell.
K.: Aber Marie braucht auch Liebe.
W.: Ja, ich liebe sie ja auch. Ich tue ja alles für sie und das Kind. Ich will sie ja auch heiraten, aber das geht ja nicht.
K.: Aber das merkt sie doch nicht, wenn du ihr nur Geld gibst.

• ·Woyzeck· spricht mit ·Margreth·.

SL. fordert Woyzeck auf, nach Hause zu gehen und zu gucken, ob Marie dort ist. Marie ist nicht da. Woyzeck fängt ein Gespräch mit der Nachbarin Margreth an.

W.: Hallo Margreth, ist Marie nicht da?
M.: Nein.
W.: Und das Kind?
M.: Es schläft vielleicht.
W.: Dann warte ich eben auf sie. Sie wird wohl gleich kommen.

M.: Oder auch nicht.
W.: Ich hatte eben ein Gespräch mit Käthe. Sie meint, ich solle mich mehr um Marie kümmern. Ich verstehe das gar nicht.
M.: Ich will ja nichts sagen - aber - naja, die Parade - also - ich erzähl' ja nichts.
W.: Meinst, Marie guckt sich die Parade nicht nur an - oder wie?
M.: Ich will - weiter nichts sagen.
W.: Aber du könntest noch etwas sagen.
M.: Was soll ich dir da weiter sagen? Du kennst die Marie doch.
W.: So könnt ihr mit mir nicht reden.
M.: Woyzeck - guck mal, da hat sich eben etwas gerührt. Vielleicht ist Marie ja doch da.
W. klopft ans Fenster. Es regt sich nichts.
M.: Naja, dann ist das Kind wohl wieder mal alleine.
W.: Sag doch, was los ist, Margreth.
M.: Heute nachmittag sah ich den Tambourmajor die Straße entlanggehen. Mehr kann ich nicht sagen.
W.: Und Marie hast du auch gesehen?
M.: Ja, ich habe sie gesehen, die Tür war offen.

• Der ·Tambourmajor· kommt vorbei.

SL. sagt dem Tambourmajor, er solle bei Marie vorbeigehen und dort an die Tür klopfen.

T. klopft ans Fenster von Marie.

W.: Was macht ihr da?
T.: Das geht dich nichts an
W.: Ich muß sie sehen. Sie muß es sagen.

11. Marie und Woyzeck (Auf der Gasse, 7)

Die Szene, auf die die Begegnungskette zuläuft, zeigt, daß die Entfremdung zwischen Marie und Woyzeck so groß geworden ist, daß eine Verständigung kaum noch möglich ist.

Die Teilnehmer sollen in der Auseinandersetzung mit der Szene erkennen, daß es zur Wahrung ihrer eigenen Identität sowohl für Woyzeck als auch für Marie unmöglich ist, sich auf die andere Person einzulassen.

Dabei sollen sie im einzelnen
- das Verhalten von Marie und Woyzeck als Produkt divergierender Erlebnisse verstehen
- herausarbeiten, wie sich Woyzeck und Marie verhalten müßten, um sich verständigen zu können.

- Die Teilnehmer lesen noch einmal die Szene "Auf der Gasse".
  Die Spieler von Woyzeck und Marie überlegen sich, wie sie sich in dieser Situation dem Partner gegenüber verhalten und warum.
  Die übrigen schreiben sich auf, wie sie - aus der Perspektive ihrer Figur - das Verhalten Maries und Woyzecks bewerten.
  Der SL arrangiert den Handlungsort.

- Die Spieler begeben sich an den Ort, an dem sie vor Beginn der Szene sind. Der SL spricht mit ihnen über ihre Gedanken und Empfindungen.
  Die Szene wird gespielt. Die Beobachter haben die Möglichkeit, das Spiel durch Stop-Rufe zu unterbrechen und die Spieler nach ihren Gedanken und Empfindungen zu fragen.
  Nach dem Spiel spricht der SL nacheinander mit ·Woyzeck· und ·Marie· über das, was sie während des Gesprächs erlebt haben, und über Konsequenzen.

- Die Beobachter überlegen sich, an welcher Stelle Woyzeck bzw. Marie sich so verhalten haben, daß sie sich nicht verständigen konnten.
  Dann demonstrieren sie nach dem Prinzip des Nicht - Sondern, wie sich Woyzeck bzw. Marie an einer bestimmten Stelle hätten verhalten müssen, damit eine Verständigung möglich gewesen wäre.
  Dabei gehen sie nach folgendem Muster vor:

"Ich als Käthe hätte es als gut empfunden, wenn Woyzeck Marie nicht so fest angefaßt und starr angesehen hätte (sie zeigt die Haltung von Woyzeck im Standbild) und mißtrauisch und bedrohlich gesagt hätte: "Ich sehe nichts, ich sehe nichts" (sie spricht den Satz mit dem Gestus, den Woyzeck verwendet hat). Das hat Marie so bedroht, ließ ihr keine Chance zu erklären, unterstellte ihr eine Schande, gegen die sie sich nicht mehr wehren konnte. Sondern: ich hätte eine Möglichkeit der Verständigung gesehen, wenn Woyzeck Marie erst einmal in den Arm genommen hätte und ihr damit seine Liebe gezeigt hätte (zeigt das im Standbild) und ihr gesagt hätte: "Ich glaube, ich habe zu wenig Zeit für dich." (Sie spricht den Satz mit dem Gestus, mit dem Woyzeck ihrer Meinung nach sprechen sollte.).

12. Der Hof des Doktors (18)

Die Szene, die in den meisten Inszenierungen sehr überzeichnet gespielt wird, zeigt nicht nur die Haltung des Doktors zu Woyzeck, sondern auch die Art, in der er seine Beziehungen zu den Studierenden definiert. Er verbindet seine "Vorlesung" mit anschaulichen Experimenten, die - da die Objekte (die Katze) "keinen wissenschaftlichen Instinkt" haben - mißlingen. Lediglich Woyzeck, den er sich gekauft hat, eignet sich als wissenschaftliches Demonstrationsobjekt.

Die Teilnehmer sollen bei der szenischen Interpretation der Szene erkennen, daß sich der Doktor anschaulicher Methoden der Lehre bedient, dabei aber nur Anschauungsobjekte vorführen kann, die er vertraglich verpflichtet hat.

Dabei sollen sie im einzelnen

- erkennen, daß es sich in der Szene um eine "normale" Lehrveranstaltung handelt, in der der Doktor versucht, seinen Gegenstand an anschaulichen Beispielen zu demonstrieren
- aus der Perspektive der Studenten erleben, wie sich dabei die lebendigen Anschauungsgegenstände (Katze, Woyzeck) gegen die Einvernahme sträuben
- Möglichkeiten entdecken, die es für Woyzeck gibt, die eigene Identität zu wahren, ohne gegen den Vertrag, den er aus materiellen Gründen eingehen mußte, zu verstoßen.

• Alle Teilnehmer lesen die Szene. Der Spieler des Doktors (kann auch vom Spielleiter, Hochschullehrer/Lehrer übernommen werden) überlegt sich, wie er die Lehrveranstaltung so anschaulich wie möglich gestalten kann. ·Woyzeck· überlegt sich, wie er sich in dieser Szene verhält und warum. Die übrigen Teilnehmer überlegen sich, wie sie als Studenten die Vorlesung erleben würden. Dabei können sie Anteile ihrer Figur mit in die Studentenrolle hineinnehmen.

• Der ·Doktor· baut sich den Ort zurecht. Dann begeben sich die Figuren an den Ort, an dem sie sich zu Beginn der Szene befinden.
Der Spielleiter fragt sie nacheinander nach dem, was sie gerade denken, was sie gleich vorhaben und welche Erwartungen sie damit verbinden.

• Die Szene wird gespielt.

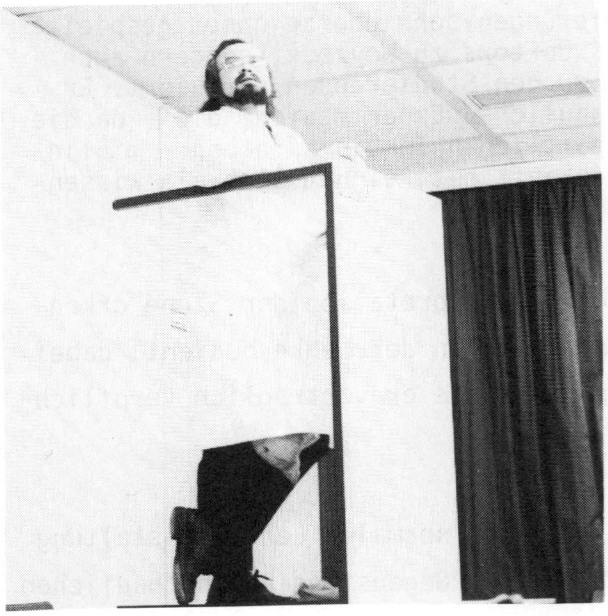

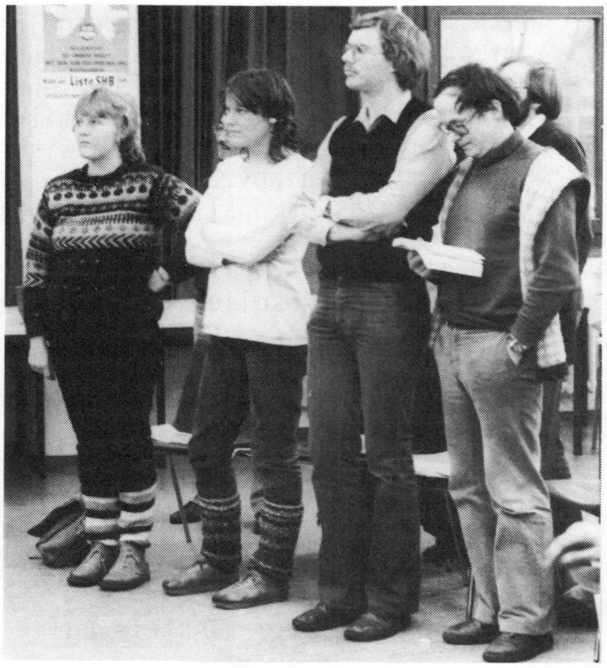

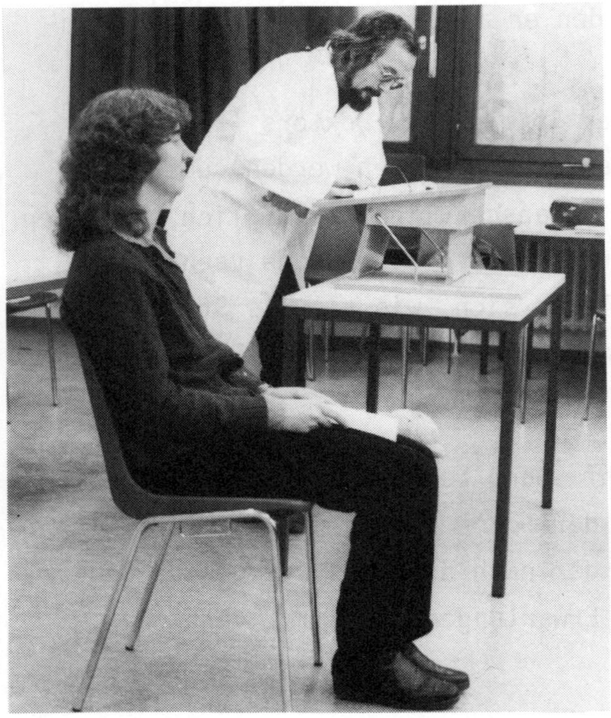

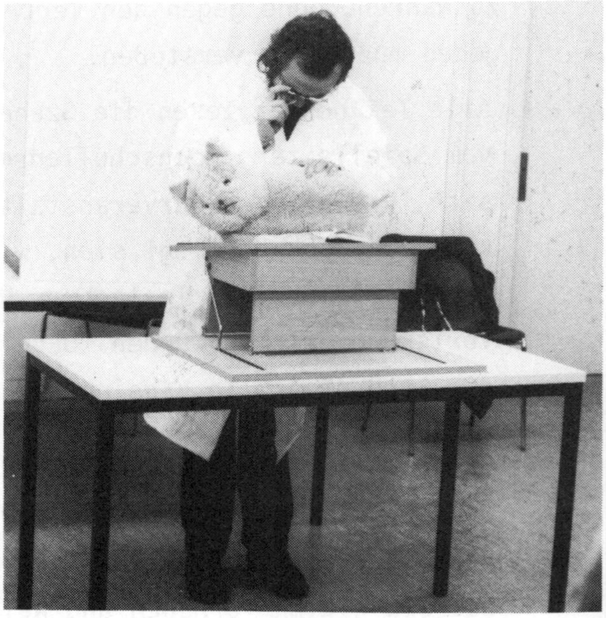

- Nach dem Spiel äußern sich nacheinander die ·Studenten·, ·Woyzeck· und der ·Doktor· über ihre Erlebnisse.

"Über meine Erfahrungen beim Spiel des Doktors in der Szene "Der Hof des Doktors."
(I. Scheller)

Als ich die Szene zuerst las, sah ich im Doktor eine böse Karikatur: brutal, zynisch, menschenverachtend. Ich identifizierte mich mit Woyzeck, erlebte die Szene aber aus der Perspektive der Studenten. Dann fiel mir ein, daß ich von meiner materiellen Lage und Stellung her eher ein Doktor war und wollte herausfinden, wie dieser die Situation wahrnahm, was er zeigen wollte, ob ich ihn besser verstehen könnte. Ich beschloß also, in die Rolle des Doktors zu schlüpfen, seine Vorlesung zu halten und seine Äußerungen ernstzunehmen. Dabei war mein Interesse darauf gerichtet, herauszufinden, was dieser Doktor, über den ich so viele wissenschaftliche Abhandlungen gelesen hatte, noch mit heutigen Wissenschaftlern und Lehrenden und also auch mir zu tun hatte.

Wie ging ich vor: Zunächst machte ich mir eine Vorstellung davon, wie die Vorlesungssituation aussehen könnte, und überlegte mir, was der Doktor und ich in der Rolle den Studenten vermitteln wollte. Ich baute mir den Raum auf, zog mir einen weißen Kittel an, nahm meine Aufzeichnungen unter den Arm und stieg auf einen Tisch, um vom "Dachfenster" aus meine Vorlesung anschaulich und erfahrungsbezogen zu gestalten. Ich öffnete das (imaginäre) Dachfenster, warf einen Blick auf die unter mir harrenden Studenten und begann meine Rede, indem ich die Peinlichkeit der ungewöhnlichen Vorlesungssituation durch meine Anspielung auf die Bibel zu mildern versuchte:

> "DOKTOR. Meine Herrn, ich bin auf dem Dach, wie David, als er die Bathseba sah;"

und fügte, um die Ironie zu verdeutlichen, die die Studenten offensichtlich noch nicht verstanden hatten, mit einem lächelnden Blick in die anliegenden Gärten hinzu:

> "aber ich sehe nichts als die culs de Paris der Mädchenpension im Garten trocknen."

Zufrieden über das Lachen der Studenten, die nun den Witz verstanden hatten, wandte ich mich dann meinem Manuskript zu:

> "Meine Herrn wir sind an der wichtigen Frage über das Verhältnis des Subjekts zum Objekt. Wenn wir nur eins von den Dingen nehmen, worin sich die organische Selbstfirmation des Göttlichen, auf einem so hohen Standpunkte manifestiert und ihr Verhältnis zum Raum, zur Erde, zum Planetarischen untersuchen, meine Herrn,"

An den Körperhaltungen und am Gesichtsausdruck der Studenten merkte ich, daß mein Vortrag nicht begriffen wurde. Deshalb ging ich sofort zur geplanten Demonstration über, griff mir die Katze, die ich mitgebracht hatte, und setzte, sie triumphierend zum Fenster raushaltend, mit meiner Rede neu an:

> "... wenn ich diese Katze zum Fenster hinauswerfe, wie wird diese Wesenheit sich zum centrum gravitationis und dem eigenen Instinkt verhalten?"

Als ich die Katze fallen lassen wollte, fiel mir ein, daß sie ja weglaufen könnte, wenn sie unten gelandet war. Ich blickte leicht verunsichert nach unten, entdeckte erleichtert Woyzeck und rief ihm zu:
"He Woyzeck", und da er nicht reagierte, lauter: "Woyzeck!"

Dieser kam herbeigeeilt, und so konnte ich die Katze beruhigt in seine Arme fallen lassen und nach unten eilen, wo ich den Studenten die Möglichkeit geben wollte, über ihre Beobachtungen zu sprechen. Unten nahm ich Woyzeck, der mit dem beißenden Katzenvieh nicht zurechtkam, die Katze ab. Dabei entdeckte ich in ihrem Fell - eine Seltenheit - eine Hasenlaus:

> "Was seh' ich meine Herren, die neue Spezies Hasenlaus, eine schöne Spezies,"

Während ich nach meiner Lupe suchte, um die Laus genauer zu untersuchen, floh die Katze, was mich zu einer ironischen Bemerkung veranlaßte:

> "Meine Herrn, das Tier hat keinen
> wissenschaftlichen Instinkt."

Gottseidank war aber Woyzeck zur Stelle, an dem ich mein Problem ebenfalls demonstrieren konnte:

> "Meine Herrn, Sie können dafür was
> anders sehn, sehn Sie, der Mensch,
> seit einem Vierteljahr ißt er nichts
> als Erbsen, beachten Sie die Wirkung, fühlen Sie einmal was ein ungleicher Puls,"

Ich fühle ihm den Puls: "da", und sah ihm in die Augen: "und die Augen".
Zum Schluß war ich mit meiner Vorlesung zufrieden.
Was hatte ich gemacht?
Ich habe mit meiner Phantasie das, was der Büchner-Text offenließ, ausgefüllt: Wie sieht der Ort aus, wo stehen die Studenten, wie sehen sie aus und was machen sie, welche Einstellung haben sie gegenüber dem Doktor? Was will der Doktor den Studenten vermitteln, welche Beziehungen hat er zu ihnen, was nimmt er in der Situation wahr, was geht in ihm vor welche Gefühle hat er usw.? Um den Doktor spielen zu können, mußte ich mich bei der Einfühlung auf meine eigenen Erfahrungen beziehen. Bei dem Versuch, als Doktor eine konsistente Haltung zu entdecken, begann ich, seine Handlungsweise besser zu verstehen, auch weil ich dabei Verhaltensweisen und Gefühle erinnerte, die ich bei mir in entsprechenden Seminarsituationen kannte: Auch ich war immer wieder bemüht, meine Veranstaltungen möglichst anschaulich und attraktiv zu gestalten. Auch ich begann Seminare häufig mit ironischen/witzigen Bemerkungen, in der Hoffnung, daß durch das Lachen die Peinlichkeit der komplementären Situation ein wenig gemildert würde. Auch ich unterbrach mich in Veranstaltungen öfter, wenn die Blicke der Teilnehmer ins Leere gingen, und versuchte, durch Beispiele meine Ausführungen zu konkretisieren. Auch wenn es prinzipielle Differenzen zwischen meiner und der Haltung des Doktors gegenüber dem Lehrgegenstand und den Lernenden gab, im Spiel und durch das anschließende Feedback der Seminarteilnehmer, die - abgesehen von einigen Formulierungen - mich als Doktor ähnlich erlebt hatten wie in analogen Seminarsituationen, wurde deutlich, daß mir die Haltung nicht fremd war und daß die Gefühle, Phantasien und Beziehungswünsche, die ich in Lehrveranstaltungen einbrachte, nicht nur meine privaten waren, sondern auch etwas mit der Rolle zu tun haben mußten, die ich als Wissenschaftler, Lehrer und Beamter einzunehmen hatte.

WOYZECK kommt vorbei, er ist in Gedanken und überanstrengt. Bereitwillig und müde macht er alles, was der Doktor von ihm will und sich wünscht. Nachdem er entdeckt hat, daß die Studenten den Doktor nicht richtig ernst nehmen, wirft er ihnen immer dann, wenn sich der Doktor auf seinen Untersuchungsgegenstand oder auf die Studenten konzentriert, Blicke zu, mit denen er deutlich zeigt, daß er nur zum Schein mitmacht. Das wird möglich, weil der Doktor allein auf die Sprache vertraut und die Sprache des Körpers ignoriert, weil er nur mit den Studenten spricht und weil er Woyzeck nur dann ansieht, wenn er an ihm etwas demonstrieren will.
Die STUDENTEN versuchen, durch ihre Haltung den Doktor in Frage zu stellen: sie demonstrieren Langeweile, klatschen übertrieben Beifall, grinsen und imitieren die Haltung des Doktors, wenn der gerade nicht hinguckt, und nehmen Kontakt zu Woyzeck auf.

Studenten:

Die Haltung des "Doktors" sei wissenschaftlich-sachbezogen gewesen. Gefühle habe er nur gezeigt, wenn ein Experiment gelungen sei oder wenn es zu scheitern drohte.

Woyzeck:

Ich fühle mich hilflos, zum Objekt gemacht, eingeschüchtert, auch weil ich keine Kraft hatte, um mich zu wehren. Ich wurde wie ein Esel behandelt, der an die Stelle der Katze treten mußte. Ich konnte mich nicht direkt mit dem Doktor auseinandersetzen, weil ich mit meinen Gedanken woanders war, fühle mich aber lächerlich gemacht und war innerlich empört.

- Die Spieler Woyzecks und der Studenten setzen sich zusammen und diskutieren, wie Woyzeck und die Studenten sich verhalten müßten, damit die Haltung des Doktors gegenüber Woyzeck und sein Wissenschaftsverständnis in Frage gestellt werden, ohne daß ihm dies bewußt wird und Woyzeck vertragsbrüchig wird.

- Die Szene wird mehrmals durchgespielt, wobei der Doktor-Spieler in seiner Rolle bleibt, Woyzeck und die Studenten aber unterschiedliche Haltungen erproben.

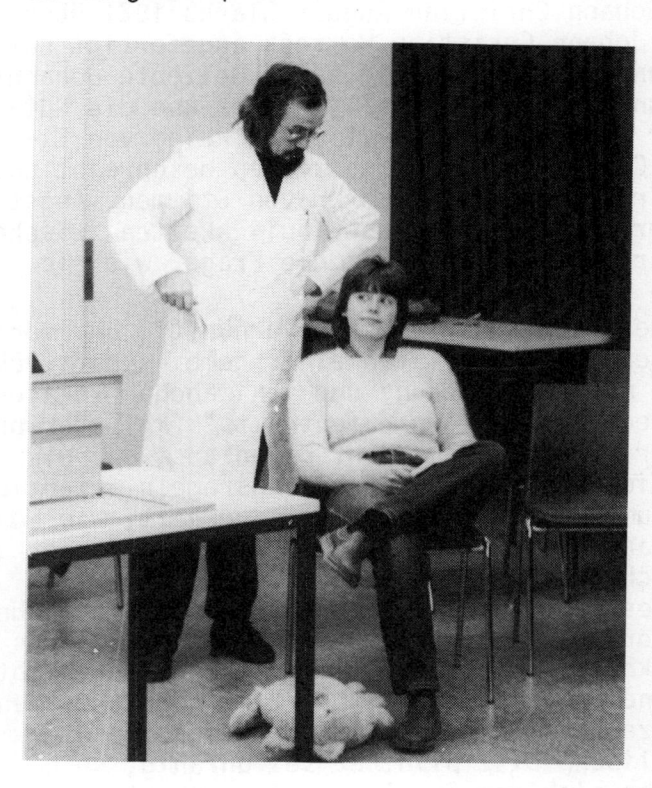

13. Wahnsinn oder Normalität: Woyzecks "Stimmen"

Einig sind sich (heute) alle Interpreten darin, daß Woyzecks "Wahnsinn" Produkt gesellschaftlicher Umstände ist. Differenzen gibt es bei der Frage, ob Woyzecks Erregungszustände als normal oder pathologisch einzuschätzen sind. Bezugspunkte dieser Debatte sind nicht nur der vorliegende Dramentext, sondern vor allem auch die beiden gerichtsmedizinischen Gutachten, die der Hofrat Dr. Johann Christian August Clarus 1821 über den Geisteszustand des Mörders Johann Christian Woyzeck angefertigt hatte. J. Chr. Woyzeck hatte am 21. Juni 1821 in Leipzig seine Geliebte Johanna Christine Woost erstochen. Büchner kannte den Fall Woyzeck und die Gutachten. Nachweisbar ist, daß er seinen Woyzeck mit einer Reihe von Eigenarten ausgestattet hat, die Clarus in seinen Gutachten beschreibt und analysiert: die Angst vor den Freimaurern, das Hören von Stimmen, Angst- und Erregungszustände usw. Interessanter als diese Ähnlichkeiten zwischen dem historischen und dem literarischen Woyzeck ist die Frage, wie sie gedeutet werden.

Clarus, für den das gegenwärtige Gesellschaftssystem vernünftig und moralisch organisiert war - er spricht von "Wohltaten einer gemeinschaftlichen Religion, einer segenvollen und milden Regierung und von manchen lokalen Vergnügungen und Annehmlichkeiten des hiesigen Aufenthalts" (vgl. Vorwort zum 2. Gutachten, dok. bei Meier 1980, S. 85), geht davon aus, daß ein verantwortungsbewußter Bürger die bürgerlichen Verhaltensregeln akzeptiert und entsprechend in Handlungen umsetzt. Wer sich anders verhält, wie Woyzeck, ist entweder krank (und kann medizinisch geheilt werden) oder er ist ein Verbrecher, der das Gesellschaftssystem in Frage stellt, obwohl er anders handeln könnte; er muß bestraft werden. Nach einer gründlichen Untersuchung der verschiedenen Störungen Woyzecks kommt Hofrat Dr. Clarus zu dem Schluß, daß es zwar Krankheitssymptome gibt, daß diese aber nicht die freie Willensentscheidung und damit die Möglichkeit zu normkonformen Verhalten beeinträchtigen. Woyzeck ist - seinem Stand entsprechend - normal. Was ihm fehlt, ist moralische Disziplin: er sei unfähig, sein Triebleben zu kontrollieren, gäbe sich dem Spiel, der Trunksucht, der ungesetzmäßigen Befriedigung der Geschlechtslust hin. Solche moralische Verwilderung sei schuldhaft und müsse bestraft werden (vgl. ebenda S. 88). Obwohl er ausführlich auf den Werdegang des historischen Woyzeck eingeht, macht Clarus keine Anstalten, Woyzecks Verhalten aus seiner sozialen und materiellen Situation zu erklären. Hier setzt nun Büchner an. Er zeigt Woyzeck als Teil und als Produkt einer sozialen Situation, die ihn in die Enge drängt, die ihn zum Mord treibt. Dabei läßt er offen, ob der Mord in geistiger Verwirrung oder in bewußter Entscheidung durchgeführt wurde. Die Auffassung, Woyzecks Stimmen und der Mord an Marie seien Symptome eines Wahnsinns, in dem eine "in sich konsistente Innenwelt gegen die hohle Außenwelt revoltiert", hat in jüngster Zeit vehement Norbert Abels vertreten (Abels, 1986, S. 618). Soziale Zwänge hätten Woyzecks vitale Möglichkeiten nahezu eleminiert: der Exerzierdrill, Zapfenstreich und Trommelwirbel seien so internalisiert, daß sie als "Stimmen" aus dem Innenraum nach außen dringen. Der Totalitarismus der "Umstände" hat als Krankheit in Woyzecks feste Wurzeln geschlagen. (ebenda S. 633). Sein "Immerzu! Immerzu!" markiere einen Auszug aus der auf das dialogische Prinzip angelegten Sprache, der dem Ausschluß aus der Gesellschaft (und ihrer Normalität I.S.) auf dem Fuße folge. (ebenda, S. 635).

Eine - für die szenische Interpretation anregende - Gegenposition entwickelt Matthias Langhoff im Programmheft für seine Bochumer Woyzeck-Inszenierung (Langhoff, 1980). Auf der Suche nach einem angemessenen Sprechduktus für die monologisierenden Erscheinungsformen der Volkssprache wird ihm nach einem Erlebnis in einem Pornoschuppen klar, wie Gefühle in dem Milieu, aus dem Woyzeck stammt, in monologischer Form sichtbar werden. Woyzecks "Stimmen" könnten von daher als "unbewußtes Sprechen" aufgefaßt werden, das so weit von einem abgerückt sei, daß man im Nachhinein durchaus behaupten könne, eine Stimme gehört zu haben. Emotionen manifestieren sich für Woyzeck "nicht als blindes Eintauchen in die erregten Gefühle, sondern durch das Ausmalen und Vergegenständlichen eines Geschehens. Diese Monologe sind also unhörbare Geschichten, die als Film im Kopf ablaufen und die an markanten Punkten unbewußt fetzenhaft kommentiert werden. Daher die Verknappung, das Bruchstückhafte dieser Sprachebene, die sich mit Worten nur vereinzelt in ein laufendes Geschehen einschaltet, das Geschehen also kommentiert und unterteilt. Die Sprache ist abwesend und konzentriert in eins" (Langhoff 1980, S. 46)

Im Gegensatz zu Abels, für den Woyzecks Monologe einen "Auszug aus dem dialogischen Prinzip der Sprache" markieren, versucht Langhoff die Stimmen und Visionen Woyzecks als Ausdruck einer klassenspezifischen Erlebnis- und Phantasieform zu begründen. Sie repräsentieren Gefühle, deuten auf und kommentieren unverarbeitete, noch nicht zu Erfahrungen geronnene Erlebnisse (Scheller 1981, S. 56 f.) und erscheinen deshalb verkürzt, zusammenhangslos, unverständlich, wenn sie nicht auf die Erlebnissituation bezogen werden, die Woyzeck vor Augen hat.
Langhoffs Überlegungen regen zu einer szenischen Interpretation der Szenen an, in denen Woyzeck Stimmen hört. Zu rekonstruieren sind dabei die Situationen im Kopf Woyzecks, die er mit seinen Äußerungen kommentiert.

Die Teilnehmer sollen sich in Auseinandersetzung mit dem Clarus-Gutachten und mit den Szenen, in denen Woyzeck "Stimmen" hört, erkennen, daß Woyzecks Stimmen und Visionen als Symptome von Wahnsinn, aber auch als gestische Formen des Gefühlsausdrucks interpretiert werden können.
Dabei sollen sie im einzelnen
- erkennen, wie und von welchem Standpunkt aus Clarus das psychische Verhalten des historischen Woyzeck beschreibt und deutet
- erkennen, daß Büchner den psychischen Zustand Woyzecks als ein Produkt seiner sozialen Lage darstellt
- Deutungen kennenlernen und überprüfen, die Woyzecks Stimmen und Visionen als pathologisch (Abels) bzw. als gestische Form der Gefühlsartikulation (Langhoff) interpretieren
- Szenen erarbeiten, die als Film im Kopf Woyzecks ablaufen können und die durch seine Monologe kommentiert werden können.

- Die Teilnehmer lesen Auszüge aus dem Clarus-Gutachten, die Symptome des Gemütszustandes des historischen Woyzeck beschreiben und erklären, die auch beim literarischen Woyzeck zu beobachten sind. Sie vergleichen Darstellung und Deutung mit denen in den entsprechenden Woyzeck-Szenen (1, 10, 12, 13).

Im Clarus-Gutachten finden sich an folgenden Stellen Hinweise auf psychische Zustände, die auch bei Büchners Woyzeck eine Rolle spielen. Die Seitenangaben beziehen sich auf die Taschenbuchausgabe (dtv) der Ausgabe von Lehmann (L.):
Freimaurer: S. 395, 404, 405
Visionen (Streifen am Horizont, Glockengeläut): S. 405, 410
Stimmen: S. 403, 410-412
"Immer zu! Immer zu!": S. 399, 407, 412.

- Die Teilnehmer lesen das Vorwort (vgl. Meier, S. 85ff.) und die Einleitung zum zweiten Gutachten (L., S. 392 ff. und S. 412) und diskutieren, von welchem Standpunkt aus Clarus zu seinen Schlüssen über Woyzecks Schuldfähigkeit kommt. Anschließend überlegen sie, wie Büchner - im Gegensatz zu Clarus - den Fall Woyzeck interpretiert.

- Die Teilnehmer bekommen Auszüge aus den Deutungen Abels und Langhoffs und stellen deren Positionen in Thesen zusammen. Der SL kann diese Positionen auch referieren.
Auszüge:

Norbert Abels: Die Ästhetik des Pathologischen. Zu Georg Büchners "Woyzeck". In: Diskussion Deutsch 92/1986, S.614-640;
S. 631,632,633,635,639

Matthias Langhoff: Zu Büchners "Woyzeck" - Sehnsucht nach einem Theater des Asozialen. In: Schauspielhaus Bochum(Hrsg.): Marie - Woyzeck. Szenen von Georg Büchner. Bochum 1980, S.35-51;
S. 44-46

- Die Teilnehmer entwerfen arbeitsteilig in Gruppen Standbilder von Szenen, die Woyzeck durch "Stimmen" (Gefühlsäußerungen, Visionen) in 10 (Die Wachstube), 12 (Freies Feld) und 13 (Nacht) kommentieren könnte.
Darüber hinaus untersucht eine Gruppe, welche Haltungen Woyzeck Andres gegenüber in Szene 1 (Freies Feld. Die Stadt in der Ferne) einnehmen könnte.

- Die Gruppen demonstrieren und kommentieren ihre Standbilder im Plenum.

Alle Gruppen wählten als Bezugsszene:

"WIRTSHAUS (11)
Die Fenster offen, Tanz. Bänke vor dem Haus. Bursche.

(...)

Woyzeck stellt sich an's Fenster. Marie und der Tambourmajor tanzen vorbei, ohne ihn zu bemerken.

MARIE *im Vorbeitanzen*. Immer, zu. immer zu.

WOYZECK *erstickt*. Immer zu! - immer zu! *fährt heftig auf und sinkt zurück auf die Bank* immer zu immer zu, *schlägt die Hände in einander* dreht euch, wälzt euch. Warum bläst Gott nicht die Sonn aus, daß Alles in Unzucht sich übernanderwälzt, Mann und Weib, Mensch und Vieh. Tut's am hellen Tag, tut's einem auf den Händen, wie die Mücken. - Weib. - Das Weib ist heiß, heiß! - Immer zu, immer zu. *Fährt auf*. Der Kerl! Wie er an ihr herumtappt, an ihrem Leib, er, er hat sie wie ich zu Anfang!"

"DIE WACHTSTUBE (10)
. . .
WOYZECK. Andres!
ANDRES. Nu?
WOYZECK. Schön Wetter.
ANDRES. Sonntagsonnwetter. Musik vor der Stadt. Vorhin sind die Weibsbilder hinaus, die Mensche dampfe, das geht.
WOYZECK *unruhig*. Tanz, Andres, sie tanze.
ANDRES. Im Rössel und im Sternen.
WOYZECK. Tanz. Tanz.
ANDRES. Meintwege.
　　　Sie sitzt in ihrem Garten,
　　　Bis daß das Glöckchen zwölfe schlägt,
　　　Und paßt auf die Solda-aten.

WOYZECK. Andres, ich hab kei Ruh.
ANDRES. Narr.
WOYZECK. Ich muß hinaus. Es dreht sich mir vor den Augen. Tanz. Tanz. Was sie heiße Händ habe. Verdammt Andres!
ANDRES. Was willst du?
WOYZECK. Ich muß fort.
ANDRES. Mit dem Mensch.
WOYZECK. Ich muß hinaus, s'ist so heiß da hie."

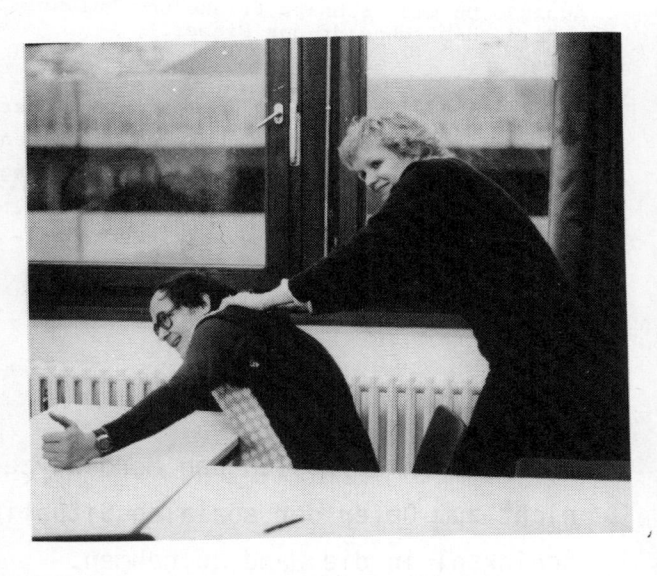

Woyzeck sitzt auf einem Stuhl, sieht in einiger Entfernung erhöht (auf einem Tisch) Marie und den Tambourmajor Arm in Arm tanzen: sie sind in Bewegung, laute Musik ist hörbar, beide sind miteinander beschäftigt, unnahbar. Woyzeck will hin, kann nicht, wird von hinten festgehalten, er quält sich, steht unter Druck, will eingreifen, kommt nicht vom Stuhl los. (10)

"FREIES FELD (12)

WOYZECK. Immer zu! immer zu! Still Musik! *Reckt sich gegen den Boden.* Ha was, was sagt ihr? Lauter, lauter, - stich, stich die Zickwolfin tot? stich, stich die Zickwolfin tot. Soll ich? Muß ich? Hör ich's da auch, sagt's der Wind auch? Hör ich's immer, immer zu, stich tot, tot."

Marie und Tambourmajor stehen Arm in Arm. Hinter einem Vorhang wartet Woyzeck mit einem Messer in der Hand, ohne daß er von Marie und dem Tambourmajor gesehen wird: er zögert, weiß nicht, ob er zustechen soll. Die Szene wird von einem zweiten Woyzeck von außen gesehen. W. ist Teilnehmer und Betrachter der Situation zugleich. (12)

"NACHT (13)
Andres und Woyzeck in einem Bett.

WOYZECK *schüttelt Andres*. Andres! Andres! ich kann nit schlafe, wenn ich die Aug zumach, dreht sich's immer und ich hör die Geigen, immer zu, immer zu und dann spricht's aus der Wand, hörst du nix?
ANDRES. Ja, - laß sie tanze! Gott behüt uns, Amen. *Schläft wieder ein.*
WOYZECK. Es redt immer: stich! stich! und zieht mir zwischen den Augen wie ein Messer.
ANDRES. Du mußt Schnaps trinke und Pulver drin, das schneidt das Fieber."

Marie und Tambourmajor in leidenschaftlicher Umarmung, sind sehr dicht zusammen, zwischen ihnen herrscht Höchstspannung. Woyzeck drängt auf sie zu (Aggression) und will zustechen, wird von einem zweiten Woyzeck zurückgehalten (Selbstaggression). Alle Personen stehen dicht beieinander, zeigen die Verstrickung, in der sie stehen. Bild ohne Musik. (12/13)

14. Der Mord

Die Teilnehmer sollen den Mord Woyzecks als einen Versuch erfahren, sich nicht zum Opfer der sozialen Situation machen zu lassen und das eigene Schicksal in die Hand zu nehmen.

- Die Spieler lesen folgende Szenen: Andres liest 10 (Die Wachtstube), 13 (Nacht) und 17 (Kaserne) durch. Handwerksburschen, Wirt, Tambourmajor, Käthe und der Narr 11 (Wirtshaus) und 14 (Wirtshaus), Marie 16 (Kammer) und 19 (Marie mit Mädchen vor der Haustür), der Jude 15 (Kramladen), Kinder und Großmutter 19 (Marie mit Kindern vor der Haustür). Sie machen sich klar, was sie dort mit welchen Intentionen und Gefühlen sagen und tun.

- Im Raum werden in verschiedenen Ecken aufgebaut:
  Die "Wachtstube" in der Kaserne (von Woyzeck, Andres)
  Das Wirtshaus (vom Wirt, Käthe, Handwerksburschen)
  Kramladen (Jude)

  In der Mitte des Raumes befinden sich
  "freies Feld", Straße (Großmutter)

- Alle Figuren begeben sich an den Ort, an dem sie sich am Sonntagnachmittag befinden: - Woyzeck und Andres in die Wachtstube (im Bett), Tambourmajor, Marie, Käthe, Wirt, Handwerker u.a. ins Wirtshaus, der Jude in den Kramladen, die Großmutter und die Kinder auf die Straße - und agieren dort. Nachdem sie sich "eingespielt" haben, unterbricht der Spielleiter das Geschehen und führt nach und nach mit den (einzelnen) Figuren Rollengespräche über ihre momentane Befindlichkeit. Zum Schluß spricht er mit Woyzeck und Andres.

- Andres und Woyzeck spielen 'Die "Wachtstube"' (10)
  Gespräch: Spielleiter - Andres über Woyzeck; Spielleiter - Woyzeck über das, was er machen will.

- Wirtshaus (11)
  Die Szene wird gespielt. Der Spielleiter "erzählt" das Geschehen.
  Gespräch: Spielleiter - Woyzeck: "Was geht in dir vor?"
  "Was willst du jetzt machen?"

- Freies Feld (12)
  Der Spielleiter fühlt Woyzeck ein.

- Nacht (13)
  Woyzeck mit Andres im Bett.
  Woyzeck und Andres spielen die Szene - Gespräch: Spielleiter - Andres:
  "Was ist mit Woyzeck los?"

- Wirtshaus (14)

  Woyzeck geht zurück ins Wirtshaus.
  Spiel der Szene...
  Gespräch: Spielleiter - Woyzeck: "Was meinst du mit: 'Eins nach dem andern'?" - "Was hast du jetzt vor?"
  Rollengespräch: Spielleiter - Tambourmajor
                      - Käthe
                      - Wirt

- Der nächste Tag: Woyzeck besucht den "Kramladen".
  Gespräch mit dem Spielleiter: "Was hast du vor?"
  Spiel der Szene..
  Rollengespräch: Spielleiter - Jude: "Was hat Woyzeck vor? Geht dich das was an?"

- Kaserne (17)
  Gespräch mit Woyzeck: "Was hast du vor? Warum?"
  Gespräch mit Andres: "Was ist mit Woyzeck los?"

  Spiel der Szene..
  Rollengespräch Spielleiter - Andres: "Was ist los mit ihm?"
  Innerer Dialog: Spielleiter - Woyzeck: "Was willst du machen?"

- Kammer: Marie. Narr. (16)

  Marie baut die Kammer auf. Das Kind ist eine Puppe. Der Narr begibt sich in den Raum, dann Marie. Sie blättert in der Bibel.
  Innerer Dialog: Spielleiter - Marie: "Was tust du? Warum? Wie geht es dir?"

  Spiel der Szene - Der Spielleiter sitzt hinter Marie, unterbricht sie immer wieder und fragt sie, was sie denkt ...
  Nach der Szene führt der Spielleiter ein Rollengespräch mit Marie: "Wie geht es dir? Wovor hast du Angst?"

  Zum Schluß fordert sie der Spielleiter auf, auf den Hof zu den Kindern zu gehen:

- Marie mit Mädchen vor der Haustür (19)

  Die Kinder tanzen, ein Mädchen singt (spricht) -
  Spiel der Szene.
  Anschließend innerer Dialog; Spielleiter - Marie: "Was wird geschehen?"

- Abend. Die Stadt in der Ferne (20)

  Spiel der Szene - Beobachter rufen "Stop" und fragen Marie, was sie gerade denkt.
  Alternative: Marie spricht beiseite, was sie denkt ...

- Wirtshaus (22)

  Es wird getrunken, getanzt. Woyzeck kommt herein, setzt sich zunächst auf einen Stuhl, fordert dann Käthe zum Tanzen auf ...
  Die Szene wird gespielt. Der Spielleiter steuert den Ablauf, indem er das Geschehen "erzählt":

  > "In der Zwischenzeit geht es im Wirtshaus hoch her: die Handwerksgesellen und die Soldaten trinken, singen und tanzen mit den Dorfschönen. Woyzeck, der durch die Nacht gehetzt ist, betritt das Wirtshaus und setzt sich auf eine Bank ... Der Wirt bringt ihm ein Glas Bier ... Woyzeck steht auf, ruft in den Raum: "Tanzt alle" ..., dann singt er laut: "Frau Wirtin hat 'ne brave Magd ..."
  >
  > Er stürzt auf Käthe zu und tanzt mit ihr wild ein paar Runden, dann fordert er sie erschöpft auf: "So Käthe! Setz dich! Ich hab' heiß, heiß ..."
  > Er zieht sich die Jacke aus und spricht weiter auf Käthe ein: "Es ist einmal so ..."
  > Käthe singt :... tanzt dann ... sie entdeckt an Woyzecks Hand Blut.
  > Käthe: "Aber was hast du an deiner Hand?

Woyzeck: "Ich? Ich?"
Käthe greift nach der Hand: "Rot, Blut!" ruft sie laut.

Der Tanz wird unterbrochen, die Leute versammeln sich
neugierig um Woyzeck: "Blut? Blut. ..."
Die Szene wird zu Ende gespielt. Zum Schluß läuft Woyzeck hinaus.

12) Stellungnahmen zum Mord:

"Der Mord an Marie wird entdeckt. Alle Personen haben davon gehört. Geht jetzt nacheinander nach vorne und äußert euch aus der Perspektive eurer Figur zum Mord."

Fortbildungskurse zur Szenischen Interpretation

Für interessierte Lehrer/innen aller Schulstufen und andere Pädagogen/innen bieten wir Kompaktkurse an, in denen ausgewählte Dramen szenische interpretiert werden. Dabei geht es nicht um die Erarbeitung einer 'gültigen' Inszenierung des Dramas wie im Amateur- oder Schultheater, auch nicht darum, schauspielerische Talente zu entdecken, sondern - wie in diesem Buch exemplarisch dokumentiert - um den Versuch, sich mit Verfahren des Szenischen Spiels in die im Dramentext entworfenen Figuren und Situationen einzufühlen. Aus verschiedenen Rollenperspektiven heraus wird das Geschehen erlebt und gedeutet. Je genauer sich die Spieler/innen dabei die vom Dramentext vorgegebenen Situationen vorstellen, desto mehr entsprechen ihre Haltungen und Handlungen denen, die sie in analogen Alltagssituationen zeigen. Im Vergleich zu den im Drama angelegten Verhaltensmöglichkeiten der Figuren zeigen sich Parallelen und Unterschiede, die Anstöße für soziale und historische Lernprozesse geben können.

Bereits ausgearbeitet sind:
J.M.R. Lenz: "Die Soldaten", G.E. Lessing: "Nathan der Weise", F. Schiller: "Maria Stuart", J.W. Goethe: "Faust (I)", G. Büchner: "Woyzeck", H. Ibsen: "Nora", B. Brecht: "Galilei", "Dreigroschenoper", "Der gute Mensch von Sezuan", "Furcht und Elend des Dritten Reiches", M. Frisch: "Andorra", F. Dürrenmatt: "Die Physiker", Rote Grütze: "Mensch, ich lieb dich doch", Grips-Theater: "Voll auf der Rolle", F. Wedekind: "Frühlings Erwachen", R. W. Fassbinder: "Der Müll, die Stadt und der Tod".

Zielgruppen: Lehrer/innen aller Schulstufen, Pädagogen/innen allgemein, Gruppen, die ins Theaterspielen einsteigen wollen.

Veranstaltungsform: Vorzugsweise Blockseminare

Kontaktadresse: **FORTBILDUNGSPROJEKT SZENISCHES SPIEL**
Ingo Scheller
Universität Oldenburg, FB 2, Tel.: 0441/798-2326
Leo Ensel
Zentrum für pädagogische Berufspraxis (Zpb)
Universität Oldenburg, Tel.: 0441/798-3125
                                         798-3126
Ammerländer Heerstraße 67-99
2900 Oldenburg

Veröffentlichungen des Zentrum für pädagogische Berufspraxis (Auswahl)

Rabes, Manfred (Hrsg.):
Drogenprävention II. Erfahrungsberichte und empirische Studien zur schulischen Prävention in den Niederlanden und in der Bundesrepublik Deutschland.
248 S. 1985. 10,-- DM

Alfs, Günter (Hrsg.):
Drogenprävention III. Schulische Drogen- und Suchtprävention in der Bundesrepublik Deutschland von 1970 bis heute - ein Vergleich der Unterrichtseinheiten und Materialien unter konzeptionellen Gesichtspunkten.
334 S. 1986. 13,-- DM

Meyenberg, Rüdiger/Boeije, Herman (Hrsg.):
Sucht- und Drogenprävention IV. Deutsch-niederländisches Suchtsymposium - Dokumentation.
244 S. 1987. 10,-- DM

Schramke, Wolfgang:
Unterrichtseinheiten und Unterrichtsmaterialien im Fach Geographie 1970 - 1980. Quellenkunde, Bibliographie, Bezugshinweise, Annotationen.
1.280 S. 1983. 27,-- DM

Richert, Susanne/Schramke, Wolfgang:
Unterrichtseinheiten und Unterrichtsmaterialien im Fach Geographie 1981 - 1983. Quellenkunde, Bibliographie, Bezugshinweise, Annotationen.
608 S. 1985. 17,-- DM

Franke, Almut/Schramke, Wolfgang/Witte, Jörg:
Unterrichtseinheiten und Unterrichtsmaterialien im Fach Geographie 1984. Qeullenkunde, Bibliographie, Bezugshinweise,Annotationen. (mit Gesamtregister 1970 - 1984).
496 S. 1986. 19,-- DM

Jürgens-Tatje, Ria/Krull, Hans-Dieter:
Hilfsschule - Zur Gründungsgeschichte der ersten Oldenburger Hilfsschule.
160 S. 1987. 12,-- DM

Fichten, Wolfgang/Schiewe, Heinz-Ewald:
Mit dem Klingeln hört das Menschsein auf oder: Wie der Mensch zum Lehrer wird.
415 S. 1987. 16,-- DM

Schlee, Jörg/Wahl, Diethelm:
Veränderung subjektiver Theorien von Lehrern. Beiträge und Ergebnisse eines Symposiums an der Universität Oldenburg vom 16. - 18. 2. 1986.
299 S. 1987. 16,-- DM

Veröffentlichungen des Zentrum für pädagogische Berufspraxis (Auswahl)

Reibstein, Erika:
Studieren ohne Abitur – Untersuchungen zur Gleichwertigkeit beruflicher und allgemeiner Bildung bei der Zusassung zum Hochschulstudium in Niedersachsen.
372 S. 1987. 15,-- DM

Schröder, Gerd/Spindler, Detlef:
Zukunft der Schule – Chancen und Risiken. 11. Ostfriesische Hochschultage Aurich, 17. – 18. Oktober 1985.
364 S. 1986. 18,-- DM

Hasse, Jürgen:
Erkenntnisprozesse im Geographieunterricht – Zur Kenntnis nehmen genügt nicht.
209 S. 1984. 11,-- DM

Henseler, Kurt/Reich, Gert (Hrsg.):
Beiträge zur Praxis des Technikunterrichts 1986 – Berichtsband der 4. Hochschultage Technikunterricht an der Universität Oldenburg.
446 S. 1986. 24,-- DM

Helmers, Hermann:
Germanistische Didaktik. Studien zur Begründung der Didaktik der deutschen Sprache und Literatur als wissenschaftliche Disziplin.
250 S. 1986. 12,-- DM

Franke, Almut/Schramke, Wolfgang:
Der schriftliche Unterrichtsentwurf. Ein Leitfaden mit Beispielen aus der Geographielehrerausbildung.
240 S. 1985. 13,-- DM

Hindriksen, Arendt:
Religionspädagogische Konzeptionen und ihr Verhältnis zum Rollenspiel des Religionslehrers – Eine empirische Untersuchung.
390 S. 1986. 15,-- DM

Heuzeroth, Günter (Hrsg.):
Unter der Gewaltherschaft des Nationalsozialismus 1933 – 1945. Dargestellt an den Ereignissen im Oldenburger Land.
Band II – Verfolgte aus rassischen Gründen.
355 S. 1985. 13,-- DM
Band III – Verfolgte aus religiösen Gründen.
214 S. 1985. 10,-- DM

Klattenhoff, Klaus/Wißmann, Friedrich:
Unter der Gewaltherrschaft des Nationalsozialismus 1933 – 1945. Dargestellt an den Ereignissen im Oldenburger Land.
Band V – Lehrer und Schule im Jahre 1933. Dokumente, Kommentare.
350 S. 1987. (2. verbess. Aufl.) 13,-- DM